中国农业展望报告

(2017—2026)

农业部市场预警专家委员会

中国农业科学技术出版社

图书在版编目（CIP）数据

中国农业展望报告（2017—2026）/农业部市场预警专家委员会著.—北京：中国农业科学技术出版社，2017.4
ISBN 978-7-5116-3018-6

I.①中… II.①农… III.①农业发展-经济发展趋势-研究报告-中国-2017-2026　IV.①F323

中国版本图书馆CIP数据核字（2017）第060125号

责任编辑　张志花
责任校对　贾海霞　马广洋

出　版　者	中国农业科学技术出版社
	北京市中关村南大街12号　邮编：100081
电　　　话	（010）82106636（编辑室）　（010）82109702（发行部）
	（010）82109709（读者服务部）
传　　　真	（010）82106631
网　　　址	http://www.castp.cn
经　销　者	各地新华书店
印　刷　者	北京地大天成印务有限公司
开　　　本	889 mm×1 194 mm　1/16
印　　　张	13.25
字　　　数	270千字
版　　　次	2017年4月第1版　2017年4月第1次印刷
定　　　价	500.00元

版权所有·翻印必究

农业部市场预警专家委员会

主　　任：
　　屈冬玉　农业部副部长、研究员
副 主 任：
　　唐华俊　农业部党组成员、中国农业科学院院长、中国工程院院士
　　唐　珂　农业部市场与经济信息司司长
宏 观 组：
　　刘小南　国家发展和改革委员会经贸司副司长
　　王心同　国家发展和改革委员会农经司农业处处长
　　路政闽　商务部流通产业促进中心主任
　　王晓辉　国家粮油信息中心主任
　　贺军伟　农业部政法司副司长
　　刁新育　农业部兽医局副局长
　　陈章全　农业部发展计划司副司长
　　潘文博　农业部种植业管理司副司长
　　杨振海　全国畜牧总站站长
　　刘新中　农业部渔业局副局长
　　孙东升　中国农业科学院农业经济与发展研究所副所长、研究员
　　孙　坦　中国农业科学院农业信息研究所所长、研究员
　　宋洪远　农业部农村经济研究中心主任、研究员
　　张兴旺　农业部信息中心主任
　　倪洪兴　农业部农业贸易促进中心主任、研究员

技 术 组：（按姓氏笔画排序）

  于　冷　上海交通大学安泰经济与管理学院教授
  朱信凯　中国人民大学长江学者特聘教授
  许世卫　中国农业科学院农业信息研究所研究员
  杜维成　农业部信息中心副主任、研究员
  杨　军　对外经济贸易大学经济管理学院教授
  李国祥　中国社会科学院农村发展研究所研究员
  余涤非　中国农业发展集团有限公司董事长
  武拉平　中国农业大学经济管理学院教授
  秦　富　中国农业科学院农业经济与发展研究所教授
  徐宏源　农业部农业贸易促进中心副主任、研究员
  郭永田　农业部政法司副司长、研究员
  黄汉权　国家发展改革委宏观经济研究院产业经济研究所所长、研究员
  董春平　中储粮总公司山东分公司总经理

秘 书 长：

  许世卫　中国农业科学院农业信息研究所研究员

副秘书长：

  王　平　农业部市场与经济信息司副司长
  周国民　中国农业科学院农业信息研究所副所长

前言

2017年是实施中国国民经济和社会发展"十三五"规划的重要一年,也是农业供给侧结构性改革的深化之年。4月20—21日召开"2017中国农业展望大会",发布未来10年中国农业展望报告,是深入贯彻落实中央农村工作会议、全国农业工作会议和中央一号文件等有关精神的重要举措,对以市场为导向深入推进农业供给侧结构性改革和完善农产品价格形成机制具有重要意义。从2014年开始,中国连续4年举办农业展望大会,探索形成了既借鉴国际经验又具有中国特色的农业展望制度。作为全球农业数据调查分析系统建设的重要成果,中国农业展望大会已经成为对内释放市场信号、提高市场透明度和对外发出中国声音、提升国际影响力的重要平台。

2017年中国农业展望大会由农业部市场预警专家委员会支持,中国农业科学院农业信息研究所主办,农业部信息中心、农业部农村经济研究中心、农业部农业贸易促进中心协办。会上发布的《中国农业展望报告(2017—2026)》,是农业展望专家组在前3年展望工作的基础上,根据近期国内外农业市场、政策、气候等方面的新变化,综合分析中国宏观经济、农业政策、气候条件、科技创新、资源禀赋及国际市场等因素,采用中国农业科学院农业信息研究所农业监测预警创新团队研制的中国农产品监测预警系统(China Agricultural Monitoring and Early-warning System,CAMES),对未来10年中国农产品市场供需形势做出的基线预测。基期数据主要来自于中国统计部门公开发布的统计数据和农业部门的农产品市场监测数据,也包括相关研究机构多年积累的实地调研数据。农业部市场预警专家委员会对展望报告的主要结论进行了多次讨论和审议,国家现代农业产业技术体系专家也在数据提供、结论研讨等方面给予了重要支持。

《中国农业展望报告(2017—2026)》共12章,涵盖粮、棉、油、糖、蔬菜、水果、肉、蛋、奶、水产品等16种重要农产品。其中,第一章概述部分由市场分析师李干琼撰写;第二章谷物部分分别由稻米分析师彭超、张欢、高强,小麦分析师曹慧、孟丽、孙昊,玉米分析师习银生、徐伟平、吴天龙撰写;第三章油料部分分别由大豆分析师张振、殷瑞峰、张璟,油脂油料分析师李淞淋、张雯丽、许国栋撰写;第四章棉花部分由棉花分析师李想、翟雪玲、原瑞玲撰写;第五章糖料部分由糖料分析师马凯、朱亚伟、徐雪、马光霞撰写;第六章蔬菜部分由蔬菜分析师王盛威、熊露撰写;第七章水果部分由水果分析师武婕、赵俊晔撰写;第八章肉类部分分别由猪肉分析师朱增勇、张学彪,禽肉分析师张莉、朱海波,牛羊肉分析师曲春红、司智陟、朱聪撰写;第九章禽蛋部分由禽蛋分析师张超、于海鹏撰写;第十章奶制品部分由奶制品分析师董晓霞、王东杰撰写;第十一章水产品部分由水产品分析师刘景景、沈辰、张静宜撰写;第十二章饲料部分由饲料分析师张峭、陶莎撰写。

中国农业科学院农业信息研究所孙坦所长带领全所员工,为2017年农业展望活动高质量开展和展望报告顺利完成提供了有力保障。由许世卫研究员作为首席科学家领衔的中国农业监测预警创新团队,为《中国农业展望报告(2017—2026)》数据分析提供了基本数据系统支撑和CAMES模型模拟预测技术支撑。秦富、张峭、李志强、李哲敏对报告初稿进行了审阅,李干琼、王东杰、潘月红、王盛威、张超、高利伟、刘佳佳、张永恩、董晓霞、陈威、庄家煜、喻闻、王禹、李灯华、周涵、吴晨、任育锋、吴培、张智广、李娴、于海鹏、李燕妮、卢德成、赵璞、秦波等团队成员为数据运算、报告审校、中英文翻译等做了大量具体而细致的工作。中国农业科学技术出版社在排版印刷方面付出了努力。

中国连年发布未来10年中国农业展望报告,标志着中国农业监测预警研究能力不断迈上新台阶。但需要指出的是,由于农业发展受到国内外诸多不确定性因素的影响,展望报告难免会出现一些疏漏或不足,恳请国内外同行多提宝贵意见,我们将在今后的工作中努力改进。

农业部市场预警专家委员会
二〇一七年四月十五日

摘　　要

　　《中国农业展望报告（2017—2026）》以中国粮食、棉花、油料、糖料、蔬菜、水果、肉类、禽蛋、奶制品、水产品、饲料等产品为对象，对2016年市场形势进行了回顾分析，基于未来10年中国宏观经济社会发展和农业发展环境条件的合理假设，综合CAMES模型基线预测和有关专家的分析判断，对2017年、"十三五"期末和未来10年生产、消费、贸易、价格走势进行了系统展望。

　　未来10年中国宏观经济与政策假设。中国经济继续保持中高速增长，年均增速6.2%，城乡居民收入持续增长，城镇和农村居民可支配收入年均增速分别为4.1%和6.0%（扣除价格因素）；人口总量低速增长，年均增速2.6‰（在全面放开二孩政策和猴年效应叠加下，2016年中国人口出现恢复性增长，同比增长5.9‰，政策效应在2~3年内可能释放完）；城镇化继续保持较快发展速度，2020年之前年均提高1.0个百分点左右；CPI进入温和上行周期，2017年同比上涨2.2%，之后保持在2.2%~3.0%；人民币汇率波动调整将成常态，2017—2018年人民币兑美元中间价为6.8~7.2；国际原油价格短期波动频繁，展望中后期有望缓慢回升，展望期末达到80美元/桶。从农业自身看，生产连年丰收为农业转型升级提供坚实基础，农业供给侧结构性改革深入推进、农业科技持续创新、支持保护政策不断完善，为农业发展提供强劲动力，各级农业部门更加注重运用市场办法、法治方式、信息化手段推进工作，为农业提质增效提供有力支撑。

　　2016年，中国农业发展呈现稳中有进、稳中向优的态势，实现了"十三五"良好开局。主要农产品生产稳定发展，粮食产量继续保持在6亿吨以上，棉油糖、肉蛋奶、水产品、果菜茶供应充足。**农业供给侧结构性改革取得积极成效**，"镰刀弯"等非优势区域玉米种植面积明显调减，大豆种植面积恢复性增长，粮豆轮作和粮改饲试点范围扩大，以生猪和草食畜牧业为重点的畜牧业结构调整持续推进，渔业养殖品种结构和区域布局不断优化。**农产品消费总量稳步增加**，口粮消费基本稳定，玉米加工消费逐步回暖，食用植物油消费增速放缓，肉类、水产品消费结构持续升级，蔬菜、水果小幅增长。**农产品贸易仍呈净进口局面但品种间走势**

分化，玉米及其替代品、棉花、糖料等农产品进口大幅下降，猪肉等畜产品进口继续较快增长，蔬菜、水果、水产品等优势品种出口稳定增长。**农产品价格波动风险进一步加大**，玉米价格回归市场、跌幅较大，棉花、食糖、食用植物油价格回升，猪肉价格先涨后跌、均价高于上年，蔬菜价格高位运行，水果优质优价特征明显。

2017年，供给侧结构性改革是中国农业发展的主线，农业结构将以市场为导向持续优化调整，绿色优质农产品供给有望继续增加，农产品供需结构性矛盾将得以缓解。粮食产能保持稳定、结构不断优化，水稻、小麦种植面积稳定在8亿亩[①]以上，优质稻谷、专用小麦种植面积增加，玉米面积预计调减1 000万亩以上，大豆面积预计调增900万亩，棉花、糖料种植面积将有所恢复；畜牧业生产稳中有增，生猪区域布局优化、生产基本稳定，牛羊肉增速较快，奶类产量恢复性增长；渔业减量增收和资源保护力度加大，水产品产量将小幅调减。农产品消费总量将继续刚性增长，玉米加工消费增长超过10%；消费结构持续升级，多层次、高质量、品牌化需求特征进一步显现。农产品进口格局继续分化，谷物、棉花、大豆等进口增长空间不大，但猪肉等畜产品进口仍将保持较快增速。随着粮食等重要农产品收储制度改革的不断深入，农产品价格由市场供求决定的特征更加明显，稻谷、小麦价格稳中偏弱，玉米价格触底企稳，大豆价格有一定下行压力，蔬菜价格水平低于上年，猪肉价格稳中有降，水产品价格有望持续上涨。

未来10年，中国农业发展将保持稳健态势，农业供给侧结构性改革取得明显成效，农产品供需结构性矛盾逐步化解，粮食由阶段性供大于求向基本平衡格局转变。**重要农产品产量稳定增长，粮食安全保障能力持续增强**。未来10年，在实施"藏粮于地、藏粮于技"战略和建立粮食生产功能区、重要农产品生产保护区、特色农产品优势区等条件下，主要农产品产量继续稳中有增，粮食、蔬菜、禽蛋、水产品产量年均增速0.5%～1.0%，水果、肉类和奶制品产量年均增速1.2%～2.0%。**农产品供给质量和效率显著提高，农业生产要素配置趋于合理**。稻谷、小麦产量保持基本稳定，产品结构持续升级；玉米种植面积到2020年将调减至5.13亿亩，比2015年减少约6 000万亩，高库存压力明显缓解，玉米供需实现基本平衡；2026年大豆种植面积将恢复到1.41亿亩，比2015年增加约4 300万亩；"菜篮子"产品区域布局结构继续调整，畜产品生产向粮食主产区转移，奶类和蔬菜生产进一步向优势区域集中；农业劳动生产率、资源利用率和单产水平等核心指标

---

① 15亩=1公顷，全书同

将显著提高，2026年稻谷、小麦、玉米、大豆单产分别比2016年提高29千克/亩、12千克/亩、27千克/亩、20千克/亩。**农产品消费持续增长，消费结构加快升级。**未来10年，大米、小麦消费总量保持小幅增长，年均增长率分别为0.5%和0.7%，玉米消费总量继续较快增长，年均增速2.8%；城乡居民对水果、肉类、奶制品、水产品等的消费需求保持较快增长，2026年人均食用消费量将分别达到102千克、56千克、40千克、23千克，比2016年增长12%、36%、23%、20%；农产品加工消费需求增长较快，2026年中国蔬菜加工消费占总消费量的比重将达到16%左右，水果为15%，肉类为17%，禽蛋为16%，水产品为36%。**农产品贸易保持健康发展，农业国际竞争力有望增强。**展望期间农产品进出口贸易继续保持活跃，蔬菜、水果等优势特色农产品出口保持小幅增长态势，并继续呈贸易顺差格局。随着国内外价差趋于合理，农产品进口基本稳定。受国产大豆生产恢复较快、食用油消费增长趋稳等因素影响，未来10年中国大豆进口增速明显放缓，2026年大豆进口量将达到9600万吨左右。**农产品价格形成机制不断完善，市场价格总体温和上涨。**随着最低收购价政策的改革完善，稻谷、小麦市场价格在展望前期将稳中有降，后期受成本推动稳中趋升，优质口粮品种的价格可能持续走高；玉米、大豆、棉花、食糖价格与国际市场的联动性增强，市场波动风险加大；肉蛋奶、蔬菜、水果、水产品价格总体趋涨。

稻米：产量保持稳定，口粮消费刚性增长。未来10年，水稻种植面积稳中略减，总产量将稳定在2亿吨以上；口粮消费保持增长，2026年消费总量预计为15 583万吨，年均增长0.5%；2020年之前稻米价格受最低收购价政策影响将小幅下跌，之后有望稳中有涨；受进出口政策和国内外价格变化影响，大米进口减少，出口增加，预计2026年进口量为233万吨。

小麦：消费增速快于生产，净进口量先降后增。未来10年，小麦种植面积稳中有降，年均降幅0.04%，单产持续提升，年均增长0.3%，产量保持稳定，2026年将达到13 269万吨，年均增长0.3%；口粮消费、工业消费持续增长，消费总量年均增速0.7%；消费结构升级将拉动优质、专用小麦的需求上升，普通小麦与优质小麦价差将逐渐扩大；净进口量先降后增，预计2026年为329万吨。

玉米：种植面积先减后稳，价格走势由弱转强。未来10年，玉米生产结构调整进一步深入，种植面积持续调减后趋稳，产量先降后增，预计2026年面积稳定在5.2亿亩，产量恢复到2.21亿吨；由于有利的市场环境和政策环境，消费将恢复较快增长；国内外价格基本接轨，玉米进口将呈下降趋势；展望前期价格触底企稳，2020年之后可能再度进入上升期。

大豆：生产恢复至历史高位，进口增速放缓。未来10年，大豆生产、消费将呈现同步增长态势，种植面积恢复性增长，年均增幅2.7%，单产水平提升，年均增长1.6%，产量年均增长4.3%；大豆食用消费增长较快，压榨加工消费平稳增长，消费总量年均增长1.9%；大豆进口量维持高位，但增速趋缓，预计年均增长1.4%。

油料：油料生产小幅增长，食用油自给率稳中有升。未来10年，油料生产稳中有增，预计2026年产量较2014—2016年平均水平增长10.8%，其中小品种增幅明显；消费多样化、差异化特征明显，膳食营养知识普及，人均食用油消费将稳定在一定水平，植物油消费总量将稳中有增，未来10年年均增长0.7%，明显低于过去10年4.5%的年均增速；食用油籽进口量总体继续增加，市场价格化形成机制增强；食用油自给率稳中有升，未来10年预计提高0.2个百分点。

棉花：产量基本稳定，库存结余水平降低。未来10年，棉花产量基本稳定，预计2020年将达到498万吨，2026年为495万吨；棉花消费稳中略降，预计2020年消费量为745万吨，到2026年下降至730万吨；棉花进口逐步增加，将成为国内消费的重要来源，预计2020年棉花进口量将增长至240万吨，2026年为235万吨；库存结余量逐渐降低，2019年有望降至正常水平。

糖料：生产和消费均稳中趋增，进口规模较大。未来10年，糖料种植面积将保持基本稳定，糖料单产有所提升，食糖产量稳中略增，预计2026年为1 153万吨，比2016年增长32.5%；食糖消费水平稳中趋增，预计2026年食糖消费量为1 847万吨，比2016年增长21.5%；食糖价格仍会有较大波动，受国内产不足需和国内外价差影响，食糖进口仍将保持较大规模，预计2026年进口食糖为804万吨，比2016年增长115.5%。

蔬菜：产量高位趋稳，品种消费结构优化。未来10年，蔬菜播种面积保持稳定，总产量以年均0.5%的速度增长；食用消费呈稳步增长态势，2026年鲜食消费总量将达到23 966万吨，年均增长1.5%，加工消费需求小幅增长，蔬菜损耗率有所下降；价格呈上涨态势，季节性波动将有所趋缓；贸易继续保持顺差态势，2026年净出口量将达到1 176万吨，年均增长率为1.8%。

水果：产量和消费量增速放缓，结构进一步优化升级。未来10年，水果产业将步入提质增效转型的关键期，产量增速放缓，产业提档升级加快；消费量增速大于产量增速，消费结构进一步优化；持续保持贸易顺差。预计2017年中国水果产量将达到2.86亿吨，水果直接消费量和加工消费量将分别达到1.31亿吨和0.33亿吨；2020年水果产量将达到2.99亿吨，水果直接消费量和加工消费量分别将达到 1.37 亿吨和 0.37 亿吨，贸易总量将超过 1 000 万吨；2026 年水果产量将达到 3.16 亿吨，直接消费量和加工消费量分别将达到 1.43 亿吨和 0.46 亿吨，贸易总量将超过 1 100 万吨。

猪肉：规模化养殖加快，净进口有望缩减。 未来 10 年，生猪生产稳中有增，规模化养殖增加，2026 年出栏 500 头以上规模养殖户占比将达到 65% 左右，生猪出栏量和猪肉产量将分别达到 7.80 亿头和 6 234 万吨；猪肉消费量继续增加，人均占有量年均增速为 1.2%，达到 44.20 千克；随着产能逐步恢复，短期内生猪价格稳中有降，国内外猪肉价差缩小；猪肉仍将保持净进口状态，但净进口量预期将减少。

禽肉：生产消费同步增长，进口保持稳定。 未来 10 年，禽肉产量年均增长 1.7%，到 2026 年产量将达到 2 235 万吨，比 2016 年增长 18.4%；消费总量年均增长 1.7%，增速比过去 10 年下降 1.5 个百分点；进口量窄幅波动，预计维持在 60 万吨以内。在人工和环保成本上升的推动下，价格上行，年均涨幅在 2% 以内。

牛羊肉：消费拉动产量较快增长，牛肉进口继续增加。 未来 10 年，草食畜牧业增长较快，科技支撑力度增强，牛肉、羊肉产量有望稳步增长，年均增速预计分别为 1.8%、2.4%，2026 年牛肉、羊肉产量分别为 860 万吨、580 万吨；消费量继续增加，区域性优质产品备受青睐；展望前期牛羊肉价格相对稳定，后期具有小幅上涨空间；牛肉进口受国内需求拉动继续增加，羊肉进口较为稳定，预计到 2026 年牛肉进口量将超过 100 万吨，羊肉进口量在 30 万吨以下。

禽蛋：禽蛋生产增速放缓，成本带动价格整体上涨。 未来 10 年，禽蛋生产继续保持稳步增长，产量年均增速为 0.6%，2026 年产量将达到 3 302 万吨；禽蛋消费稳定增长，消费总量以年均 0.6% 的速度增长，2026 年将达到 3 291 万吨；贸易仍以出口为主，出口量稳定在 10 万吨左右；在畜禽养殖资源环境约束加剧、人工成本增加、饲料价格回涨等条件下，禽蛋价格预计总体保持上升态势。

奶制品：生产进入平稳增长期，进口增速放缓。 未来 10 年，随着国家振兴奶业政策的实施，奶业生产逐步进入平稳增长期，奶类产量预计年均增长 1.0%，展望期末将达到 4 465 万吨；国产奶的消费有望突破低位徘徊的现状，2026 年消费总量预计将达到 6 381 万吨，较 2016 年增长 27.1%；受国内需求刚性、内外价差长期存在等诸多因素驱动，奶制品进口将继续增长，但年均增速明显放缓，由过去 10 年的 14.0% 降至展望期内的 4.2%，2026 年进口量将达到 1 931 万吨；成本刚性上升、国际市场预期价格走高将对国内奶价上行形成基础支撑，奶价依然明显高于全球平均水平。

水产品：产量增速放缓，消费结构升级拉动进口增加。 未来10年，水产品产量波动中小幅增长，2026年预计将达到7 008万吨；人均消费量继续增加，但增速放缓，展望期末年人均消费量为23.35千克；进出口贸易走势分化，出口基本稳定，进口显著增加，净进口稳步增长，预计2026年出口量为419万吨，进口量为566万吨；价格有望进一步上涨，年均涨幅约为4.0%。

饲料：产量和需求量稳定增长，市场价格弱势转强。 未来10年，工业饲料产量预计年均增长1.6%，2026年将达到23 983万吨，配合饲料产量占饲料产量比重达到92.9%；饲料需求量年均增长1.6%，展望期末预计将达到23 634万吨，猪饲料仍是市场需求增长的主要动力，禽类饲料和反刍饲料将保持稳速增加，水产饲料需求稳中有降；展望后期饲料产品市场价格将稳步上涨。

目　　录

第一章　概　述　　1
1　未来 10 年宏观经济社会发展环境　　2
 1.1　中国经济继续保持中高速增长　　2
 1.2　中国人口总量低速增长　　5
 1.3　CPI 进入温和上行周期且渐趋稳定　　8
 1.4　原油价格呈前升后稳态势　　9
 1.5　城乡居民收入持续增长　　11
 1.6　人民币汇率波动调整将成常态　　12

2　未来 10 年中国农业发展的环境条件　　13
 2.1　农业转型基础更加坚实　　13
 2.2　农业发展动力更加强劲　　13
 2.3　农业管理服务更加有效　　14
 2.4　农业发展面临挑战加大　　14

3　未来 10 年中国农产品市场发展趋势　　15
 3.1　供给侧结构性改革深入推进，农产品供给质量和效率显著提高　　15
 3.2　重要农产品产量继续增长，粮食安全保障能力明显增强　　16
 3.3　消费需求持续增长，消费结构加快升级　　16
 3.4　农产品价格形成机制继续完善，市场价格总体呈温和上涨态势　　17
 3.5　农产品贸易保持健康发展，农业国际竞争力进一步增强　　17

参考文献　　18

第二章　谷　物　　19
1　稻米　　20
 1.1　2016 年市场形势回顾　　20
 1.2　未来 10 年市场走势判断　　22
 1.3　不确定性分析　　26

2 小麦 …… 28
2.1 2016年市场形势回顾 …… 28
2.2 未来10年市场走势判断 …… 31
2.3 不确定性分析 …… 34

3 玉米 …… 36
3.1 2016年市场形势回顾 …… 36
3.2 未来10年市场走势判断 …… 39
3.3 不确定性分析 …… 45

参考文献 …… 47

第三章 油料 …… 49

1 大豆 …… 50
1.1 2016年市场形势回顾 …… 50
1.2 未来10年市场走势判断 …… 53
1.3 不确定性分析 …… 57

2 油籽和油籽产品 …… 58
2.1 2016年市场形势回顾 …… 59
2.2 未来10年市场走势判断 …… 61
2.3 不确定性分析 …… 64

参考文献 …… 65

第四章 棉花 …… 67

1 2016年市场形势回顾 …… 68
1.1 种植面积和产量下降 …… 68
1.2 棉花消费低迷 …… 68
1.3 棉花价格先跌后涨，快速上行 …… 69
1.4 国内外棉价趋同联动趋势明显 …… 70
1.5 棉花进口降至低位 …… 70
1.6 中国储备棉投放成交比例高 …… 71

2 未来10年市场走势判断 …… 71
2.1 总体判断 …… 71
2.2 生产展望 …… 72
2.3 消费展望 …… 74
2.4 贸易展望 …… 75

2.5　价格展望　　75
　3　不确定性分析　　76
　　3.1　政策调整因素　　76
　　3.2　技术因素　　76
　　3.3　气象因素　　76
　参考文献　　77

第五章　糖　料　　79

　1　2016年市场形势回顾　　80
　　1.1　食糖连续两年减产　　80
　　1.2　食糖消费同比略涨　　80
　　1.3　国内食糖价格大幅上涨　　81
　　1.4　食糖进口大幅下滑　　81
　2　未来10年市场走势判断　　82
　　2.1　总体判断　　82
　　2.2　生产展望　　82
　　2.3　消费展望　　83
　　2.4　贸易展望　　84
　　2.5　价格展望　　84
　3　不确定性分析　　85
　　3.1　自然灾害因素　　85
　　3.2　调控政策因素　　85
　　3.3　其他因素　　85
　参考文献　　86

第六章　蔬　菜　　87

　1　2016年市场形势回顾　　88
　　1.1　蔬菜供应总体充足　　88
　　1.2　蔬菜消费需求稳定增长　　89
　　1.3　蔬菜市场价格总体高位运行，个别品种波动异常　　89
　　1.4　蔬菜进出口继续保持顺差格局　　90
　2　未来10年市场走势判断　　90
　　2.1　总体判断　　90
　　2.2　生产展望　　91

2.3 消费展望 ... 92
　　2.4 贸易展望 ... 94
　　2.5 价格展望 ... 95
　3 不确定性分析 ... 95
　　3.1 天气多变可能影响蔬菜市场供需 ... 95
　　3.2 舆情效应会给蔬菜消费带来不确定性 ... 96
　　3.3 国外贸易政策的变化会影响蔬菜贸易 ... 96
　参考文献 ... 97

第七章　水　果 ... 99
　1 2016年市场形势回顾 ... 100
　　1.1 产量增加，供给充足 ... 100
　　1.2 消费稳中有增 ... 101
　　1.3 市场价格整体走低 ... 101
　　1.4 出口大幅增加，进口减少，贸易顺差显著扩大 ... 102
　2 未来10年市场走势判断 ... 103
　　2.1 总体判断 ... 103
　　2.2 生产展望 ... 104
　　2.3 消费展望 ... 106
　　2.4 贸易展望 ... 107
　　2.5 价格展望 ... 108
　3 不确定性分析 ... 108
　　3.1 气象条件变化和病虫灾害发生 ... 108
　　3.2 生产环节劳动力短缺问题 ... 109
　　3.3 进口不断增加对国内市场的影响 ... 109
　　3.4 其他不确定性因素 ... 109
　参考文献 ... 110

第八章　肉　类 ... 111
　1 猪肉 ... 112
　　1.1 2016年市场形势回顾 ... 113
　　1.2 未来10年市场走势判断 ... 114
　　1.3 不确定性分析 ... 118
　2 禽肉 ... 120
　　2.1 2016年市场形势回顾 ... 120

2.2 未来10年市场走势判断　121
2.3 不确定性分析　126
3 牛羊肉　127
3.1 2016年市场形势回顾　127
3.2 未来10年市场走势判断　130
3.3 不确定性分析　134
参考文献　136

第九章 禽蛋　139
1 2016年市场形势回顾　140
1.1 蛋鸡补栏积极，禽蛋产量持续增长　140
1.2 禽蛋消费稳步增长　141
1.3 价格震荡下跌　141
1.4 养殖小幅盈利　142
1.5 出口量稳中有增，净出口稳定　142
2 未来10年市场走势判断　143
2.1 总体判断　143
2.2 生产展望　144
2.3 消费展望　144
2.4 贸易展望　145
2.5 价格展望　145
3 不确定性分析　146
3.1 畜禽疾病发生的不确定性直接影响禽蛋生产消费　146
3.2 环保政策实施效果的不确定性影响蛋禽养殖规模　146
3.3 养殖效益的不确定性直接影响蛋禽产业稳定　147
参考文献　147

第十章 奶制品　149
1 2016年市场形势回顾　150
1.1 原料奶产量与上年相比下降，奶制品产销率高于上年　150
1.2 原料奶收购价格与上年相比上涨，奶制品零售价格相对平稳　150
1.3 奶制品进口与上年相比增加，液态奶进口增长依然强劲　151
1.4 奶制品到岸价与上年相比下降，下半年奶粉价差有所缩小　152
2 未来10年市场走势判断　152
2.1 总体判断　152

2.2　生产展望　　153
　　2.3　消费展望　　154
　　2.4　贸易展望　　156
　　2.5　价格展望　　157
　3　不确定性分析　　158
　　3.1　畜禽疾病影响国内生产稳定　　158
　　3.2　国内产业政策调整的提振效果值得关注　　158
　　3.3　国际市场价格走势不明朗影响国内进口预期　　158
　参考文献　　159

第十一章　水产品　　161
　1　2016年市场形势回顾　　162
　　1.1　产量继续保持增长　　162
　　1.2　消费层次递进、转型需求强烈　　162
　　1.3　批发价止跌反弹　　163
　　1.4　进出口贸易回暖增长　　163
　2　未来10年市场走势判断　　163
　　2.1　总体判断　　163
　　2.2　生产展望　　164
　　2.3　消费展望　　166
　　2.4　贸易展望　　166
　　2.5　价格展望　　168
　3　不确定性分析　　169
　　3.1　天气灾害对渔业产量稳定性带来变数　　169
　　3.2　养殖方式和病害对养殖产量与质量影响的不确定性　　169
　　3.3　贸易壁垒的不确定性增强　　170
　参考文献　　171

第十二章　饲料　　173
　1　2016年市场形势回顾　　174
　　1.1　工业饲料总产量增加　　174
　　1.2　工业饲料消费量小幅增长　　174
　　1.3　饲料原料进口有增有减　　175
　　1.4　饲料原料年均价低位波动　　175

  1.5 主要饲料产品价格跌幅趋缓 176
2 未来10年市场走势判断 177
  2.1 总体判断 177
  2.2 生产展望 178
  2.3 消费展望 179
  2.4 价格展望 181
3 不确定性分析 181
  3.1 政策及贸易因素 181
  3.2 疾病及气象因素 181
  3.3 市场风险因素 182
  3.4 技术进步因素 182
  3.5 其他影响因素 182
参考文献 183
附　件 184
  附件1 术语说明 184
  附件2 主要农产品供需平衡表 188

第一章

概 述

《中国农业展望报告（2017—2026）》（以下简称《展望报告》）的基本结论主要基于中国农产品监测预警系统（CAMES）的最新基线预测，同时也综合了有关专家的分析判断。《展望报告》对2017—2026年中国主要农产品生产、消费、价格、贸易等进行了展望，包括稻米、小麦、玉米、棉花、油料、糖料、蔬菜、水果、猪肉、禽肉、牛羊肉、禽蛋、奶制品、水产品、饲料等16个（种）产品。本章将重点介绍中国农产品市场中长期展望的宏观经济社会发展环境及未来10年中国农业发展的形势。

1 未来10年宏观经济社会发展环境

本年CAMES基线预测的中国宏观经济与政策假设主要是：中国经济继续保持中高速增长，城乡居民收入持续增长；人口总量低速增长，劳动力供给继续小幅下降；城镇化速度继续保持较快发展，居民消费需求持续增长；CPI进入温和上行周期，人民币汇率波动调整将成常态；国际原油价格短期波动频繁，展望中后期有望缓慢回升；农业政策体系不断完善，农业供给侧结构性改革成效明显。

1.1 中国经济继续保持中高速增长

全球经济缓慢复苏，中长期增长依然乏力。2016年世界经济增长延续低迷态势，据联合国估计，2016年世界经济仅增长2.2%，同比下降0.3个百分点，增长速度为2009年以来最低。短期来看，在"逆全球化"思潮和保护主义倾向抬头、主要经济体政策走向及外溢效应变数较大、不稳定不确定因素明显增加等条件下，全球经济预计继续呈缓慢增长态势，发展中经济体仍是全球经济增长的主要动力。据联合国（UN）、世界银行（WB）、国际货币基金组织（IMF）、经济合作与发展组织（OECD）、美国农业部（USDA）等机构预测，2017—2018年世界经济存在缓慢复苏的迹象，2017年世界经济增速为2.7%~3.4%，2018年为2.9%~3.6%（图1-1）。发展中经济体经济继续引领全球经济增长，预计2017年和2018年分别增长4.4%和4.7%。发达经济体增长速度略有改善，预计2017年增长1.7%，2018年增长1.8%。其中，美国经济2017年、2018年分别增长1.9%和2.0%。展望未来10年，全球经济正面临新一轮产业革命和科技革命，有可能出现新的增长因素，将影响2020年以后全球经济增长，同时存在投资疲软、生产率增长减退、生态资源环境压力持续加大等不利因素，世界经济恢复强劲持续增长乏力，《展望报告》假定2017—2026年世界经济年均增速为2.5%。

中国经济发展进入质量提升阶段，经济增长继续保持中高速水平。2016年中国经济运行总体平稳，全年国内生产总值74.4万亿元左右，与上年相比增长6.7%，中国经济增长对世界经济增长的贡献率达到33.2%（按2010年美元不变价

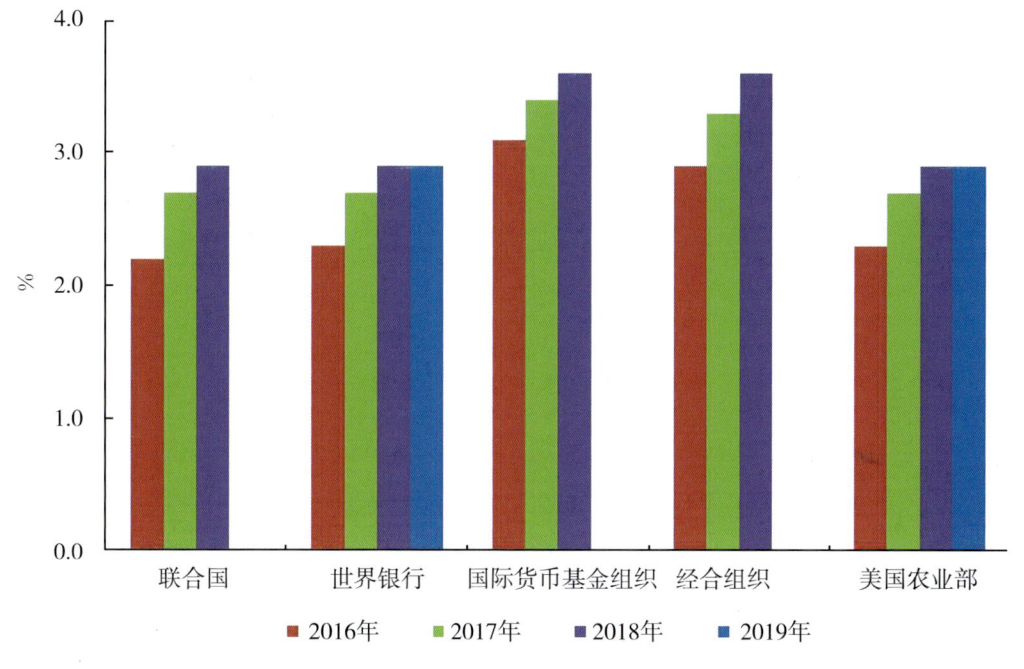

图 1-1 世界经济增长展望

数据来源：1. 联合国经济社会部 2017 年 1 月发布《2017 世界经济形势与展望》，世界经济增长按汇率法 GDP 加权汇总；2. 世界银行 2017 年 1 月发布《全球经济展望》，世界经济增长按汇率法 GDP 加权汇总；3. 国际货币基金组织 2017 年 1 月发布《全球经济展望》，世界经济增长按购买力平价法加权汇总；4. 经济合作与发展组织 2016 年 11 月发布《经济展望》，世界经济增长率为购买力平价法 GDP 加权汇总；5. 美国农业部 2017 年 2 月发布《2017—2026 农业展望报告》

计算），成为世界经济增长的第一引擎。《展望报告》假定，2017—2026 年中国经济将以年均增长 6.2% 的中高速水平继续领涨世界经济，与 2016 年预测相比调低了 0.1 个百分点，主要是我们调低了 2021—2026 年的增速预期（图 1-2）。这种假设的主要依据有：一是中国政府进一步加强完善了适应经济发展新常态的经济政策体系。2016 年 12 月中央经济工作会议强调，要以新发展理念为指导，以供给侧结构性改革为主线，引导经济朝着更高质量、更有效率、更加公平、更可持续的方向发展，这是党中央对经济形势作出的重大判断、对经济工作作出的重大决策、对经济工作思想方法作出的重大调整。预计未来 10 年，随着经济结构优化、发展方式转变、新动能成长，中国经济发展将有条件实现由数量扩张为主的高速增长转向以质量提升为主的中高速增长。二是国内外有关机构普遍看好中国经济发展前景。国民经济和社会发展第十三个"五年规划"中明确提出，"十三五"时期中国经济增长要保持在 6.5% 以上，这也是党和国家要求确保实现"两个翻一番"目标的经济增长底线。中国科学院、中国社会科学院、中国人民大学等机构均预测 2017 年中国 GDP 增速为 6.5%；国务院发展研究中心认为中国经济增长正在从原来的"竖"过渡到"横"，经济增长呈现质量效益逐步改善趋势，增长快速回落的

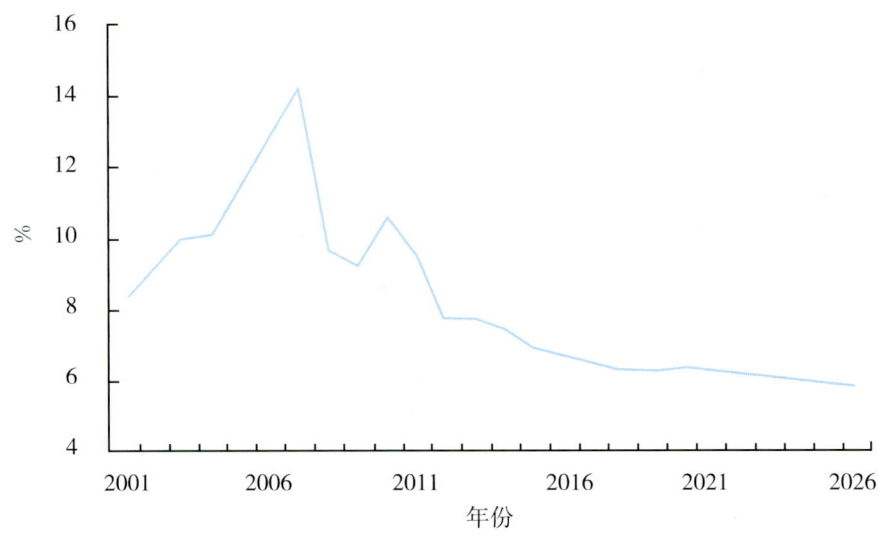

图 1-2　2001—2026 年中国经济增长走势

数据来源：2001—2016 年数据来自中国国家统计局，2017—2026 年数据来自中国农业科学院农业信息研究所 CAMES 假定条件

风险下降。《财经国家周刊》开展的百名经济学家问卷调查结果显示，50%以上的受访经济学家认为 2017 年中国 GDP 增速或将继续小幅下降，但仍居"稳"的区间。联合国（UN）、世界银行（WB）、国际货币基金组织（IMF）、经济合作与发展组织（OECD）等国际机构认为，在继续提供政策支持下中国经济发展依然强劲，预测 2017 年中国 GDP 增速为 6.4%~6.5%，2018 年增速为 6.0%~6.5%（图 1-3）。三是国内外有关机构预测中国经济将保持中高速增长。随着中国经济结构

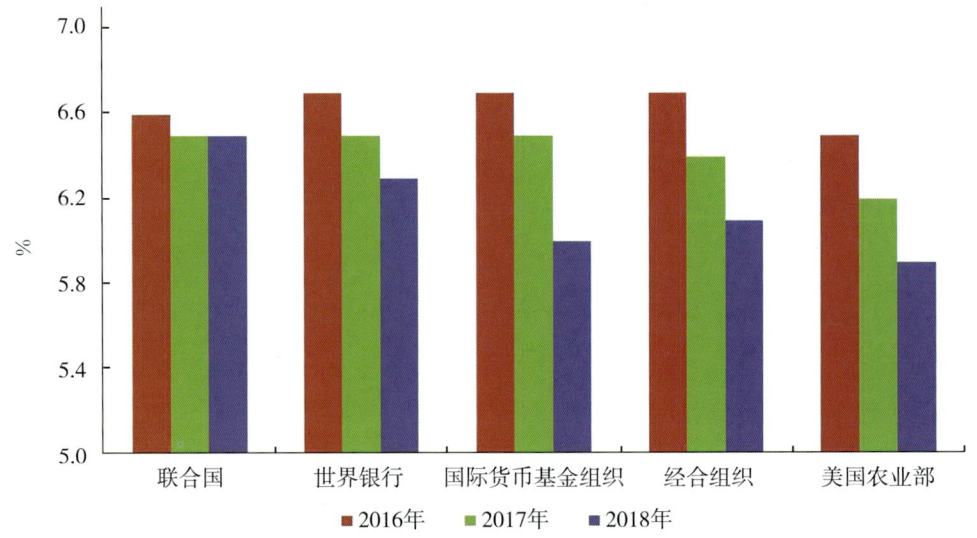

图 1-3　国际机构发布的 2016—2018 年中国经济增长展望

转型升级，持续增长的动力将得到进一步加强。国务院发展研究中心研究认为，未来 10 年中国经济年均增速保持在 6.0% 左右。美国农业部 2017 年 2 月发布的《2017—2026 农业展望报告》中，对未来 10 年中国经济年均增速判断比上年预测提高了 0.1 个百分点。

1.2 中国人口总量低速增长

世界人口继续增加，增速有所下降。据联合国预测，2017—2026 年世界人口增速下降，将由过去 10 年的年均增长 1.19% 下降至 1.01%，展望期间世界人口将增加 7.83 亿，到 2026 年约为 82.15 亿。世界人口的增长主要来自亚洲和非洲，亚洲和非洲人口增长约占世界人口增量的 88.5%。非洲人口增速最快，未来 10 年，人口预计年均增长 2.38%，略低于过去 10 年 2.57% 的水平，展期期间非洲人口将增加 3.22 亿，约占世界人口增量的 41.2%。亚洲人口增加数量最多，未来 10 年，预计年均增长 0.8%，展望期间将增加 3.70 亿，约占世界人口增量的 47.3%。其中，印度人口年均增长 1.07%，展望期间将增加 1.49 亿，2026 年将达到 14.75 亿；日本人口负增长，展望期间将减少 399.1 万。欧洲人口将出现负增长，预计未来 10 年将减少 141 万，主要原因是俄罗斯人口下降明显，预计将减少 268.8 万。美洲地区，美国和巴西人口增速将放缓，未来 10 年，预计年均分别增长 0.69% 和 0.68%，展望期间将分别增加 2 319 万和 1 465 万（图 1-4）。

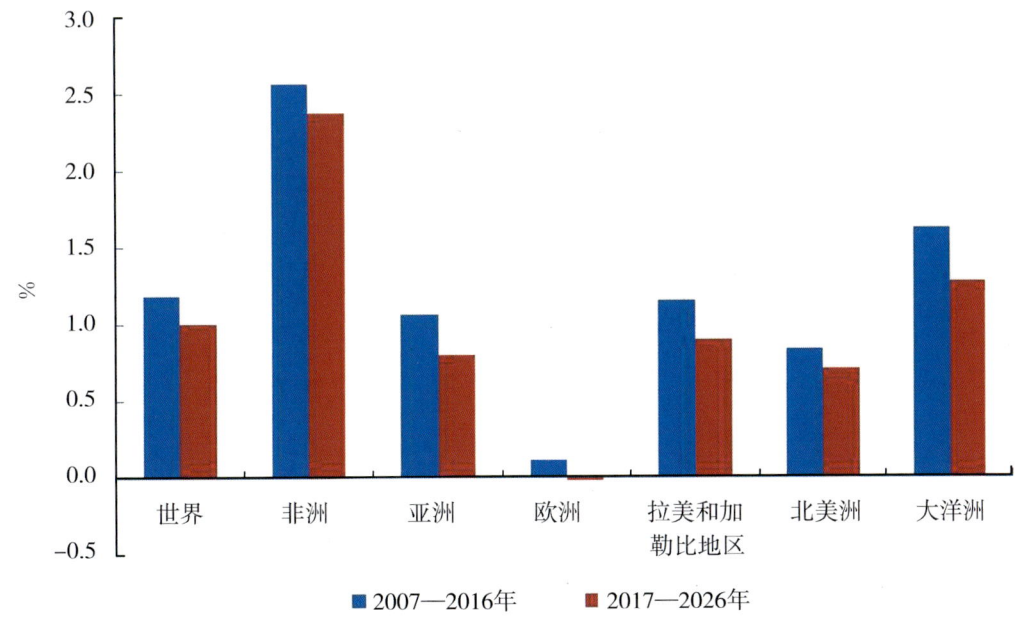

图 1-4　2007—2026 年世界人口增长趋势

数据来源：联合国世界人口前景数据库

中国人口保持增长,增速下降明显。在全面放开二孩政策和猴年叠加效应下,2016年中国人口(未包括香港、澳门特别行政区和台湾省以及海外华侨人数,下同)出现了恢复性增长,年末总人口达到13.83亿人,同比增长5.9‰。其中,全年出生人口1 786万人,同比增加131万人。未来2~3年,全面二孩政策效应将可能会释放完。展望未来10年,中国总人口将保持增长,但增速下降明显,预计年均增长2.6‰,与过去10年相比增速下降约50%;展望期间总人口将增长27.0‰,增加约3 720万人。其中,2016—2020年预计年均增长4.2‰,2021—2026年预计年均增长2.0‰。按此增长速度,中国人口将在2020年首次突破14亿人,2026年将继续增加到14.2亿人。这种判断的主要依据有:一是全面二孩政策效应将继续显现且短期内有可能释放完。据中国国家统计局数据,2014年实施"单独两孩"政策后,全年人口出生率达到12.37‰,全年出生人口1 687万人,同比增加47万人;2015年人口出生率为12.07‰,全年出生人口1 655万人,同比减少32万人;2016年在"双重效应"影响下,人口出生率为12.95‰,全年出生人口不到1 800万人,政策效应显现。二是生育水平和生育意愿有下降趋势。有关统计研究表明,随着经济发展以及女性受教育水平的提高,生育水平和生育意愿均呈下降趋势,且生育水平下降要快于生育意愿。中国总和生育率目前处于1.5左右水平,不及最高峰时期的30%。在生活达到小康之后,家庭生育意愿受养孩子成本高、工作压力大等因素影响而有所下降(图1-5)。

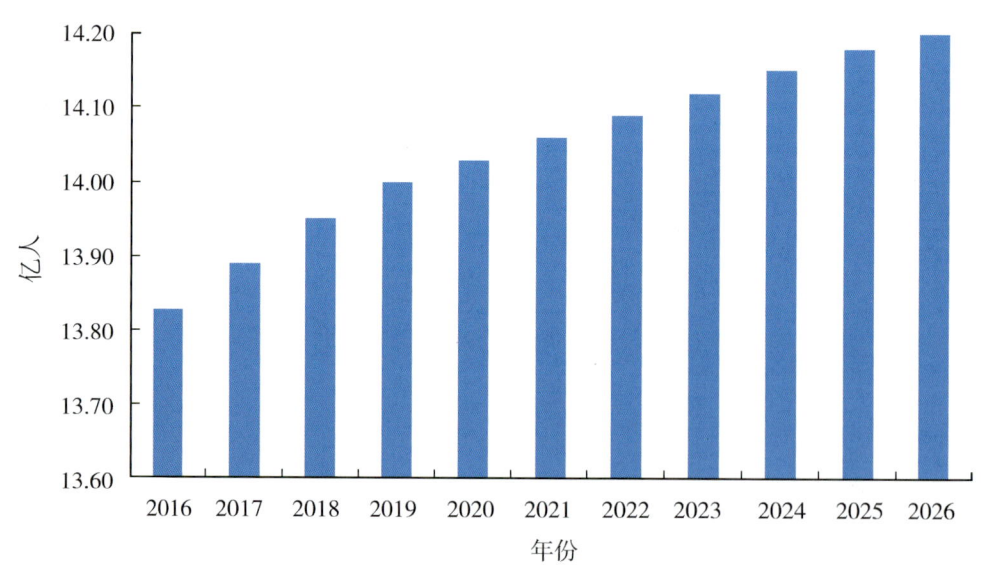

图1-5 2016—2026年中国人口总数

数据来源:中国农业科学院农业信息研究所CAMES假定条件

中国城镇化保持较快速度发展,户籍人口城镇化率与常住人口城镇化率差距不断缩小。伴随着工业化和非农化的快速推进,大量农村人口从农业生产中转移出来，使得中国城镇化水平快速提升。过去 10 年，中国常住人口城镇化率以年均提高 1.3 个百分点的速度增长。展望未来 10 年，在以人为核心的城镇化等有利政策推动下，中国城镇化将继续保持较快速度发展，2020 年之前仍将保持年均提高 1.0 个百分点左右，之后速度有所放缓。据中国国家统计局发布，2016 年年末中国城镇常住人口 79 298 万人，常住人口城镇化率达到 57.35%，同比提高了 1.25 个百分点，户籍人口城镇化率为 41.2%，同比提高了 1.3 个百分点。《展望报告》预测，2026 年末常住人口城镇化率和户籍人口城镇化率将分别达到 65.0%、51.7%，与 2016 年相比分别提高约 7.65 个百分点和 10.5 个百分点（图 1-6）。

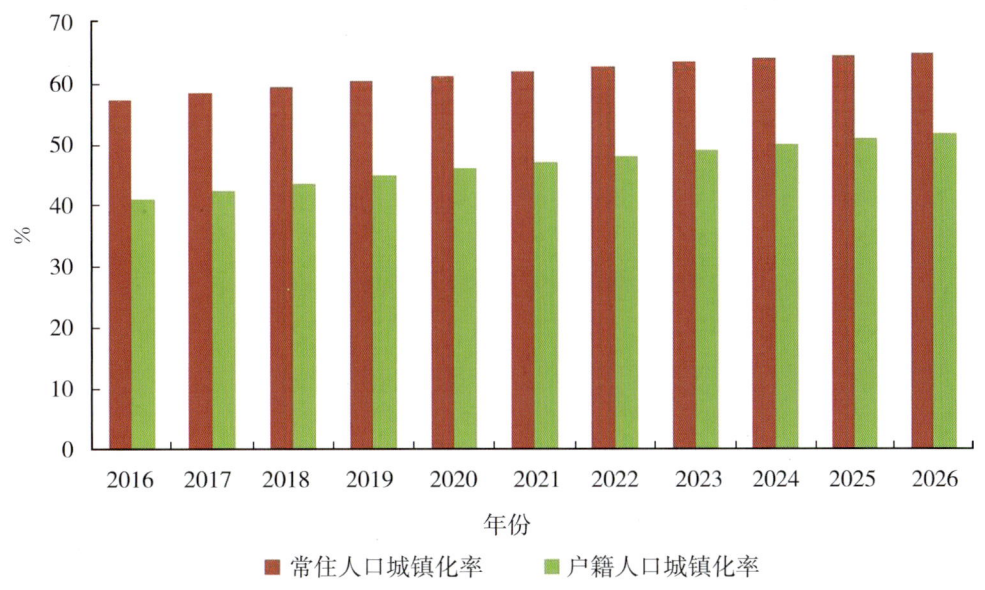

图 1-6 2016—2026 年中国城镇化发展趋势

数据来源：2017—2026 年数据来自中国农业科学院农业信息研究所 CAMES 假定条件

劳动力供给继续小幅下降，人口老龄化程度持续加深。中国劳动力人口数量（15～64 岁，下同）在 2013 年达到历史峰值 10.06 亿人，2014 年首次出现负增长且以 0.11% 的年均降幅连续 3 年减少，2016 年年末减至 10.03 亿人，与 2013 年相比减少了 322 万人。与此同时，老年人口数量（65 岁及以上，下同）增加明显，到 2016 年末达到 1.5 亿人，与 2013 年相比增长 14.0%（约 1 842 万人）。展望未来 10 年，中国劳动力人口数量将继续小幅下降，年均降幅预计为 0.19%；人口老龄化趋势更加明显，老年人口数量将保持较快增长，年均增幅预计为 3.3%。据此预测，2019 年前后中国劳动力人口数量将回落到 10 亿人以内，至 2026 年将降到 9.84 亿人，展望期间预计共减少 1 860 万人左右，略高于 2016 年全年的出生人口数量；老年人口数量 2020 年预计增加到 1.7 亿人左右，2026 年将进一步增至 2.07 亿人左右，与 2016 年相比增长 38.4%（图 1-7）。

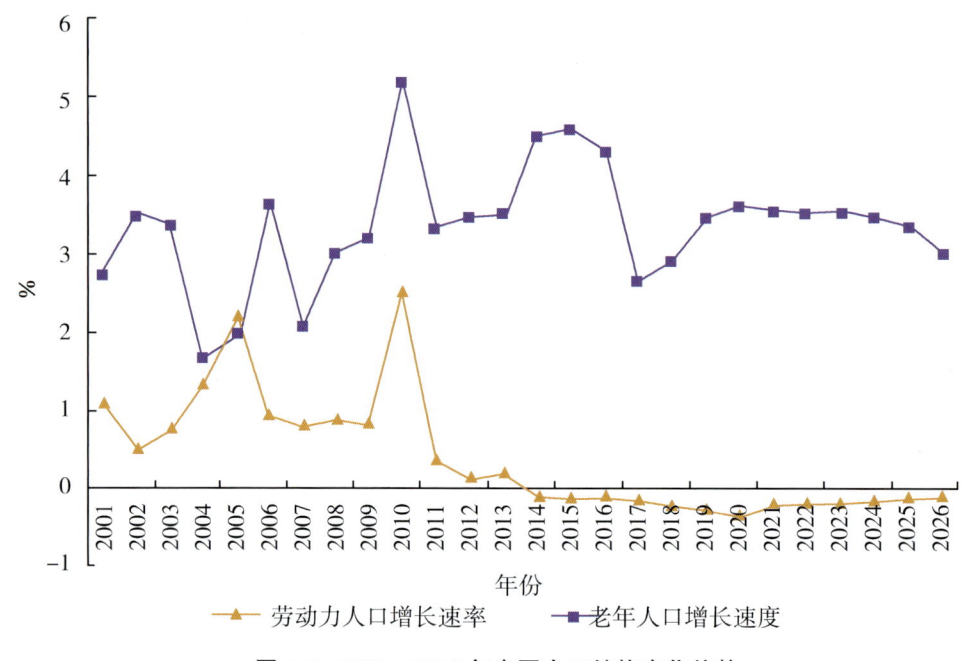

图 1-7　2001—2026 年中国人口结构变化趋势

数据来源：2001—2016 年数据来自中国国家统计局，2017—2026 年数据来自中国农业科学院农业信息研究所 CAMES 假定条件

1.3　CPI 进入温和上行周期且渐趋稳定

短期来看，通胀预期有所上升，CPI 将呈温和上涨态势。2012—2015 年，中国居民消费价格指数连续 4 年下降。在房地产价格明显上涨、消费需求温和上涨、国际大宗商品价格回暖等因素带动下，2016 年中国居民消费价格指数触底反弹，同比上涨 2.0%。其中，食品烟酒同比上涨 3.8%，居住上涨 1.6%，衣着上涨 1.4%，生活用品及服务上涨 0.5%，医疗保健上涨 3.8%，交通和通信下降 1.3%，教育文化和娱乐上涨 1.6%，其他用品和服务上涨 2.8%。展望未来 2~3 年，中国居民消费价格指数将进入温和上行周期，《展望报告》预测 2017 年 CPI 同比上涨 2.2%。判断的依据主要有：一是中国政府宏观经济调控的预期目标。近年来中国货币供应量（M2）保持较快增长，由 2010 年年末的 72.6 万亿元增加到 2016 年年末的 155.0 万亿元，年均增长 13.5% 左右。随着货币供应量不断增加，物价水平呈上涨态势，从而推动 CPI 上涨。李克强总理在政府工作报告中指出，2017 年中国将继续实施积极的财政政策和稳健的货币政策，广义货币 M2 和社会融资规模余额预期增长均为 12% 左右，居民消费价格指数同比上涨控制在 3.0% 左右。二是大多数机构预测 2017 年中国物价水平将继续温和上涨。中国社会科学院发布的经济蓝皮书认为，2017 年居民消费价格指数呈现逐季上涨的发展态势，预计 CPI 全年同比上涨 2.2%，工业品出厂价格同比上涨 1.6%。中国科学院预测科学研究中心预

计，2017 年中国 CPI 走势上半年平稳，下半年涨幅有所上升，全年同比上涨约为 2.3%；PPI（生产价格指数）、PPIRM（原材料、燃料和动力购进价格指数）同比均上涨 2.4%。中国人民大学国家发展与战略研究院、经济学院联合预测，2017 年 CPI 同比上涨 2.1% 左右，PPI 同比上涨 1.9%。中国银行国际金融研究所预测，2017 年 CPI 同比上涨 2.5% 左右。

长期来看，大幅通胀风险小，CPI 将稳定在合理区间。资源环境、劳动力等要素成本不断抬升及居民消费需求持续增长将对物价上涨形成推力，本报告假定 2020—2026 年中国 CPI 涨幅将高于展望初期，基本保持在 3.0% 左右（图 1-8）。

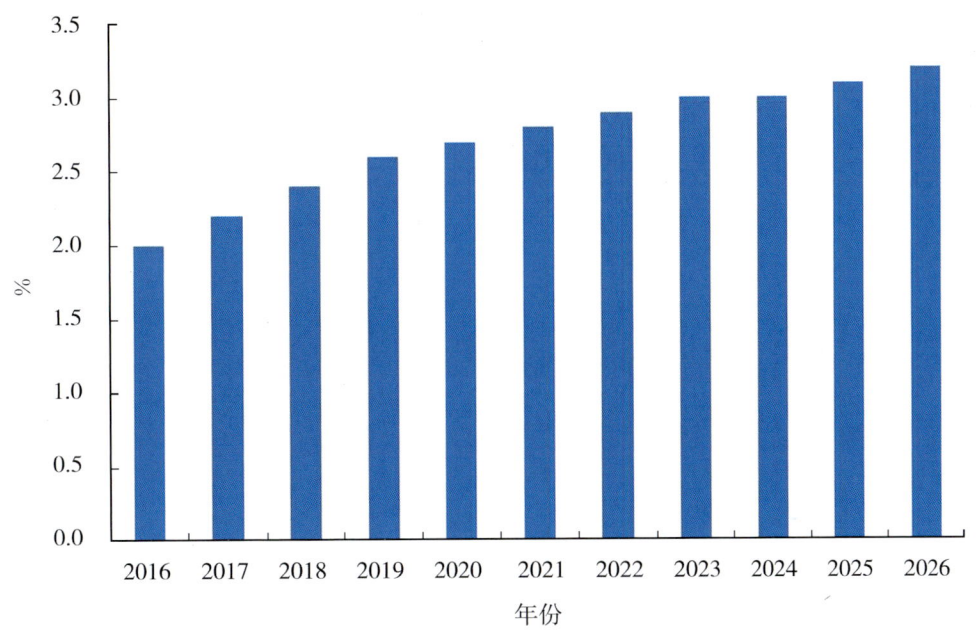

图 1-8　2016—2026 年中国居民消费价格指数（CPI）
数据来源：中国农业科学院农业信息研究所 CAMES 假定条件

1.4　原油价格呈前升后稳态势

国际原油价格触底缓慢回升，短期波动依然频繁。本展望报告认为，国际原油价格在经历了连续两年的低位运行后，预计 2017 年起有望回暖，但是短期波动频繁或成常态，展望中后期有望涨至正常水平（图 1-9）。石油输出国组织（OPEC）2016 年 11 月 30 日一致同意减少原油产量，以俄罗斯为代表的非 OPEC 产油国也同意合作减产，这些因素将有利于支撑 2017 年国际原油价格回升。据国际能源署（IEA）分析预测，强劲的原油需求和欧佩克减产协议将会支撑未来油价上涨，同时全球原油库存增加预计将会削弱减产协议对油价的影响，短期内原油价格有可能涨至 56 美元/桶的水平，预计 2017 年布伦特原油均价为 53 美元/桶。

美国能源信息署（EIA）2017年2月发布的能源展望月度报告中，将2017年、2018年全球原油日均需求增长分别下调了1万桶和5万桶，同时将2018年美国原油产量从930万桶/日上调至953万桶/日。该报告预测，2017年布伦特原油和WTI原油的平均价格分别为54.54美元/桶、53.46美元/桶，与上年相比将分别上涨24.7%和33.8%；2018年继续缓慢回升，将分别涨到57.18美元/桶和56.18美元/桶。世界银行2017年1月发布的《大宗商品市场前景》预测，2017年国际原油价格为55.0美元/桶，比2016年上涨29%。摩根大通预测，2017年布伦特原油均价为58.25美元/桶，WTI原油均价为56.25美元/桶。展望中后期，在全球能源需求增速放缓等条件下，国际原油价格大幅上涨的风险小，但有望涨至80美元/桶的正常水平。

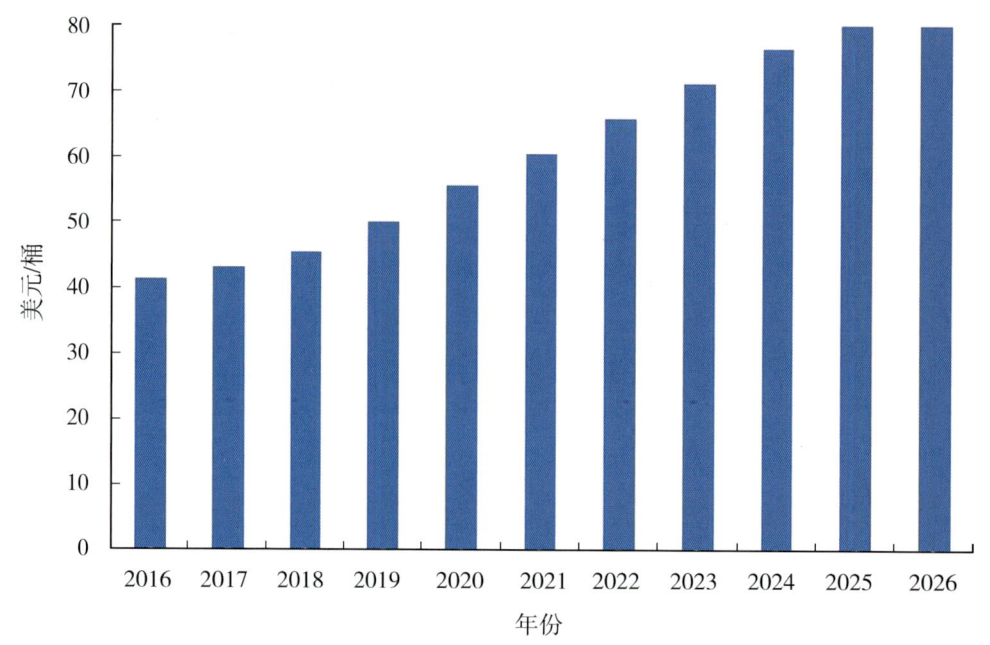

图1-9　2016—2026年国际原油价格预测

数据来源：IEA和IMF，价格为布伦特（Brent）、迪拜和WTI三类原油价格的平均值

中国油价将呈温和上涨趋势。中国油价受国际市场影响大，基本跟随国际市场波动。2016年中国成品油共经历25个调价周期，其中5次下调、10次上调、10次不调整；全年汽油价格累计上涨1 015元/吨，柴油价格累计上涨975元/吨。在产油国联合减产协议的支撑条件下，短期内国际原油价格有攀升空间，但美元走强将对原油价格有一定的抑制作用。此外，减产协议的落实情况也将是影响国际油价走向的重要因素。这些情况的出现将会影响中国成品油调价的趋势。《展望报告》认为，展望期间中国油价将温和上涨。

1.5 城乡居民收入持续增长

农村居民收入增长继续领先城镇居民,城乡差距继续缩小。据中国国家统计局数据,2016年全国城乡居民人均可支配收入23 821元,同比名义增长8.4%,扣除价格因素实际增长6.3%;全国城乡居民人均可支配收入中位数为20 883元,同比名义增长8.3%。中国城镇居民(按常住地分)人均可支配收入33 616元,同比名义增长7.8%,扣除价格因素实际增长5.6%;城镇居民人均可支配收入中位数为31 554元,同比名义增长8.3%。中国农村居民人均可支配收入12 363元,同比名义增长8.2%,扣除价格因素实际增长6.2%;农村居民人均可支配收入中位数为11 149元,同比名义增长8.3%。贫困地区农村居民人均可支配收入8 452元,同比名义增长10.4%,扣除价格因素实际增长8.4%;全国农民工人均月收入3 275元,同比名义增长6.6%。农村居民收入增长速度连续7年高于城镇居民收入增长速度,2016年城乡居民人均收入比进一步缩小到2.72:1;全国居民收入基尼系数下降到0.465,同比略提高了0.003(表1-1)。

表1-1 2006—2016年中国城乡居民收入情况

年份	城镇居民(元)	农村居民(元)	收入比
2006	11 759.5	3 587.0	3.3:1
2007	13 785.8	4 140.4	3.3:1
2008	15 780.8	4 760.6	3.3:1
2009	17 174.7	5 153.2	3.3:1
2010	19 109.4	5 919.0	3.2:1
2011	21 809.8	6 977.3	3.1:1
2012	24 564.7	7 916.6	3.1:1
2013	26 955.0	8 896.0	3.0:1
2014	29 381.0	9 892.0	2.97:1
2015	31 195.0	11 422.0	2.73:1
2016	33 616.0	12 363.0	2.72:1

数据来源:中国国家统计局

展望未来10年,城乡居民收入继续增长,增速有所放缓。随着中国经济发展进入新常态,经济增长由高速转向中高速,城乡居民收入增长也将放缓,2016年城镇居民和农村居民收入增速均低于GDP总量增速。党的十八届五中全会提出,"十三五"时期将通过产业扶持、转移就业、异地搬迁、社会保障政策等方式逐年降低贫困人口,到2020年全面消除贫困人口。综合考虑各方面因素,《展望报告》假定,未来10年,中国城镇居民(按常住地分)人均可支配收入年均增长4.1%(按2016年为基期,扣除价格因素),农村居民人均可支配收入年均增长6.0%(按2016年为基期,扣除价格因素)。据此预测,2026年中国城镇居民人均可支配收入将达到 5.03 万元左右（按 2016 年为基期，扣除价格因素），农村居民人均可支配收入将达到 2.22 万元（按 2016 年为基期，扣除价格因素），城乡居民收入差距将缩小到 2.26∶1（图 1-10）。

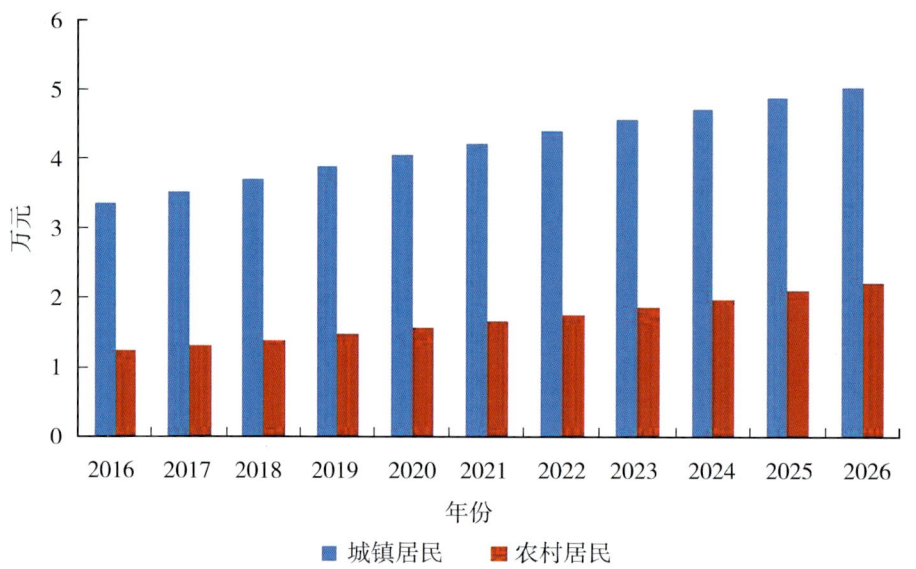

图 1-10 2016—2026 年城乡居民收入增长预测
数据来源：中国农业科学院农业信息研究所 CAMES 假定条件

1.6 人民币汇率波动调整将成常态

短期来看，美元继续保持强势，人民币汇率波动调整或成常态。在美国经济向好、英国公投决定"脱欧"、美联储加息等因素推动下，2016 年美元表现十分强势，尤其美国新总统特朗普上台后持续显著走强。据统计，2016 年 1 月 1 日至 12 月 31 日，人民币兑美元的汇率中间价由 6.494 贬值至 6.937，全年下跌 6% 以上。预计 2017 年美元可能继续维持强势，短期内人民币仍然面临贬值压力，但下跌空间有限，大幅贬值的风险很小。《展望报告》假定，2017—2018 年人民币兑美元汇率中间价为 6.8～7.2。

展望未来 10 年，人民币国际化进程明显提速。2016 年 10 月 1 日起，人民币正式成为继美元、欧元、英镑和日元之后，加入 SDR（特别提款权）货币篮子的第五种货币，并占有 10.92% 的权重，位列美元和欧元之后、日元与英镑之前，成了真正意义上的国际货币。展望期间，人民币国际化将迎来新契机，前景十分看好，尤其在发展"一带一路"区域人民币国际化等战略机遇下，人民币的国际地位将迅速提升。

2　未来 10 年中国农业发展的环境条件

当前,中国农业农村正处在深刻变革之中。随着市场化、城镇化、信息化、全球化加快推进,中国农业发展将迎来难得机遇,同时也面临巨大压力与挑战。

2.1　农业转型基础更加坚实

农业连年丰收为中国农业转型升级奠定了坚实的基础。2016 年,面对复杂形势和多重挑战,中国农业农村经济继续保持稳中有进、稳中向优的良好态势,为经济社会发展大局提供了重要支撑,发挥了"压舱石"的作用。农业稳中调优,粮食再获丰收,2016 年中国粮食产量达到 61 625 万吨,连续 4 年稳定在 6 亿吨以上,也是历史第二高产年;棉油糖、肉蛋奶、水产品供给充足,保障了市场需求的有效供给。农民收入稳定增长,增速连续 7 年快于城镇居民,城乡居民收入比继续缩小。农业结构调整有序推进,籽粒玉米调减 3 000 万亩(200 万公顷)左右,南方水网地区生猪养殖调减转移 1 600 万头,畜禽养殖规模化率达到 56%,主要农产品加工转化率超过 65%,以休闲农业和农村电商为代表的新产业新业态成为新亮点。农业绿色发展大步迈进,农药使用量继续零增长,化肥使用量自改革开放以来首次接近零增长,主要农产品例行监测合格率达到 97.5%。农村改革稳步前进,农村土地"三权分置"办法出台,开启继农村家庭联产承包责任制后又一重大制度性创新,农村土地承包经营权确权登记颁证面积超过 8 亿亩(0.53 亿公顷),新型农业经营主体总量超过 270 万个,多种形式适度规模经营面积占比超过 30%。农业综合生产能力进一步提升,主要农作物耕种收综合机械化率达到 65%,良种覆盖率达到 96% 以上。展望期内,中国农业现代化建设将有更加牢靠的支撑条件。

2.2　农业发展动力更加强劲

未来 10 年,中国农业发展的动力将更加强劲,主要体现在:一是农业供给侧结构性改革成为农业发展的新动力。展望期间,农业供给侧结构性改革将从生产端、供给侧发力,用改革创新的办法,调整优化农业的要素、产品、技术、产业、区域、主体等方面结构,优化农业产业体系、生产体系、经营体系,促进绿色发展,创新体制机制,从整体上提高农业供给体系的质量和效率,提高农业综合效益和竞争力。二是农业科学技术不断创新将为农业发展注入强劲驱动力。在实施国家创新驱动发展战略下,动植物育种技术、农业生物功能基因组技术、生物节水技术、农业物联网技术、农业装备技术等创新突破,将加快农业发展方式转变,实现农业发展新旧动能转换。特别是"互联网+"现代农业,开创了大众创业、万众创新的良好局面,将为农业转型升级注入强劲驱动力。三是消费结构加快升级将为农业发展增添巨大带动力。人口数量继续增长，消费结构升级，个性化、多样化、优质化农产品和农业多种功能需求潜力巨大，市场空间更加广阔，将给农业产业带来新机遇。四是外部拉动支撑农业发展更加强劲。新型工业化、信息化、城镇化快速推进，城乡共同发展新格局加快建立，将为推进"四化"同步发展提供强劲拉动力。五是农业政策完善将进一步增强农业发展动力。2004年以来，党中央、国务院连续发布了14个指导"三农"工作的中央一号文件。未来一段时期，农业强农惠农富农政策会进一步加强，将为中国农业现代化提供不竭动力。

2.3　农业管理服务更加有效

中国农业管理部门不断创新工作理念和方式方法，积极探索农业管理服务新模式，努力提升对农业农村经济工作的指导能力和水平，主要体现在：一是更加注重运用市场办法推动工作。未来一段时期，将更多利用市场信号和价格传导机制引导农业发展，用市场手段调控供给消费，不能再靠行政推动一条路。二是更加注重运用法治方式推动工作。将更加重视用政策支持农业发展，注重依法保障农业发展，注重运用法治的思维、方式和手段来凝聚共识、争取支持、推动工作、解决问题。三是更加注重运用信息化手段推动工作。将加大利用信息化手段指导生产、引导市场、改善管理、提供服务，注重发挥政务网站、微信、微博等新媒体的作用，让新媒体成为农业技术的推广员、市场信息的发布员、优质农产品的推销员、"三农"政策的传播员。四是更加注重运用典型模式推动工作。农民群众善于创造，也善于模仿，今后将及时发掘并总结基层创造的好经验、好做法、好范例，宣传推广，以点带面推进工作。五是更加注重通过制度安排推动工作。搞好农业要靠政策，尤其要靠制度化的政策、长效化的机制。今后将加大政策创设和机制创新力度，把不适应新形势的政策及时转向，把实践中行之有效的做法制度化，让资金和支持政策持续发挥作用。

2.4　农业发展面临挑战加大

未来10年，中国农业现代化的内外部环境更加错综复杂，面临巨大的挑战和压力，主要体现在：一是资源约束不断加剧，生态环境压力加大。中国主要资源人均占有量远低于世界平均水平，土地资源中难利用地多、宜农地少，水土资源空间匹配性差，资源富集区与生态脆弱区多有重叠。部分地区环境质量持续下降，水土流失、土地沙化、草原退化问题突出，生物多样性降低，生物灾害频发，地质灾害点多面广频发。在资源环境约束趋紧的背景下，农业发展方式粗放的问题日益凸显，工业"三废"和城市生活垃圾等污染向农业农村扩散，耕地数量减少质量下降、地下水超采、投入品过量使用、农业面源污染等问题加重。二是气候变化不确定性增加，由其引发的农业生产风险日益凸显。近年来，全球气候变暖导致极端灾害性天气频发。中国减灾计划数据显示，近年来中国每年约有4.5亿亩农作物受灾，占全国农作物播种面积的1/4。同时，气候变暖也会影响农业种植制度，进而影响产量。有关研究表明，气温每升高1℃，水稻生育期将缩短7~8天，冬小麦生育期缩短17天。全球气候变暖加速了东北粮食作物"北扩"，但也使其遭遇早霜冻和干旱缺水的风险加大。未来10年，气候变化将加大中国农业减产的风险。三是农业生产成本不断抬升、农业竞争力不强的问题日益凸显。劳动力、土地、物质投入等成本继续刚性上涨，主要农产品国内外市场价格倒挂，部分农产品进口逐年增多，传统优势农产品出口难度加大，中国农业大而不强、多而不优的问题更加突出。四是在居民消费结构升级的背景下，部分农产品供求结构性失衡的问题日益凸显。优质化、多样化、专用化农产品发展相对滞后，大豆供需缺口进一步扩大，玉米增产超过了需求增长，部分农产品库存过多，确保供给总量与结构平衡的难度加大。五是在经济发展速度放缓、动力转换的背景下，农民持续增收难度加大的问题日益凸显。农产品价格提升空间较为有限，依靠转移就业促进农民收入增长的空间收窄，家庭经营收入和工资性收入增速放缓，加快缩小城乡居民收入差距、确保如期实现农村全面小康的任务艰巨。六是在国内外农产品市场深度融合的背景下，国际市场波动传导给国内市场的风险日益凸显。随着信息化、市场化、国际化不断深化，国际市场风险传导的速度加快、强度加大，中国农业受国际市场的影响将越来越大，将给中国农产品市场稳定运行带来更大的不确定性。

3 未来10年中国农产品市场发展趋势

到2026年，中国农业现代化将取得明显进展。中国农业供给侧结构性改革深入推进，农产品供给体系质量和效率显著提高，粮食等重要农产品安全保障能力得到增强；一二三产业融合发展，区域农业更加协调发展，农业经营主体协调发展；农业发展方式加快转变，技术装备和信息化水平明显提高，农业可持续发展水平明显提升；居民消费需求持续增长，消费结构转型升级增添发展动力；农产品价格形成机制继续完善，国内外市场融合互动加强；农产品贸易健康发展，农业国际竞争力进一步增强。展望未来10年，中国农产品市场发展趋势，《展望报告》的基本结论有以下几点。

3.1 供给侧结构性改革深入推进，农产品供给质量和效率显著提高

展望期间，中国农业供给侧结构性改革继续推进，农产品供需结构的弱匹配性将显著改善，农业生产要素配置将趋于更加合理，土地产出率、劳动生产率、资源利用率等将明显提高。一方面，供给结构明显改善，农产品供给与需求实现有效匹配，能够满足消费结构转型升级需求。预计到2020年，玉米种植面积将调

减至 5.13 亿亩（3 420 万公顷），与 2015 年相比减少约 6 000 万亩，库存压力得到有效释放；优质食用大豆产量增加，2020 年大豆种植面积将增加到 1.4 亿亩（933.3 万公顷），与 2015 年相比增加约 4 200 万亩（280 万公顷）；与此同时，畜牧业产值占农业总产值的比重将超过 30%，渔业总产值占农业总产值的比重超过 10%，农产品加工业与农业总产值比将达到 2.4。另一方面，农业供给质量、效率明显提升，劳动生产率、资源利用率和单产水平等核心指标将显著提高。2020 年，农业劳动生产率预计超过 4.7 万元/人，与 2015 年相比提高 56.7%；农产品质量安全例行监测总体合格率预计在 98% 以上，与 2015 年相比提高 1 个百分点以上，同时农田灌溉水有效利用系数、主要农作物化肥利用率、主要农作物农药利用率、养殖废弃物综合利用率将分别提高 3.4%、13.6%、9.3% 和 25%。未来 10 年，单产水平提高是粮食等重要农产品产量增加的主要因素，与 2016 年相比，到 2026 年稻谷单产预计将提高 29 千克/亩左右，小麦提高 12 千克/亩左右，玉米提高 27 千克/亩左右，大豆提高 20 千克/亩左右，花生提高 20 千克/亩左右。

3.2 重要农产品产量继续增长，粮食安全保障能力明显增强

未来 10 年，在实施"藏粮于地、藏粮于技"战略和建立粮食生产功能区、重要农产品生产保护区、特色农产品优势区等条件下，中国农产品产量继续稳中有升，稻谷、小麦口粮绝对安全将得到有效保障，主要农产品有效供给能力大幅提升。粮食、蔬菜、禽蛋、水产品产量将稳健增长，年均增长速度保持在 0.5%～1%；水果、肉类和奶制品产量保持较快增长，年均增长速度保持在 1.2%～2.0%；大豆产量年均增长 4.3%，增长速度位居主要农产品之首。2026 年，预计谷物产量将达到 58 510 万吨左右，油料（含大豆）为 5 650 万吨，食糖为 1 153 万吨，蔬菜为 83 780 万吨，水果为 31 620 万吨，肉类为 10 100 万吨，禽蛋为 3 300 万吨，奶类为 4 500 万吨，水产品为 7 000 万吨，与 2016 年相比，分别增长 3.5%、15.8%、60.9%、4.7%、11.6%、18.3%、6.6%、20.0%、1.6%。

3.3 消费需求持续增长，消费结构加快升级

随着人口增加、收入增长、城镇化推进和消费方式转变，未来 10 年，中国农产品消费需求继续保持增长，消费结构转型升级，消费需求呈现多样化、品牌化、绿色化和个性化，消费的数量、结构、品质协同发展。人口增加是拉动口粮消费需求增长的主要因素，未来 10 年，中国大米、小麦消费总量保持小幅增长，年均增长率预计分别为 0.5% 和 0.7%，到 2026 年将分别达到 15 580 万吨、13 570 万吨；玉米消费总量继续较快增长，预计年均增长率为 2.8%，2026 年将达到 23 680 万吨。展望期间，收入增长和城镇化快速发展将促进消费结构转型升级，城乡居民对水果、肉类、奶制品、水产品等的消费需求保持较快增长，2026 年人均食用消

费量预计将分别达到 102 千克、56 千克、40 千克、23 千克，与 2016 年相比分别增长 12%、36%、23%、20%。随着消费结构转型升级，农产品加工消费需求增长较快，到 2026 年中国蔬菜加工消费占总消费量的比重将达到 16% 左右，水果为 15%，肉类为 17%，禽蛋为 16%，水产品为 36%。

3.4 农产品价格形成机制继续完善，市场价格总体呈温和上涨态势

展望期间，中国农产品价格体系改革不断深化，重要农产品价格形成机制不断完善，农产品价格回归市场，国际国内市场价格联动性显著增强。在总体坚持市场化方向和保障农民合理收益目标引领下，中国稻谷、小麦最低收购价政策将持续完善，最低收购价水平将根据市场变化得到合理调整，形成合理比价关系；玉米实施市场定价、价补分离改革后，价格将主要由市场供求关系决定，国内外玉米市场的联动性也将显著增强；棉花目标价格改革深化，大豆目标价格政策将调整，影响价格波动的市场因素增强。未来 10 年，综合考虑成本刚性上涨、需求保持增长、消费结构升级、供给质量提升、收入继续增长等因素，预计中国大多数农产品价格保持稳中有涨态势，其中，蔬菜、水果、肉类、禽蛋、水产品等鲜活农产品价格的季节性波动依然较为明显，玉米、大豆、食用植物油等大宗农产品价格波动受国际市场因素影响加重。

3.5 农产品贸易保持健康发展，农业国际竞争力进一步增强

在"一带一路"战略深入推进，中国与有关国家（地区）多边、双边贸易协定的实施以及中央关于统筹利用国内外"两种资源、两个市场"的部署下，中国农业国际化不断深化，展望期间农产品进出口贸易继续保持活跃。未来 10 年，中国蔬菜、水果等优势农产品出口保持小幅增长态势，并继续保持贸易顺差格局。蔬菜出口预计年均增长 2.0%，2026 年出口总量将达到 1 230 万吨左右，其中，加工蔬菜出口比重提高，出口目的地将呈多元化、梯度化发展格局。中国水果及其制品出口优势增强，2026 年出口总量将增加到 600 万吨左右，其中果汁、果干等加工制品的出口比例提高较快。同时，优质、特色水果和高品质水产品的需求增加明显，拉动其进口显著增加，2026 年中国水果（含其制品）、水产品的进口总量预计分别约为 530 万吨和 570 万吨。受国产大豆生产恢复较快、食用油消费增速放缓等因素影响，未来 10 年，中国大豆进口增速明显放缓，预计年均增长 1.4%，2026 年大豆进口量将达到 9 600 万吨左右。农业对外合作水平进一步提升，将加强与"一带一路"沿线国家在农业投资、贸易、技术和产量领域的合作，强化与粮食进口国和主要缺粮国的种养业技术合作，增强其生产能力。

参考文献

[1] 农业部市场预警专家委员会.中国农业展望报告（2016—2025）[M].北京：中国农业科学技术出版社，2016.

[2] United Nations. World Economic Situation and Prospects 2017. 2017-1.

[3] World Bank. Global Economic Prospects. 2017-1.

[4] OECD. Economic Outlook（No.100），2016-11.

[5] International Monetary Fund（IMF）.World Economic Outlook. 2017-1.

[6] USDA. USDA Agricultural Projections to 2026. 2017-2.

[7] Unites Nations. World Population Prospect（2015 Revision）.New York. 2015.

[8] 国家统计局.2016年国民经济和社会发展统计公报[EB/OL].（2017-02-28）[2017-03-08].http://www.stats.gov.cn/tjsj/zxfb/201702/t20170228_1467424.html.

[9] 中共中央关于制定国民经济和社会发展第十三个五年规划的建议[R].2015-12.

[10] 农业部部长韩长赋："四推进一稳定"做好农业农村工作——在全国农业工作会议上的讲话[R].2016-12.

[11] 国务院.全国农业现代化规划（2016—2020）[R].2016-10.

第二章

谷物

粮食是安天下、稳民心的战略性产品。中国的粮食主要来自于谷物生产，谷物占中国粮食产量的九成以上，谷物是保障国家粮食安全的基础。长期以来，中国始终把粮食安全作为治国理政的头等大事，明确了确保谷物基本自给、口粮绝对安全的目标。2016年，中国谷物总产量5.65亿吨，比上年减少1.2%，但仍为历史次高年份；稻谷、小麦、玉米三大谷物品种均略有减产，三大主粮作物产量5.55亿吨，比上年减少1.4%。库存处于历史最高水平。作为口粮的稻米和小麦消费稳中有增，市场价格小幅下跌，玉米实行收储制度改革后价格大幅下跌，带动消费逐步回暖。大米和小麦进口有所增加，玉米及高粱、大麦进口大幅减少。展望2017—2026年，中国将深入推进农业供给侧结构性改革，促进中国谷物生产更好地满足消费需求的变化，谷物供给与需求的匹配性将显著增强，预计谷物种植面积将有所调减，但单产水平稳步提高，总产量仍将在较高水平上保持基本稳定。预计2017年，中国三大主粮作物产量5.48亿吨，比2016年减少1.3%；2020年为5.50亿吨，比2016年略减1.0%；2026年将增加到5.73亿吨，比2016年增长3.3%。在人口增长和城镇化发展等因素的推动下，中国谷物消费总量将呈刚性增长态势，其中，工业消费将保持较快增长，饲用消费稳步增加，口粮消费稳中有增。中国未来谷物出口将有所增加，进口总体将呈下降趋势。农产品价格形成机制逐步完善，预计谷物价格将逐步向市场化定价回归，国内外供求关系的变化对中国谷物价格的影响将日益明显。

1　稻米

2004年以来，中国稻谷产量总体上呈增长态势。2011年稻谷产量突破2亿吨，2015年达到20 824.5万吨的历史高位，2016年略有减产，但仍属于丰年。大米消费以口粮消费为主，大米工业消费和饲料消费规模较小，但近年来有所增加。2015年9月之后与其他主要粮食品种相似，价格下跌，到2016年11月出现企稳回升迹象，全年价格整体稳中略跌。受国内外价差影响，2015年开始，大米进口出现了继2012年之后的第二轮增长，2016年进口量小幅增加，总体依旧保持净进口。展望2017年，中国稻谷产能稳定，产量略有减少，消费量略有增加，进口保持一定规模，出口增加。2020年稻谷产量将达到21 245万吨，2026年将进一步增长到21 988万吨；消费继续增长，2020年大米消费量为15 152万吨，到2026年增至15 583万吨；贸易量可能维持一定规模，市场价格受政策调整影响的可能性较大。

1.1　2016年市场形势回顾

1.1.1　产量略有减少，但仍为丰年

2016年稻谷产量达到20 693.4万吨，与上年相比小幅减产0.6%，但仍为丰

年。具体到品种，早籼稻和中晚籼稻减产，粳稻略有增产，且南方籼稻减产幅度超过北方粳稻增产幅度，直接导致2016年稻谷产量略减。首先，早籼稻最低收购价降低释放了结构调整的信号，南方早籼稻播种面积有一定幅度调减，2016年全国早籼稻播种面积8 429.70万亩（561.98万公顷），比2015年减少1.7%。其次，受超强厄尔尼诺影响，中国部分地区气候异常，年景总体较差。尤其是6月，南方主产区暴雨过程多、降水强度大、累计雨量大，部分地区受淹偏重发生，导致早籼稻单产降低1.1%，中籼稻生产也受到一定的负面影响。7月下旬至8月中下旬，南方一些地区又遭遇持续高温干旱，导致水稻空壳率增加。9月，受台风"狮子山"影响，东北部分地区粳稻出现倒伏，后期收割、晾晒也受到一定影响。

1.1.2 消费稳中有增

2016年稻米消费总量稳中有增，结构上比往年有所调整，工业用粮增幅略大。2016年中国大米消费总量14 816万吨，较上年增加825万吨。从消费构成看，食用消费量为10 870万吨，较上年增加134万吨；种子用量相对稳定，折合成稻谷约为226万吨；畜禽养殖行业发展较好，稻谷饲料用量有一定幅度增加，折合成大米估计为1 264万吨左右，较上年增加250万吨；工业用粮增加幅度较大，折合成大米约为1 247万吨，较上年增加250万吨；工业用粮增加幅度较大，折合成大米约为1 056万吨，较上年增加316万吨，增加的主要原因在于不宜存稻谷进入工业用途，2016年国家先后进行了17次超期粳稻拍卖，总成交量达383.25万吨；损耗量估计为1 593万吨，较上年增加282万吨。

1.1.3 进出口呈增长态势

2016年，中国进口大米352.19万吨，较上年增5.5%；进口额16.14亿美元，较上年增7.8%。进口大米主要来自越南（占进口总量的45.9%）、泰国（占26.4%）、巴基斯坦（占20.0%）。出口大米37.05万吨，较上年增38.7%；出口额2.75亿美元，较上年增32.3%。出口目的地主要是韩国、朝鲜和日本，分别占出口总量的47.4%、11.3%、10.2%。

1.1.4 国内价格稳中略跌

2016年，稻米价格总体保持稳中略降态势，价格形成机制中政策性因素仍占主导地位。早籼稻、晚籼稻和粳稻全国年批发均价分别为2.58元/千克、2.67元/千克和2.89元/千克，与上年相比分别下降1.6%、2.0%和7.2%。早籼米全国批发均价3.85元/千克，与上年相比小幅上涨0.7%；而晚籼米和粳米全国批发均价分别为4.13元/千克和4.69元/千克，与上年相比分别下跌0.6%和0.7%。

分时间段看，2016年2月国家公布稻谷最低收购价格后，稻谷和大米市场价格受到一定程度的提振；5—8月受轮库腾仓影响，除早籼稻和早籼米受各主产省启动早稻最低收购价执行预案，带动价格有明显上涨外，全国其他地区价格出现徘徊；9月，受减产预期影响，稻米价格略有上涨，另外，供给侧结构性改革对稻米品质的提升，也助推了优质稻米价格的上涨。

1.2 未来10年市场走势判断

1.2.1 总体判断

总产量稳中略增。预计2017年，稻谷种植面积稳中略减，单产保持一定增幅，只要不发生大面积自然灾害，总产量仍将稳定在2亿吨以上。2020年，中国稻谷种植面积将稳定在4.50亿亩（3 000万公顷），单产提高到472.8千克/亩（7 092千克/公顷），总产量达到21 245万吨；2026年，种植面积约为4.52亿亩（3 013万公顷），单产将提高到486千克/亩（7 290千克/公顷），总产量将达到21 988万吨。

消费量持续增长。预计2017年大米总消费量为14 864万吨；2020年为15 152万吨；到2026年增至15 583万吨，未来10年年均增长0.5%。在消费量持续增长的情况下，展望期间，口粮消费和工业消费保持增长，饲料消费和损耗略增，种子消费基本稳定。

进口整体呈下降趋势，出口则受政策影响显著。受国内外价格总体水平影响，大米进口继续维持一定数量，展望前期稻米去库存加速，出口将会增加。预计2017年大米进口量为393万吨，出口量为80万吨，与2016年相比分别增长11.65%和116.2%；受进出口贸易政策影响，2020年大米进口量、出口量分别为379万吨和230万吨；到2026年进口量减少至233万吨，比2016年下降了33.81%，出口量为150万吨，比2016年增长305.41%。

价格将保持稳中有涨的态势。预计2017年，稻谷价格将在最低收购价格左右小幅波动，大米价格总体稳定；2020年之前，稻谷和大米价格变化受政策调整影响较大；2020—2026年，稻谷和大米价格总体保持稳中有涨态势。

1.2.2 生产展望

稻谷种植面积先减后增。预计2017年稻谷种植面积为4.51亿亩（3 007万公顷），比2016年略有减少；2020年之前将持续减小，2020年降至4.5亿亩（3 000万公顷）；2026年略有增加，为4.52亿亩（3 013万公顷），仍然低于2016年，年均递减0.1%（图2-1）。稻谷比较效益低导致复种指数下降，早籼稻面积缩减将可能持续。随着农业供给侧结构性改革的推进，在地下水漏斗区、重金属污染区和生态严重退化地区耕地休耕制度试点将持续推进，东北地区井灌稻面积也会有一定幅度减少，另有部分地区优质水稻播种面积调增。

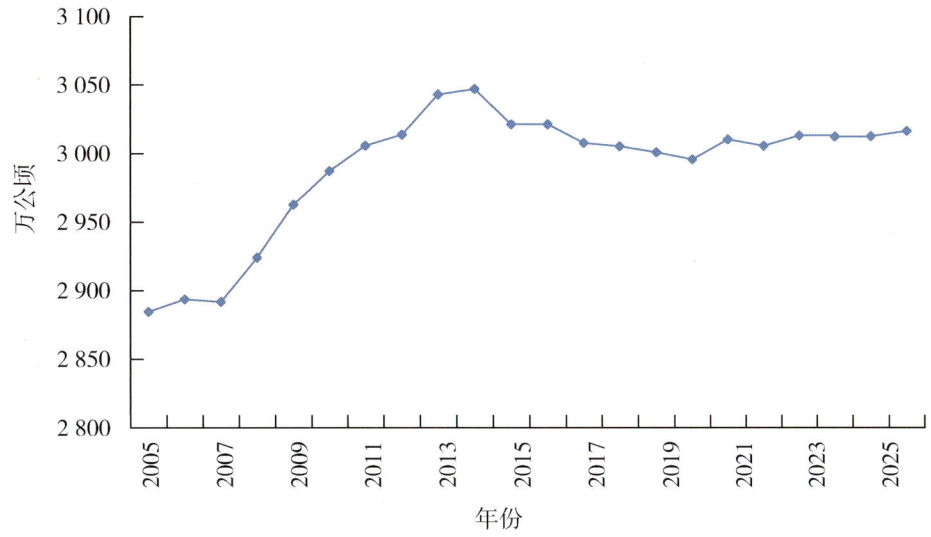

图 2-1 2005—2026 年中国稻谷播种面积

数据来源：2005—2016 年数据来源于中国国家统计局，2017—2026 年数据为中国农业科学院农业信息研究所 CAMES 预测。

单产持续增加。未来 10 年，中国稻谷单产预计将呈现稳步提升的基本态势。科技进步和良种推广仍然是中国水稻单产增加的关键性因素。随着中国农业技术推广和服务体系的不断完善，水稻品种改良成效明显。2016 年，中国典型地区稻谷单产纪录不断刷新，表明水稻单产仍有较大提升潜力。预计，2017 年稻谷单产基本保持稳定。此后，展望期内持续增长，2020 年将达到 472.8 千克/亩（7 092 千克/公顷），2026 年将会增至 486 千克/亩（7 290 千克/公顷），未来 10 年年均递增 0.6%（图 2-2）。但是，也应当看到，类似超级稻的科技突破已多年未见，实验

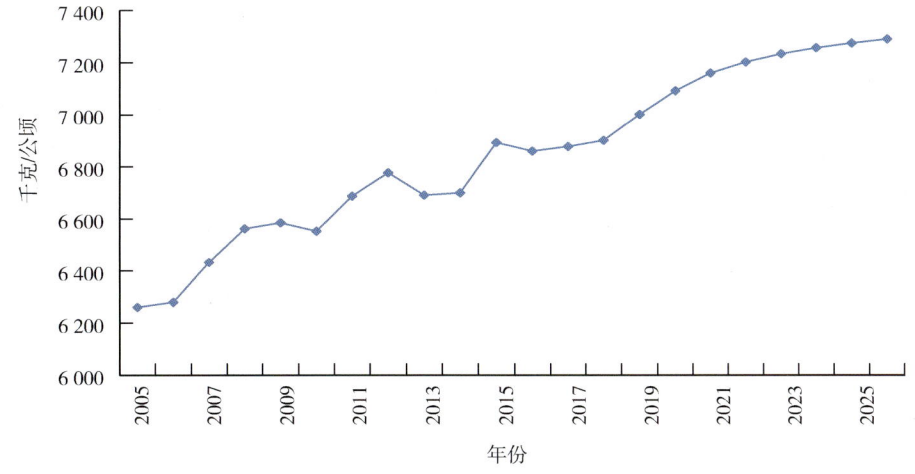

图 2-2 2005—2026 年中国稻谷单产

数据来源：2005—2016 年数据来源于中国国家统计局，2017—2026 年数据为中国农业科学院农业信息研究所 CAMES 预测。

田中取得的单产纪录,要对全国平均单产起到作用尚需一定时间和努力,单产提高也面临着一定压力。

总产量基本稳定。未来10年,稻谷产量增速下降,总产量仍将保持基本稳定。2017年稻谷总产量将继续稳定在2亿吨以上,预计"十三五"末,稻谷产量将达到21 245万吨(折合成大米14 872万吨),2026年将达到21 988万吨(折合成大米15 392万吨)(图2-3)。展望期间,稻谷产量波动主要是因为,部分年份水稻单产增加对总产量有所贡献,但无法弥补水稻种植面积减少导致总产量减少。2017年水稻最低收购价全面下调,其后稻米价格形成机制改革也会进一步深化,将对结构调整带来一定的动力,水稻产量在一段时间内减少的可能性很大。

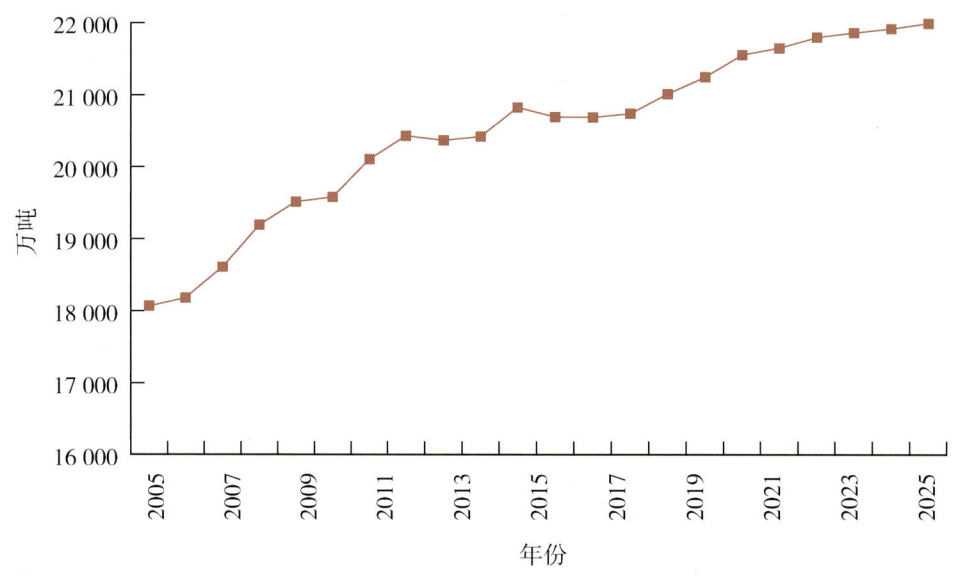

图2-3　2005—2026年稻米总产量

数据来源:2005—2016年数据来源于中国国家统计局,2017—2026年数据为中国农业科学院农业信息研究所CAMES预测

1.2.3　消费展望

消费总量稳中有增。预计2017年大米总消费量为14 864万吨,比2016年增长0.3%;2020年为15 152万吨,与2016年比增长2.3%;到2026年增至15 583万吨,未来10年年均增长0.5%(图2-4)。分用途看,稻谷的种子消费基本保持稳定,口粮消费略有增加,饲料消费将会有所增加,加工消费和损耗将会在展望前半段出现一定幅度的增长。

口粮消费量总体增加。2016年,中国人口政策调整效果开始显现,展望期间中国人口数量将会增加。大米是婴儿辅食的重要原料,将带动大米消费有增加的

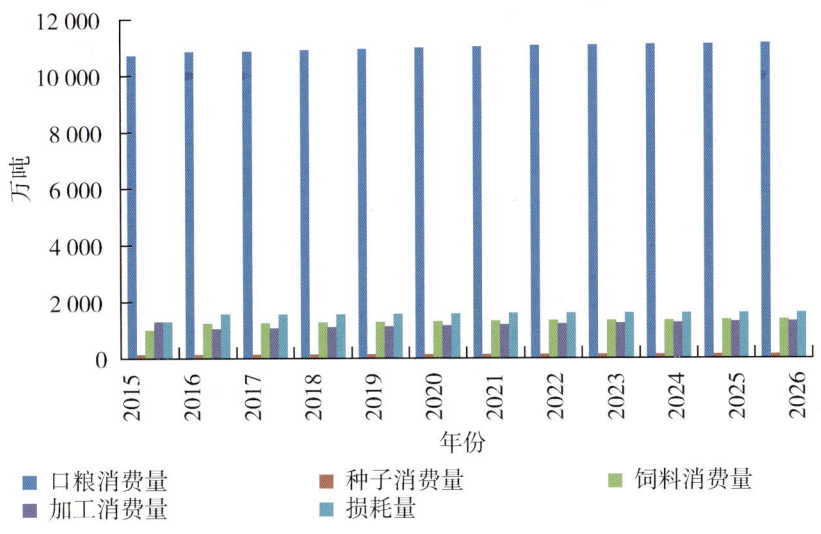

图 2-4　2015—2026 年中国大米消费

数据来源：2017—2026 年数据为中国农业科学院农业信息研究所 CAMES 预测

动力。未来 10 年，大米口粮消费持续增加。预计，2017 年为 10 888 万吨，与上年相比增加 0.2%；2020 年增至 11 012 万吨，2026 年将增至 11 174 万吨，未来 10 年年均增长约 0.3%。

饲料消费将会有所增加。前期政策性收购，使得稻谷进入高库存时代，2016 年不宜存稻谷问题已经引起重视。一方面，不宜存稻谷进入饲料用途，饲料消费将会有所增加，另一方面，部分不宜存稻谷由于质量问题，饲用消费增长空间有限。预计，2017 年中国大米饲料消费为 1 261 万吨（折合稻谷约 1 801 万吨），与上年相比增加 1.1%；2016—2020 年，大米饲料消费年均增长率 1.3%，2020 年增至 1 314 万吨（折合稻谷 1 877 万吨）；到 2026 年增长至 1 396 万吨（折合稻谷 1 944 万吨），未来 10 年年均增长约 1%。

工业消费保持增长。预计 2017 年中国大米工业消费量为 1 084 万吨，与上年相比增加约 2.6%；2020 年达到 1 174 万吨，2026 年达到 1 334 万吨，未来 10 年年均增长率为 2.4%。稻谷工业消费增加的主要原因是不宜存稻谷处理，酿酒、生物燃料等工业加工用途增加。另外，在不宜存稻谷增加的情况下，损耗将会在一定时期内有一定幅度的增长。

种子用量基本稳定。预计 2017 年中国稻谷种子用量为 226 万吨（折合大米 158 万吨），与上年相比持平；到 2020 年减少到 224 万吨（折合大米 157 万吨），2026 年将达到 225.7 万吨（折合大米 158 万吨）。品种创新、水稻集中育秧、播种机械技术进步等因素，都会导致单位面积稻谷用种量减少，因此，未来 10 年，在稻谷种植面积先减后增的预期下，种子用量将基本保持稳定。

1.2.4 贸易展望

进口总体呈下降趋势。展望期间，随着国内稻谷价格形成机制的改革，国内外价格倒挂的状况会略有改善，将抑制大米进口增长。预计 2017 年中国大米进口量为 393 万吨，2020 年为 379 万吨，2026 年为 233 万吨，未来 10 年进口呈下降趋势。出口方面，展望前期，随着大米去库存加速，中国对非洲等地区大米出口有所增加，预计 2017 年中国大米出口量为 80 万吨，2020 年为 230 万吨，2026 年为 150 万吨。

1.2.5 价格展望

稻谷价格稳中略涨。展望期间，稻谷价格主要受政策调整的影响，预计价格将保持稳中有涨态势。2017 年稻谷价格预计将围绕最低收购价波动，2020 年之前，稻谷最低收购价政策将会继续完善。2020 年之后，稻谷价格形成机制会进一步改革完善，但是年度间政策以稳定调整优化为主。稻谷价格稳定最主要的物质基础在于稻谷产能保持稳定。根据稻谷生产展望，未来 10 年，中国稻谷产能将保持在 2 亿吨以上。稻谷作为中国最重要的口粮来源，价格大起大落的可能性较小。

大米价格稳中有涨。预计未来 10 年，大米价格也将保持稳中有涨态势。大米需求刚性增长，且随着消费结构升级，中国居民对高端大米需求增加，大米加工过程中的劳动力等成本不断攀升，也会给大米价格造成上涨压力。因此，在供给和需求双重作用下，国内大米价格将继续保持稳中略涨态势。

1.3 不确定性分析

1.3.1 政策因素

首先，稻谷最低收购价政策将会进一步调整，其影响将持续作用，尤其是展望前期，最低收购价政策的变化是"易跌难涨"。2017 年稻谷最低收购价全面下调，早籼稻、中晚籼稻和粳稻最低收购价格每 50 千克分别较 2016 年下调了 3 元、2 元和 5 元，早籼稻已经连续两年下调，每 50 千克累计下调 5 元。可以预见，未来最低收购价政策的调整会对稻谷价格造成影响，进而影响大米价格。

其次，稻谷库存有可能在 2017 年达到峰值。玉米收储制度改革后，腾出了部分库容，各地建仓腾仓工作进展良好，库容应当能够满足稻谷政策性收储需要。但是，值得关注的是，高库存向农户和新型经营主体蔓延。根据全国农村固定观察点调查体系对 1 172 个稻谷种植户的专项调查，2016 年 4 月底，农户户均储存稻谷比上年同期增加 10.7%。较好的库存条件将有利于稻谷及时收储，相反，如果库存条件不足，会影响稻谷产业发展。

最后，农业补贴制度向绿色导向转型。"三补合一"试点，总体上对过去"撒胡椒面"式的补贴进行了调整，今后向粮食生产倾斜、向主产区倾斜、向规模主体倾斜是趋势，绿色生态是改革的方向。根据全国农村固定观察点调查体系年度调查，农民收入中，农业支持保护补贴和购置及更新农机具补贴即过去的"四补贴"，2016年与上年相比减少15.1%。20%的农资综合补贴存量和补贴的增量，用于建立全国农业信贷担保体系，目前这一体系框架雏形已经建立起来。今后，农业补贴的调整将会影响稻谷生产，进而对稻米市场产生一定的影响。

1.3.2 自然条件

气候变化对稻谷生产造成了不确定性。近年来，气候变化成为影响稻谷生产的非传统挑战。主要表现为，稻谷生长期主产区气温骤升骤降，局部地区的干旱、洪涝、台风等气象灾害严重影响水稻生产，甚至长时间的尘霾天气对水稻生产也会产生不利影响。2017年气候波动将会略有减少，但也不排除极端天气在部分地区造成水稻减产的可能性。据彭博新闻社发布的报告，近来热带太平洋海水温度正在显著变暖，厄尔尼诺现象可能会在2017年卷土重来的概率超过50%，秋季中国南方可能出现低温阴雨，北方可能出现秋旱，东北霜冻时间可能提前，将不利于南方中晚稻和北方秋粮丰收。可以预见，今后气候变化将继续影响稻谷生产，进而对市场波动造成影响。

水资源不均衡分布将影响稻谷生产。近年来，中国连续遭遇主产区洪涝灾害。其背后固然有全球大尺度气候变化的原因，但是农田水利设施薄弱，尤其是干支斗渠建设长期被忽视，也使得极端天气造成旱涝灾害更加难以控制，对稻谷生产影响较大。

1.3.3 贸易因素

首先，美国新任总统特朗普宣布退出跨太平洋伙伴关系协定（TPP），对大米贸易直接影响虽然不大，但是东南亚各国与中国开展多领域国际贸易和投资合作的可能性增大，包括大米在内的贸易合作机会将会更多。

其次，大米出口国政策具有一定的不确定性。东南亚各国是世界主要大米出口国，其大米市场政策调整将影响国际大米价格走势和贸易量变化。泰国政府积极推进去库存化，近期施行了新的大米分级标准，这些都将会影响大米出口价格。近些年越南国内不断提高大米品质，其出口量也持续增加。

最后，国内去库存与对外粮食出口合作的方式也会影响到稻米市场和贸易。2017年中央一号文件提出，"鼓励扩大优势农产品出口，加大海外推介力度"。未来，在国内稻米供需相对宽松的格局下，国家引导市场主体，合理利用国际市场，增加稻米出口，将成为一段时期内的趋势，这将对稻米市场和进出口贸易产生一定的影响。

1.3.4 其他不确定性因素

稻谷生产主要为单家独户经营，土地和劳动力投入基本为隐性成本。近年来，随着新型经营主体发展，土地、劳动力成本逐渐显性化为地租、雇工费用和机械作业费用，以另一种方式挤压种粮收益。2010—2015年，稻谷亩均种植成本年均增长9.6%，人工成本（包括雇工费用和家庭用工折价）年均增长13.8%，亩均机械作业费用年均增长10.9%，土地成本（包括土地流转租金和自营地折价）年均增长8.7%。到2015年，新型农业经营主体在流转土地上种水稻，人工、机械作业和土地成本占到生产总成本比重的74.8%。未来，新型经营主体无论发展快慢，稻谷成本构成都已经发生了较大变化，从而会影响稻谷的价格变化。

美元汇率变化。受美元升值影响，以美元标价的国际大宗产品出现疲软态势。今后，美国货币政策变化具有不确定性，以欧元为主的非美国货币走势也具有不确定，美元强势地位能够维持的时间长短，也会对国际大米生产、市场和贸易造成影响。

2 小麦

小麦是中国仅次于玉米和水稻的第三大谷物，2009年以来种植面积维持在36 150万亩（2 410万公顷）左右，约占粮食作物总面积的21%。2004年以来，中国小麦产量实现"十二连增"，但2016年，受天气因素影响，产量有所下降；小麦消费一直呈现稳中略增趋势，2016年由于饲料消费和制粉消费的增长，总消费量较上年增长4.8%；2016年小麦价格整体呈现"两头涨、中间跌"的特征，不同品质小麦价格差距拉大。预计未来10年，小麦生产将基本保持稳定，消费量整体将保持年均0.7%的速度增长，小麦供求状况仍将保持平衡或相对宽松的态势，净进口量将先降后增。预计2017年中国小麦产量为12 880万吨，消费量为12 633万吨，净进口量为154万吨，与2016年相比分别减少0.1%、0.6%、53.9%；2020年小麦产量为13 041万吨，消费量为13 082万吨，净进口量190万吨；2026年小麦产量为13 269万吨，消费量为13 566万吨，净进口量达329万吨，与2016年相比分别增长3.0%、6.8%、减少7.1%。

2.1 2016年市场形势回顾

2.1.1 国内小麦生产结束"十二连增"，托市收购数量创近年新高

国内小麦产量下降。2016年，中国小麦播种面积3.62亿亩（2 418.7万公顷），与上年相比增0.2%；单产355千克/亩（5 325千克/公顷），与上年相比下降

1.2%；总产量12 885万吨，与上年相比下降1%，结束了连续12年的增产。小麦减产的主要原因：一是小麦生长前期的农业气象条件总体较上年差。2015年秋季麦播后，北方麦区光温水匹配略差，小麦冬前生长不足，返青期略早于常年，返青后苗情基础偏差；江淮麦区遭遇连续阴雨和低温天气，导致小麦播期推迟。受冬前不利气象条件的影响，小麦个体生长发育较弱，有效生长量不足，分蘖偏少，北方麦区和江淮麦区亩穗数均有不同程度的减少。二是部分地区在小麦抽穗扬花和灌浆期，遭遇连阴雨天气，导致小麦赤霉病和穗发芽等较常年偏重发生。三是在小麦收获期，部分地区遭受强降雨，不仅影响小麦产量形成，还造成小麦品质下降。5—6月，江苏、安徽及河南大部分地区雨水偏多，有效光照不足，不利于小麦灌浆和收割，小麦在地时间过长，导致部分小麦早衰、死亡，籽粒不够饱满，同时导致已经成熟的小麦无法及时收获，部分地区小麦出现发芽迹象和轻度霉变，小麦品质下降。根据国家粮食局检测结果，2016年河北、山西、江苏、安徽、山东、河南、湖北、四川、陕西九省夏收小麦整体质量明显不如上年。容重和三等以上小麦比例有所下降，不完善粒超标问题较为突出，除山西省外，各省小麦不完善粒皆有超标。其中，由于黄淮地区小麦灌浆期和收获期普遍受降雨等特殊气候影响，江苏、安徽、河南、湖北四省不完善粒超标较为严重。

小麦库存较为充足。一方面，托市收购量创近年新高。在全年减产的背景下，各主产省最低收购价小麦收购量累计达2 852.95万吨，与上年相比增加773.70万吨，为2010年以来的最高水平；另一方面，最低收购价小麦拍卖成交率创历年新低。根据拍卖数据计算，2016年国家最低收购价小麦计划拍卖量8 796万吨，与上年相比提高了115%，为近3年最高水平，但实际成交量仅为256万吨，成交率为2.9%，创历史最低。截至2016年12月下旬，最低收购价小麦剩余库存量在5 800万吨左右，较2015年年底大幅增加。

2.1.2 国内小麦制粉消费略增，饲用消费增长明显

制粉消费同比略增。2016年，小麦粉、麸皮等加工品市场总体需求旺盛。其中，小麦粉市场价格结束了2015年下半年以来的持续下跌，呈稳中有涨的走势。2016年小麦粉月度平均价为3.34元/千克，与上年相比上涨0.9%。麸皮价格则经历较大起伏，1季度由1月的1.56元/千克跌至3月的1.38元/千克，创2013年以来新低；4月后麸皮市场逐月回暖，价格迅速反弹，截至2016年12月底，涨至1.76元/千克，较上年同期上涨13.7%，较3月上涨0.38元/千克。受利润率回升刺激，2016年小麦粉总产量达15 265万吨，与上年相比增加4.7%，高于2015年1.8%的增速，2013—2015年增速3年连续放缓的态势得到扭转。

饲用消费明显增加。2016年受小麦收获期间主产区出现大范围降雨影响，部分新麦质量受损，芽麦、霉变麦和不完善粒超标小麦大量增加。由于这部分小麦

收购价格较低，在上市初期每千克仅为 1.4~1.6 元，相比当时玉米每千克 1.8 元左右的价格具有竞争优势，使得 2016 年小麦对玉米的饲用替代量较 2015 年明显增加，约为 700 万吨。加上小麦常年用于饲料消费的数量为 800 万吨左右，估计 2016 年小麦饲用消费量在 1 500 万吨左右，与上年相比增长 38.2%。

2.1.3 国内外价差扩大，小麦净进口趋势明显

2013 年 11 月以后，国内优质麦销区价开始持续超过配额内 1% 关税下的国际小麦到岸价。截至 2016 年 12 月，国内优质麦销区价连续 40 个月高于国际小麦到岸税后价，为 2005 年以来持续时间最长的一次。2016 年平均价差在 1 元/千克，略高于 2015 年 0.98 元/千克的水平。据中国海关统计，2016 年中国进口小麦产品 341.19 万吨，与上年相比增长 13.5%；进口额为 8.15 亿美元，与上年相比减少 9.5%；出口 11.28 万吨，与上年相比减少 7.4%；出口额为 0.62 亿美元，与上年相比减少 15.1%。2009 年以来，中国小麦进口量持续超过出口量，2013 年净进口量达到 525.7 万吨，为 2005 年以来的最高值。虽然有品种调剂的原因，但近年来价差的驱动作用越来越明显，国内小麦及其制品竞争优势下降，出口量自 2012 年开始呈现持续负增长的趋势，目前已降至 1996 年以来的最低点。从贸易结构看，2016 年中国小麦进口主要来自澳大利亚（占进口总量的 40.8%）、加拿大（占 30.2%）、美国（占 22.8%）、哈萨克斯坦（占 3.7%）；出口主要目的地是中国香港（占出口总量的 83.5%）、朝鲜（占 5.5%）、中国澳门（占 5.4%）、埃塞俄比亚（占 2.3%）。

2.1.4 国内小麦价格下降，不同品质小麦价格分化明显

2016 年国内小麦市场价格走势表现为"两头涨、中间跌"。1—4 月由于市场粮源减少，托市收购小麦不能顺价销售，小麦供需阶段性偏紧，价格上涨趋势明显；新麦上市后，受新麦价格影响，5—8 月陈麦价格由 2.46 元/千克下跌至 2.26 元/千克，9 月以后，由于夏粮收购接近尾声，市场上质优小麦粮源减少，小麦价格止跌回升；10 月粮源偏紧形势加剧，价格上涨趋势更为明显，国家适时投放 2015 年托市收购小麦，并扩大了拍卖区域，11 月之后小麦价格涨势趋缓。2016 年，普通小麦平均价格为 2.34 元/千克，与上年相比跌 4.1%；优质小麦平均价格为 2.70 元/千克，与上年相比跌 3.1%。

近年来，优质麦与普通麦价格分化逐渐加大。2013—2016 年，优质麦与普通麦价差由 0.12 元/千克扩大至 0.38 元/千克，优质麦价格走势稳健而普通麦价格趋于下降。"优质小麦供不应求、普通小麦供需宽松"是当前中国小麦市场价格的重要特征。此外，由于 2016 年南方小麦质量受损较北方严重，南北小麦价格走向分化特征明显，北方小麦价格上涨速度快、幅度大，而南方麦区市场价格重心却始

终上行乏力。截至 2016 年 12 月底，南北小麦价差高达 0.08～0.12 元/千克。往年河北、山东用粮企业多从河南、安徽、江苏等地采购小麦，而 2016 年市场却出现了粮源"倒流"的现象。

2.2 未来 10 年市场走势判断

2.2.1 总体判断

未来 10 年，中国小麦生产整体将保持稳定，消费量将保持稳定增长，净进口量先降后增。

生产保持稳定。预计 2017 年小麦种植面积和总产量分别为 36 086 万亩（2 406 万公顷）和 12 880 万吨，与上年相比分别减 0.5% 和 0.1%；到 2020 年，虽然小麦种植面积减少至 35 997 万亩（2 400 万公顷），但总产量将增长到 13 041 万吨；到 2026 年，小麦种植面积预计为 36 151 万亩（2 410 万公顷），比 2016 年减少 135 万亩（9 万公顷），年均减幅 0.04%，总产量预计为 13 269 万吨，比 2016 年增加 382 万吨，年均增长 0.29%。

消费稳中有增。预计 2017 年小麦消费量为 12 633 万吨，到 2020 年增加到 13 082 万吨，2026 年进一步增至 13 566 万吨，以 2016 年为基期，年均增长 0.7%，消费量增速总体高于产量增速。其中，口粮消费、饲料消费、工业消费总体将保持增长，年均增速分别为 0.4%、1.2% 和 2.1%；种子消费和损耗量将略有下降，年均降幅分别为 0.04% 和 0.6%。

净进口量先降后增。未来 10 年，随着中国农业供给侧结构性改革的不断深入，国内优质专用小麦生产将得到长足发展，加上国际小麦价格逐渐走出低迷，国内优质小麦对进口小麦的替代作用将增强，展望前期小麦净进口将较 2016 年有所下降。预计 2017 年小麦净进口量为 154 万吨，2020 年为 190 万吨。但随着国内消费的持续增长，展望后期国内小麦产需缺口逐渐扩大，净进口量将逐渐增加，2026 年将达到 329 万吨，但相比 2016 年仍减少 7.1%。

价格逐步向市场回归。随着国内粮食价格支持政策改革的加快推进，小麦市场上政策支持的作用将逐渐弱化，市场力量将逐渐在价格形成中起决定性作用。消费结构的升级将拉动优质和专用小麦需求的上升，普通小麦和优质小麦价格差距将逐渐扩大。

2.2.2 生产展望

种植面积稳中略降。2016 年 5 月，农业部印发《全国种植业结构调整规划（2016—2020 年）》，提出小麦要"稳定冬小麦、恢复春小麦，抓两头、带中间"，即稳定黄淮海、长江中下游等主产区冬小麦，适度调减华北地下水严重超采区小麦；

在东北冷凉地区、内蒙古[①]河套地区、新疆[②]天山北部地区等，适当恢复春小麦；大力发展市场紧缺的用于加工面包的优质强筋小麦和加工饼干蛋糕的优质弱筋小麦；同时带动用于加工馒头、面条的中筋或中强筋小麦品质提升。预计展望期间中国小麦种植面积将呈现"总体稳中略降，结构调整优化"的局面，强筋、弱筋等加工专用优质小麦的播种面积将明显上升，传统中筋、中强筋小麦的播种面积将有所下降。预计2017年全国小麦播种面积为36 086万亩（2 406万公顷），较上年下降0.5%；2020年将减至35 997万亩（2 400万公顷），2026年略增，为36 151万亩（2 410万公顷），但与2016年相比年均略减0.04%，整体呈现稳中略降的局面。

单产持续提升。预计未来10年，小麦单产仍有进一步提高的空间。一方面，栽培方式的改善将极大地促进小麦增产。据有关专家研究表明，肥料的施用量、种类、配施比例，灌水量及灌水时期和方式，耕作模式以及化学调控等措施对小麦的生长发育、籽粒产量和品质形成均存在显著的调控效应，通过运用最优化的栽培措施可大幅提高小麦产量。另一方面，现有诸多品种的增产潜力还未完全发挥，仍有待挖掘。黄淮海地区小麦理论单产可达到800千克/亩（12 000千克/公顷）以上，但目前该区域单产在400千克/亩（6 000千克/公顷）左右，还不到理论的一半。随着农业流通领域改革的不断深化，机械化和信息化技术水平提高，科技示范带动作用增强，优质品种与技术的广泛应用将进一步释放增产潜力。根据预测，2017年小麦单产为357千克/亩（5 354千克/公顷），2020年增至362千克/亩（5 434千克/公顷），2026年将达到367千克/亩（5 506千克/公顷），未来10年年均增0.33%。

总产量整体保持稳中有增。虽然小麦播种面积稳中略降，但由于单产增速高于面积降速，总体来看，中国小麦总产量将保持稳中有增的态势。预计2017年小麦总产量可达12 880万吨，2020年增至13 041万吨，到2026年达到13 269万吨，未来10年年均增0.29%。

2.2.3 消费展望

未来10年，中国小麦消费整体将呈现上升趋势。预计2017年小麦消费量为12 633万吨，2020年为13 082万吨，2026年进一步增至13 566万吨，以2016年为基期，年均增长0.7%，增速总体高于产量增速。其中，口粮消费、工业消费将持续增长，饲料消费先降后增，损耗量与种用消费量稳中有降。

口粮消费总量稳步上升。随着中国居民食物消费结构的升级，人均口粮消费呈下降趋势，预计未来10年，中国人均小麦消费量将稳中略降。但人口总量的持续扩张，仍将推动小麦口粮消费总量的增长。预计中国人口在未来10年仍将保持持续增

[①] 内蒙古为内蒙古自治区的简称，全书同
[②] 新疆为新疆维吾尔自治区的简称，全书同

长态势，2026年达到14.2亿人。此外，经济的发展使城乡居民的支付能力和生活水平不断提高，消费者对农产品的需求由吃得饱向吃得好、吃得科学、吃得健康转变，消费结构将会带动国内加工消费结构转变。《粮食行业"十三五"发展规划纲要》提出，到2020年中国主食工业化率将达到25%，较2015年提高10个百分点，并将推动馒头、挂面、鲜湿面、速冻主食等主食产业化项目的建设，改造建设一批规范化、机械化、规模化的大型主食生产加工配送中心或主食厨房，建立一体化主食销售供应网点、放心主食店，开展冷链物流配送体系试点，这将为小麦作为口粮消费提供更好的条件。预计2017年中国小麦口粮消费总量为8703万吨，2020年达到8842万吨，2026年达到9006万吨，未来10年年均递增约0.4%。

饲料消费先降后升。小麦和玉米在饲料消费上具有替代性，小麦饲料用量主要取决于小麦和玉米的比价关系。2016年由于小麦质量受损，导致质差小麦较玉米有价格优势，饲用消费上升，但这种消费替代是短期的。玉米临储政策取消后，价格逐渐回归市场，而小麦最低收购价格在2017年依然保持不变，因此，如果2017年上半年天气正常，下半年小麦在价格上难以对玉米形成替代优势，饲用消费量将有所下降。虽然从目前情况看，玉米价格持续低迷，但随着玉米种植面积的不断调减，供求形势将发生变化，玉米价格会逐渐回升，从而使得小麦的饲用消费替代量逐渐增加。2017年中国小麦饲用消费量预计为1347万吨，比2016年减少173万吨，2020年恢复至1493万吨，2026年将达到1709万吨，呈先降后增趋势，未来10年年均增1.2%。

工业消费快速增长。小麦工业消费量是指用于生产淀粉、变性淀粉、谷朊粉、酒精、麦芽糖、调味品等深加工产品的数量。当前，中国已经进入工业化中期阶段，城镇化建设进程加快。从国际经验看，在这一阶段，对粮食中间需求、间接需求的增长将会超过直接需求的扩张。近年来，尽管中国粮食加工业取得了快速发展，目前粮食加工产品多达2000多种，但与发达国家和中国居民消费转型需求相比，仍然存在较大差距，工业用粮仍是今后小麦消费的一个增长点。2017年中国小麦工业消费量预计为1551万吨，2020年为1721万吨，2026年将增至1848万吨，未来10年年均增幅约2.1%。

损耗量与种用消费量稳中略降。未来随着中国烘干和仓储设施的改进，小麦损失率将有所降低，预计2017年损耗数量为574万吨，2020年为569万吨，2026年降至545万吨，比2016年下降6.0%。随着小麦品种改良技术的广泛应用和小麦总播种面积的变化，小麦种用消费量预计2017年为458万吨，2020年为456万吨，2026年约为458万吨，比2016年下降0.4%。

2.2.4 贸易展望

传统上中国小麦进口主要为品种调剂，弥补国内优质强筋、弱筋小麦的不足，但近年来受国内外价格持续倒挂影响,价差驱动型进口逐渐增多。2016年全球小麦产量再创纪录,国际市场库存压力进一步加重,国际价格持续低迷。经济合作与发展组织(OECD)2016年预测,国际小麦市场价格的下降态势将持续至2019年年底。由此可见,国内外价格倒挂形势难以依靠外部市场变化得到缓解。从未来走势看,全球小麦供给形势依然较为宽松,而需求在世界经济复苏乏力的背景下很难有大的改善,短期内国际小麦价格依然可能在低位震荡,国内外价差依然会存在。长期来看,随着小麦供给侧结构性调整,国产小麦将逐步满足国内对专用及高品质小麦粉的需求,进而对国外高质量小麦需求的依赖程度将出现降低。未来10年,小麦贸易仍将维持净进口格局,2017年小麦净进口量预计为154万吨,2020年为190万吨,2026年将达到329万吨,但较2016年下降25万吨,降幅为7.1%。

2.2.5 价格展望

2006年以来国家在河北、山东等6个主产省实施了小麦最低收购价政策,使得小麦价格在2006—2014年基本保持总体稳中有涨的态势,极大地促进了农民种粮积极性,成为保障小麦生产实现"十二连增"的重要因素。但随着国内外市场环境的变化,最低收购价政策"保供给"和"保收益"的双重目标也存在一些不足。2017年2月,国家首次全面下调了3种稻谷最低收购价格水平。虽然2017年小麦的最低收购价格仍保持不变,但在稻谷、玉米的价格支持政策均有所调整后,为形成合理的比价关系,保证农业种植结构调整的顺利进行,小麦最低收购价格的调整也是预料之中的事情。而作为国家调控最有效的品种,最低收购价的变动对小麦市场的影响预期也是最明显的,这从2015年玉米临储价格变动引发小麦市场价格波动就可窥一斑。但有了玉米、稻谷价格支持政策改革的实践,市场主体对小麦最低收购价政策改革已有心理准备,市场价格也从2015年开始逐步下调,随着小麦最低收购价弹性增强,未来小麦市场价格有望稳中略降。

2.3 不确定性分析

2.3.1 价格政策因素

2014年起,中国开始以大豆为突破口,探索"市场定价、价补分离"的改革思路,并逐步取消了玉米临储政策,粮食价格支持政策改革的步伐逐渐加快。从2014年开始,国家连续两年停止上调稻谷和小麦最低收购价,2016年将早籼稻最低收购价格由2.7元/千克略降至2.66元/千克,中晚籼稻、粳稻和小麦价格保持不变;2017年中央一号文件强调要"坚持并完善稻谷、小麦最低收购价政策,合理调整最低收购价水平,形成合理比价关系",并于2月首次全面下调了3种稻谷的最低收购价,2017年生产的早籼稻、中晚籼稻和粳稻最低收购价分别为2.6元/千克、

2.72元/千克和3元/千克，比2016年分别下调了2.26%、1.45%和3.23%。从长期来看，小麦最低收购价调整也将提上日程，但调整的时间和幅度仍存在很大的不确定性，这将直接影响未来小麦价格走势及生产布局。

2.3.2 补贴政策因素

近年来，随着种植成本的不断上涨，粮食价格支持政策对保证农民收益的作用受到较大影响。2013年小麦种植收益出现近10年来首次亏损，2014年亩均收益曾回升到87.8元，2015年有所下滑，2016年再次出现亏损。据对河南、山东、河北、安徽、江苏和湖北6个小麦主产省的调查显示，2016年夏收小麦亩均亏损10.8元，比上年减少150.0元；每亩成本收益率为-1.1%，比上年下降19.9个百分点。小麦种植收益的下降使得国内农户种植积极性受挫，2016年安徽、江苏等地小麦秋冬种面积与上年相比下降1%以上。今后是否能采取有效措施提高农民种植小麦的收益，对保证小麦生产稳定意义重大。鉴于粮食价格支持政策的作用有限及"市场定价、价补分离"的改革方向，未来在调整小麦最低收购价的同时，势必可能要配套出台种植收益补贴政策，但政策出台的时间及补贴的对象、标准和范围仍具有很大的不确定性。

2.3.3 气候变化因素

从全球范围来看，近年来气候持续变暖伴随极端气候现象增多。世界气象组织（WMO）《2011—2015年全球气候报告》显示，近10年以来全球变暖加剧，2011—2015年是全球有记录以来平均气温最高的5年，其中2015年是有记录以来最热的年份。全球气温上升会导致病虫害发生概率增高，发生范围增大，一年中虫害影响时间变长，且会削弱化肥农药的使用效果，对农业造成不利影响。受全球变暖导致的超强厄尔尼诺现象影响，2016年中国气象条件较差，为有气象记录以来历史第三高温年份，降水最高年份。全国平均年降水量达730毫米，较常年偏多16%，较2015年偏多13%。高温与降水灾害频发是2016年小麦夏粮减产的一个重要因素。据全国农作物病虫测报网监测调查和专家会商，受2016年冬季气温偏高、土壤湿度偏大等因素影响，2017年农作物病虫害呈重发趋势，预计发生面积比上年增加9.7%；其中小麦赤霉病预计发生面积与上年持平，蚜虫为害与上年相比增加12.0%，条锈病与上年相比增加31.3%，是近年来发生面积最大、范围最广的一年，且向北、向东扩散态势明显，对小麦主产区威胁大。极端气候现象导致的自然灾害，将是未来影响中国小麦产量提升的重要因素。

3 玉米

2016年国家取消了玉米临储政策，实行"市场定价、价补分离"的新机制；玉米生产结构调整取得显著成效，种植面积近13年来首次调减；市场化定价机制已经确立，国内价格由市场形成；产业链协调发展逐步理顺，用粮企业成本显著下降，消费需求逐步回暖；国内外玉米价格逐步接轨，倒挂大幅缩减，玉米及其替代品进口明显减少；国家在东北三省一区开始实施玉米生产者补贴制度，农民生产基本收益保障机制初步建立。但总体上国内玉米阶段性供大于求格局依旧，库存压力仍然很大。展望未来10年，中国玉米种植面积总体呈下降趋势，产量先降后增。预计2017年种植面积将下降到5.38亿亩（3 585万公顷），产量减少到2.12亿吨；2020年种植面积将进一步下降到5.13亿亩（3 417万公顷），产量2.07亿吨；2026年种植面积将恢复到5.20亿亩（3 464万公顷），产量恢复到2.21亿吨。消费需求增长有所加快，2026年有望达到2.37亿吨，2016—2026年年均递增2.8%。进口呈现下降趋势，预计2026年进口量约300万吨，出口有所增加，但数量仍较少。供求关系将实现由阶段性供大于求向供求基本平衡转变，价格走势有望由弱转强，到2020年呈低位震荡偏强运行格局，之后再度进入上升期。

3.1 2016年市场形势回顾

3.1.1 玉米种植面积近13年来首次调减

2016年，在国家取消玉米临储政策，实行"市场定价、价补分离"的新机制，推进玉米生产结构调整等重大政策变革的影响下，农户玉米生产行为发生了变化，各主产省主动引导农民调减玉米面积改种大豆、青贮玉米、马铃薯、花生、杂粮、蔬菜等其他作物，玉米种植面积近13年来首次下降。2016年全国玉米播种面积5.51亿亩（3 676万公顷），与上年相比减少3.6%。气候条件总体略好于上年，部分主产区出现了局部灾害。其中，东北部分地区7月下旬至8月中旬持续干旱，7月持续高温少雨，8月下旬以后受台风和降雨偏多影响，部分玉米倒伏，对玉米品质和单产有一定影响。华北黄淮产区8月持续高温少雨影响玉米授粉，部分地区玉米籽粒容重下降。2016年全国玉米单产398.18千克/亩（5 972.7千克/公顷），与上年相比增长1.3%；总产量21 955.4万吨，与上年相比减少2.3%，但仍为历史次高水平（图2-5）。

3.1.2 消费需求逐步回暖

中国玉米主要消费用途包括饲用消费、工业消费、食用消费和种用消费。

图 2-5　2000 年以来中国玉米面积、单产及产量

数据来源：2016 年《中国统计年鉴》、中国国家统计局关于 2016 年粮食产量的公告

2016 年，玉米消费逐步走出持续低迷状态，消费总量呈恢复性增长，全年消费量约为 1.8 亿吨。从消费结构看，呈现"两增三稳"的特点。

一是饲料消费总量有所增加。一方面，生猪养殖对玉米饲料消费的带动作用减弱，畜禽等其他养殖业稳步发展有利于带动玉米饲用消费增长。据中国国家统计局数据，2016 年全国猪肉、牛肉、羊肉、禽肉总产量为 8 364 万吨，与上年相比下降 1.1%。其中，猪肉产量 5 299 万吨，与上年相比下降 3.4%。农业部数据显示，截至 2016 年年底，全国生猪存栏与上年相比下降 4.2%，能繁母猪存栏与上年相比下降 3.6%。因此，生猪生产的玉米饲用消费有所降低。此外，2016 年全国牛奶产量 3 602 万吨，与上年相比下降 4.1%，也不利于玉米饲用消费增长。以畜禽为主的其他养殖业发展成为带动玉米消费增长的主导力量。2016 年，牛肉产量 717 万吨，与上年相比增长 2.4%；羊肉产量 459 万吨，与上年相比增长 4.2%；禽肉产量 1 888 万吨，与上年相比增长 3.4%；禽蛋产量 3 095 万吨，与上年相比增长 3.2%。另一方面，玉米及其替代品进口减少相应增加了国内玉米饲用消费需求，成为 2016 年玉米饲用消费增长的主要来源。2016 年，中国玉米和高粱、大麦进口总量为 1 482 万吨，比上年减少 1 137 万吨，其中大部分用于饲用消费，估计替代玉米用量约 1 000 万吨，比上年减少约 800 万吨，相当于增加国内玉米消费约 800 万吨。2016 年全国玉米饲用消费估计比上年增加约 500 万吨。

二是工业消费恢复性增长。由于玉米原料价格大幅下跌，用粮企业成本明显降低，玉米深加工企业经营状况普遍改善，开工率显著上升，全行业在经历 3 年持续低迷后开始复苏，带动玉米工业消费增加。据中国生物发酵产业协会数据，2016 年淀粉糖、氨基酸、有机酸等产品产量都有明显恢复，每吨产品盈利在 200～1 000 元，其中淀粉糖每吨盈利 300～400 元，医用用品、3D 打印等新材料产品成为玉米深加工业新的增长点。2016年全国玉米淀粉加工企业平均开工率为67.5%，与上年相比上升8.9个百分点。玉米酒精行业呈现前低后高特点，开始扭亏为盈。2016年全国酒精加工企业平均开工率53.4%，与上年相比上升3.7个百分点。估计全年工业深加工业玉米用量达到约5 500万吨，与上年相比增500万吨左右。

三是种用消费、食用消费和损耗基本稳定，且占玉米消费比重不大，对玉米消费总量影响很小。其中种用消费由于玉米面积调减稳中略降，食用消费则因城市消费者偏爱粗粮而稳中略升，损耗由于库存量增加而稳中略增。

3.1.3 市场价格大幅下跌

2016年，国家取消了玉米临储政策，实行市场定价，原有临储政策的托市作用消失，加上玉米库存压力大，玉米价格大幅下跌。全年产区、销区平均批发价格分别为1 805元/吨、2 019元/吨，与上年相比分别下跌17.0%、16.6%。12月，产区平均批发价格为1 663元/吨，同比跌14.2%；销区平均批发价格为1 863元/吨，同比跌15.4%，均为2009年以来最低水平。新玉米收购价格低开低走，同比跌幅较大，农户销售价格同比跌幅大多在20%以上。期货价格震荡下跌，全年近月合约收盘价平均为1 750元/吨，与上年相比跌21.7%（图2-6）。

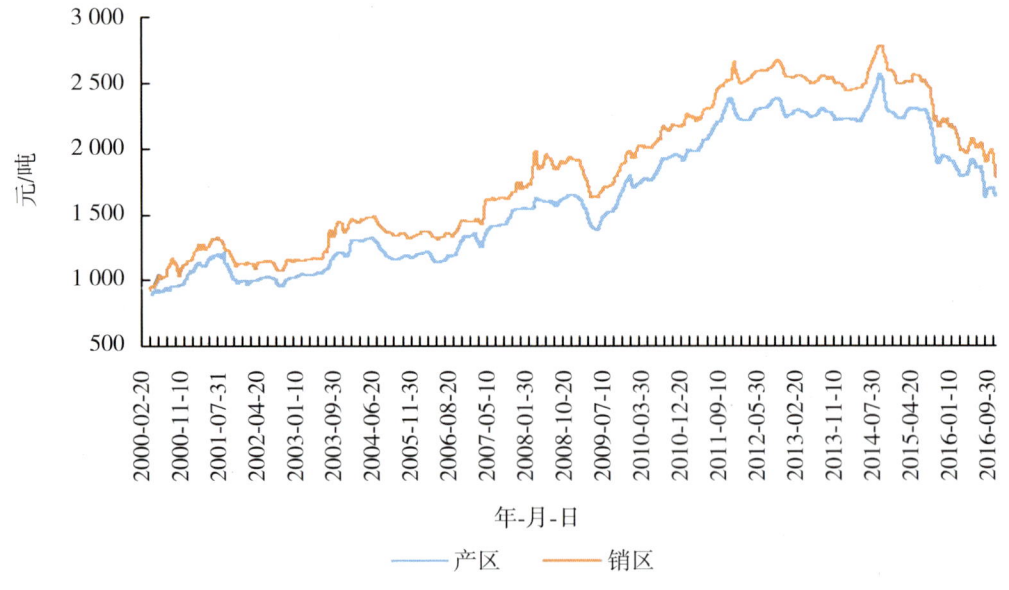

图2-6　2000年以来中国产销区平均批发价格

数据来源：根据中华粮网、中国玉米市场网、国家粮油信息中心等数据整理

3.1.4 玉米及其替代品进口明显减少

由于国内玉米价格显著下降，国外玉米、高粱、大麦等进口替代品价格优

势逐步缩小，2016年，玉米进口量与上年相比大幅减少，替代品进口快速增长的势头受到明显抑制。全年玉米累计进口量316.66万吨，与上年相比减少33.0%；出口量0.35万吨，与上年相比减少67.6%；净进口316.31万吨，与上年相比减少33.0%。玉米进口主要来自乌克兰（占进口总量的84.0%）、美国（占7.0%）、老挝（占4.4%）。玉米主要出口到朝鲜（占出口总量的89.29%）、俄罗斯（占8.94%）、韩国（占0.57%）。2016年，高粱、大麦、DDGS、木薯累计进口量分别为664.76万吨、500.51万吨、306.66万吨、742.64万吨，与上年相比分别减少38.0%、53.4%、55.0%、19.7%；4种替代品进口量合计为2 214.57万吨，与上年相比下降41.0%（图2-7）。

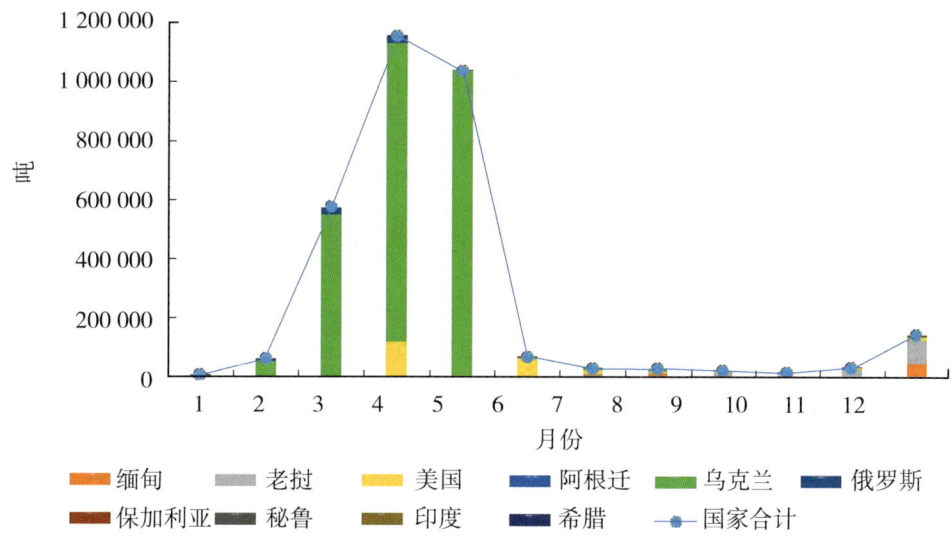

图2-7 2016年中国玉米进口月度分布情况

数据来源：中国海关

3.2 未来10年市场走势判断

3.2.1 总体判断

未来10年，中国将深入推进农业供给侧结构性改革，玉米产业面临的主要任务是调结构、转方式、去库存、促消费，促使玉米由阶段性供大于求向供求基本平衡格局转变，依靠科技和制度创新提高产业竞争力和可持续发展能力，形成产业上下游协调平衡发展的格局。

面积总体下降、产量先降后增。预计2017年玉米种植面积为5.38亿亩（3 585万公顷），与上年相比下降2.5%；产量2.12亿吨，与上年相比减少3.3%。到2020年，玉米面积进一步下降到5.13亿亩（3 417万公顷），产量降至2.07亿吨，年均减幅分别为1.8%、1.5%。展望后期，面积下降趋势将基本停止，单产提高将成为玉米生产发展的主要推动力，玉米生产将恢复增长，预计2026年，玉米种植面积将达到5.20亿亩（3 464万公顷），比2016年减少5.8%；单产为425千克/亩（6 375千克/公顷），比2016年增长6.7%，年均递增0.7%；产量2.21亿吨，比2016年增长0.6%，年均递增0.06%。

消费需求持续增长。 市场环境好转和政策利好将刺激玉米消费较快增长。预计2017年玉米消费量将达到1.99亿吨，2020年有望增加到2.23亿吨，2026年进一步增加到2.37亿吨，未来10年年均递增2.8%。

进口呈现下降趋势。 供大于求的格局将抑制玉米进口，国内外价格接轨将使展望期内国外玉米难以获得持续性的价格优势，因此，预计中国玉米进口将呈下降趋势。2017年进口量约为200万吨，比2016年减少116.7万吨，到2020年基本维持在200万吨左右的水平，2026年增加到约300万吨，但仍比2016年低16.7万吨，年均降幅为0.56%。出口有所增加，但数量仍较少。

价格走势由弱转强。 庞大的玉米库存将较长时间压制玉米价格走势。预计2017年，国内玉米全年平均价格低于上年，但不会深度下跌，底部反弹的可能性较大；到2020年，将呈低位震荡偏强运行格局；展望后期，随着国内供求关系转向基本平衡，中国玉米价格很可能由弱转强，再度进入上升期。

3.2.2 生产展望

玉米种植面积将继续调减。 中央明确农业供给侧结构性改革的主要任务是去库存、降成本、补短板。玉米去库存首先需要继续调整生产结构，适度调减籽粒玉米面积。2017年中央一号文件进一步明确，继续调减非优势区籽粒玉米，增加优质食用大豆、薯类、杂粮杂豆等。加上由于玉米价格大幅下跌，种植效益明显降低，将在很大程度上影响农户种植行为，预计2017年玉米种植面积将延续下降趋势，减至5.38亿亩（3 585万公顷）。到2020年，随着结构调整进一步深化，玉米种植面积将有望调减到5.13亿亩（3 417万公顷），比2016年减少3 886万亩（259万公顷）。展望后期，随着库存水平降低，国内玉米供大于求格局将有效缓解，玉米种植面积有望呈恢复性增长，到2026年将稳定在5.20亿亩（3 464万公顷）左右（图2-8）。

单产水平波动上升。 2015—2016年玉米种植效益明显降低，不利于农民发挥生产积极性，部分农户可能降低物质投入，投工投劳也可能有所下降，这将影响玉米单产水平提升。另据国家气候中心预测，2017年5—9月，中国气候状况将总体偏差，极端天气气候事件多发，降水总体"北少南多"，干旱将重于2016年。预计2017年全国玉米单产水平略有降低，为395千克/亩（5 925千克/公顷），与上年相比下降0.8%。到2020年，随着高标准农田建设等工程项目覆盖范围逐步扩

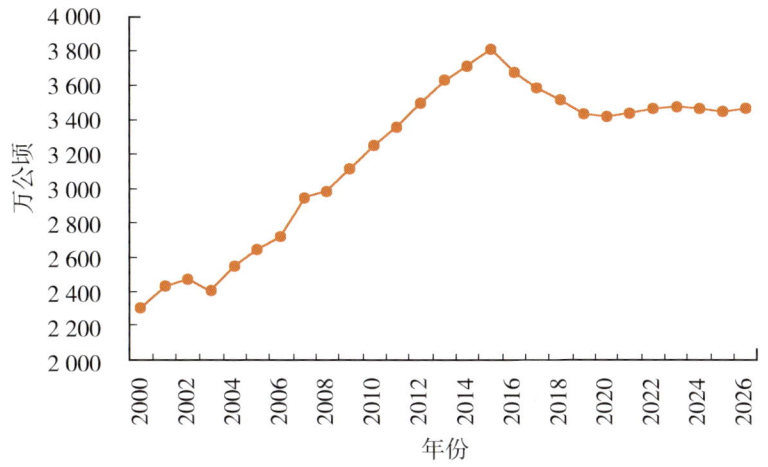

图 2-8　2000—2026 年中国玉米种植面积

数据来源：2000—2016 年数据来源于中国国家统计局，2017—2026 年数据为中国农业科学院农业信息研究所 CAMES 预测

大，良种良法、全程机械化等增产技术大面积推广应用，玉米单产水平将有所提高。预计到 2020 年，玉米单产将稳定在 400 千克/亩（6 000 千克/公顷）以上。展望后期，玉米市场条件有望改善，利于提高农民生产积极性，加上科技进步作用，中国玉米单产增速将有所加快，预计 2026 年有望达到 425 千克/亩（6 375 千克/公顷），比 2016 年增加 26.8 千克/亩（402 千克/公顷），年均增长 0.7%（图 2-9）。

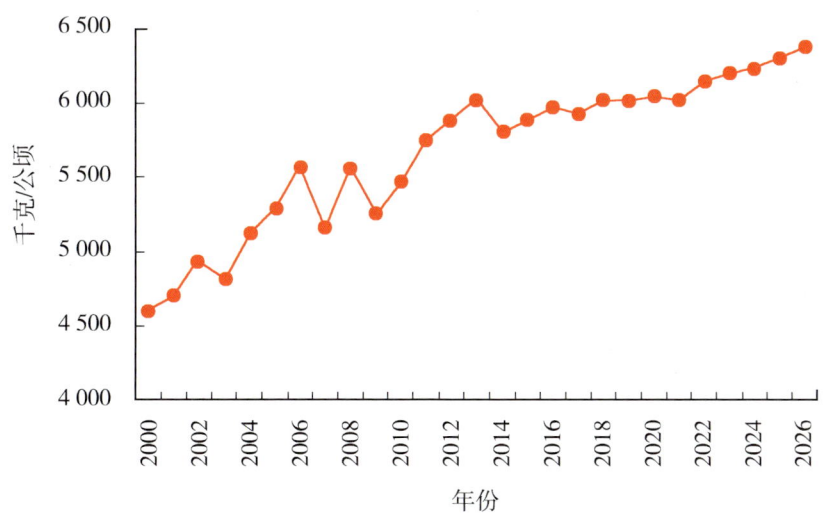

图 2-9　2000—2026 年中国玉米单产

数据来源：2000—2016 年数据来源于中国国家统计局，2017—2026 年数据为中国农业科学院农业信息研究所 CAMES 预测

总产量先降后升。"十三五"时期，中国玉米种植面积将明显减少，玉米总产

量呈下降趋势，但仍将保持在 2 亿吨以上。预计 2017 年玉米总产量为 2.12 亿吨，到 2020 年进一步降低到 2.07 亿吨，2016—2020 年年均递减 1.5%。展望后期，玉米面积下降趋势将基本停止，单产提高将成为玉米生产发展的主要推动力，中国玉米生产将恢复增长，到 2026 年，玉米总产量有望恢复到 2.2 亿吨水平，比 2016 年增长 0.6%，未来 10 年年均递增 0.06%（图 2-10）。

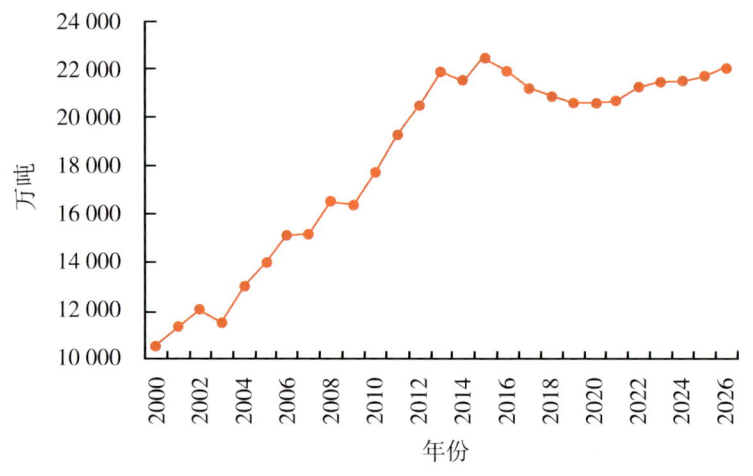

图 2-10　2000—2026 年中国玉米产量

数据来源：2000—2016 年数据来源于中国国家统计局，2017—2026 年数据为中国农业科学院农业信息研究所 CAMES 预测

3.2.3　消费展望

消费总量持续增加。展望未来 10 年，玉米价格将回归市场定价并出现大幅下跌，显著降低下游企业的原料采购成本，有利于持续改善企业经营状况和盈利水平，客观上将刺激玉米消费需求的增长。同时，国家将致力于促进消费来消化现有玉米库存，陆续出台一系列去库存促消费政策，加上进口替代品减少等因素影响，中国玉米消费将走出持续低迷状态，转入持续增长时期。预计 2017 年，国内玉米总消费量将达到 1.99 亿吨，比上年增加约 1 900 万吨；2020 年，有望增加到 2.23 亿吨，比 2016 年增长 23.6%，2016—2020 年年均递增 5.4%；2026 年，进一步增加到 2.37 亿吨，比 2016 年增长 31.3%，年均递增 2.8%。

食用消费基本稳定。随着生活水平的提高，城市居民对粗粮的消费有所增加，玉米食用消费的数量也呈稳中略增的态势，但总量依然较少。预计 2017 年玉米食用消费量为 720 万吨，2020 年为 727 万吨，2026 年约为 753 万吨（图 2-11）。

饲料消费恢复增长。近年来，生猪价格持续高位运行，有利于促进生猪产能恢复，同时国家鼓励主产区发展生猪养殖，以及在东北产区对符合条件的饲料企业收购玉米给予补贴等政策，也对生猪养殖形成利好，有利于玉米饲料消费恢复

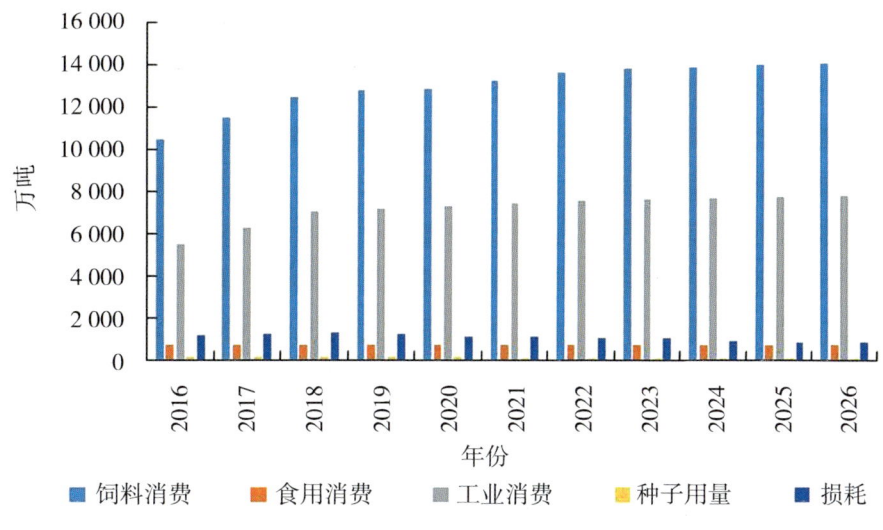

图 2-11　2016—2026 年中国玉米消费

数据来源：2017—2026 年数据为中国农业科学院农业信息研究所 CAMES 预测

性增长。其他畜禽和水产养殖依然将保持稳步增长势头，有利于带动玉米饲用消费增长。国内外玉米价格接轨将较大幅度地抑制高粱、大麦等替代品进口，相应将使玉米饲用消费进一步增长。预计 2017 年，中国玉米饲用消费将达到 1.15 亿吨，比上年增加 1 000 万吨左右；2020 年进一步增至 1.29 亿吨，比 2016 年增加 2 400 万吨，年均递增 5.3%；展望后期，在养殖业带动下，玉米饲用消费将进入稳定增长期，2026 年将达到 1.41 亿吨，比 2016 年增加约 3 500 万吨，年均递增 3.0%（图 2-11）。

工业消费将呈较快增长态势。中国出台了一系列促进玉米深加工业发展的政策，包括对东北产区符合条件的玉米深加工企业给予补贴，将玉米淀粉、酒精等玉米深加工产品的增值税出口退税率恢复至 13%，国家能源局发布的《生物质能发展"十三五"规划》计划，将生物燃料乙醇利用规模由 210 万吨提高到 400 万吨，对于加快消化库存，促进玉米工业消费都具有积极作用。加上玉米价格下跌带来的成本下降，玉米深加工业将再次迎来发展机遇，企业开工率将持续保持较高水平，淀粉糖、氨基酸、有机酸等产品产量明显增长，酒精行业玉米用量也将实现较快增长。预计 2017 年玉米工业消费有望增加到 6 300 万吨，2020 年将增加到 7 360 万吨，比 2016 年增长 33.8%，年均递增 7.6%；2026 年将进一步增至 7 844 万吨，比 2016 年增长 42.6%，年均增长 3.6%（图 2-11）。

种用消费稳中有降。随着玉米生产结构调整逐步深入，玉米面积呈下降趋势，相应减少种子用量。同时，随着精量播种等先进技术的逐步推广，单位面积的玉米种子用量也将稳中有降。预计 2017 年玉米种用消费量为 137 万吨，2020 年下降到134万吨，2026年将进一步减少到约127万吨（图2-11）。

3.2.4 贸易展望

玉米进口将呈下降趋势。中国玉米进口主要受国内玉米供求关系、国内外玉米比价关系以及玉米贸易政策的影响。首先，玉米阶段性供大于求的格局将对玉米进口产生持续性的抑制作用。其次，随着中国玉米市场化改革，国内玉米价格与国际价格迅速接轨，国内外价差大幅缩小，国外玉米到达中国南方的到港税后价与中国玉米到港价相比已不具备价格优势，甚至开始高于国内玉米价格，扭转了2013年以来持续3年多的国内外玉米价格倒挂格局，这将使进口玉米变得几乎无利可图，预计展望期内国外玉米难以获得持续性的价格优势。预计2017年，中国玉米进口数量约为200万吨，与2016年的316.7万吨相比，下降37.0%；到2020年，将基本维持在200万吨左右的水平。展望后期，随着国内供求关系改善以及国际市场可能出现的变化，玉米进口可能有所增长，但幅度不会很大，预计2026年将增加到约300万吨，仍比2016年低16.7万吨。出口方面，在去库存的背景下，中国玉米具有恢复出口的可能性，特别是在临近中国的日本、韩国以及东南亚等周边市场，中国玉米具有地域和运距优势，但考虑到在国际市场中国玉米总体不具备价格优势，恐难以恢复到2006年以前的大规模出口水平。预计2017年中国玉米出口量将达到20万吨，到2020年仍将保持在这一水平；展望后期将基本维持在每年10万吨左右的水平，总体出口量很小。

3.2.5 价格展望

玉米价格由弱转强。中国庞大的玉米库存压力及阶段性供大于求格局，将较长时间抑制玉米价格走势。同时，玉米实行市场化定价后，国内外玉米市场的联动性将显著增强，国内玉米价格波动将趋于频繁，波动幅度也将加大。国际市场宽松的供求格局短期内难以根本改变。因此，总体上国内玉米价格短期内可能维持低位徘徊的局面。但鉴于当前玉米价格跌幅较深，已触及农户生产成本线，国内外价格也基本接轨，后期基本已无大幅下跌空间。同时，2017年美国玉米面积预期降至9 000万英亩（54 633万亩），较上年减少400万英亩（2 428万亩），美国农业部将美国2017/18年度国内农场价格提高了0.1美元/蒲式耳（3.94美元/吨），预示未来国际玉米供大于求程度有望得到一定程度的缓解，国际玉米价格将在较低价位上得到一定支撑，并对国内价格走势产生影响。预计2017年，国内玉米价格总体水平虽将低于上年，但在当前价位上不会深度下跌。到2020年，随着去库存进程逐渐深入以及消费需求增长，国内价格总体将呈低位震荡偏强运行格局。展望后期，随着国内供求关系转向基本平衡，中国玉米价格很可能由弱转强，再度进入上升周期。

3.3 不确定性分析

3.3.1 政策因素

"十三五"时期中国将致力于深化农业供给侧结构性改革，深入推进玉米等农业生产结构调整，完善价格形成机制，推进收储制度改革，实行玉米"市场定价、价补分离"的机制，市场将在玉米生产和产业发展中对资源配置起决定性作用。总体上政策将有利于玉米产业发展。但鉴于玉米去库存任务的艰巨性和复杂性，去库存的进度、力度和方式还存在一些不确定性，玉米生产结构调整的广度和深度及其效果如何也有待观察，玉米生产者补贴制度刚建立尚需要完善，中国政府如何平衡好保护生产者利益、保障粮食安全与明确市场化改革方向，促进产业协调发展之间的关系，如何运用好宏观调控政策，以及政策变革的时间节点和力度等，都可能会对玉米生产者和上下游企业的市场行为产生一定影响，进而影响到玉米生产、消费和贸易，给玉米市场带来一定的不确定性。

3.3.2 气候条件

玉米是雨热同季的作物，生产受气温、光照、降水的影响大，旱灾、涝灾、台风、低温、初霜冻等都对玉米生产有直接影响。近年来，中国极端气候多发、重发、频发，玉米生产面临的气候条件复杂多变。2016年7月下旬至8月中旬，黑龙江和吉林西部、内蒙古东北部地区遭遇持续干旱，使玉米产量受到一定影响；8月下旬这些干旱地区又逢台风"狮子山"过境，造成部分玉米倒伏。在气候变化频繁的情况下，预计未来10年玉米市场面临的自然风险和不确定性依然很大，气象条件对玉米生产的影响将日益明显，市场波动也可能加剧。

3.3.3 其他不确定性因素

宏观经济环境变化。国际国内宏观经济环境复杂多变，中国经济发展虽已进入新常态，但也出现了一些积极因素，经济运行缓中趋稳、稳中向好，但面临的困难和矛盾较为突出，经济下行压力依然存在。玉米产业链条相对较长，与经济发展关系密切，宏观经济环境的不确定性将对玉米深加工及养殖业发展带来一定影响，从而影响玉米消费和玉米去库存进程。

国际玉米市场变化。当前国际玉米呈供大于求格局，价格持续低迷，美国和中国两大主产国玉米面积已开始呈调减态势，但调减幅度和持续性尚不确定，尤其是美国玉米面积增减变化对国际市场影响较大，国际玉米供大于求矛盾能得到多大程度的缓解，国际玉米价格何时走出持续低迷状态，都将对国内玉米市场带来直接影响。此外，燃料乙醇的发展使玉米具有较强的能源属性，近年来国际原油价格大起大落，成为影响玉米价格走势的重要因素。未来国际原油价格走势不确定性较大，将在很大程度上增加国际玉米价格变动的不确定性。

汇率变化。近年来，美元汇率走高趋势明显，这使得人民币对美元持续贬值，一方面使得进口玉米成本上升，客观上有利于抑制国外玉米及其替代品进口，另一方面使得以美元计价的国际玉米价格走势疲软。未来强势美元能否延续将不仅直接影响国际玉米价格走势，进而对国内玉米市场带来影响，同时也会影响中国玉米的价格竞争力。

参考文献

[1] 国家统计局.国家统计局关于2016年粮食产量的公告[EB/OL].(2016-12-08)[2017-03-08].http://www.stats.gov.cn/tjsj/zxfb/201612/t20161208_1439012.html.

[2] 国家统计局.2016年全国早稻产量3 277.7万吨（655.5亿斤）[EB/OL].(2016-08-25)[2017-03-08].http://www.stats.gov.cn/tjsj/zxfb/201608/t20160825_1392593.html.

[3] 国家气候中心.中国气象局发布《2016年中国气候公报》[EB/OL].(2017-01-12)[2017-03-08].http://ncc.cma.gov.cn/Website/index.php?NewsID=10444.

[4] 国家统计局.国家统计局农村司高级统计师黄秉信解读粮食生产情况[EB/OL].(2016-12-08)[2017-03-08].http://www.stats.gov.cn/tjsj/sjjd/201612/t20161208_1439014.html.

[5] 彭超.优强普弱早稻市场分化将引领供给侧发力[N].农民日报，2016-08-23（6）.

[6] 国家粮食局标准质量中心.2016年中国夏收小麦质量调查报告[EB/OL].(2016-08-09)[2017-03-08].http://www.chinagrain.gov.cn/n316630/n316700/n316878/c965206/content.html.

[7] 中国粮油信息网.2016年小麦行情综述及展望2017[EB/OL].(2017-01-01)[2017-03-08].http://www.chinagrain.cn/nh/2017/1/1/201711151676567.shtml.

[8] 国家小麦产业技术体系.中国现代农业产业可持续发展战略研究：小麦分册[M].北京：中国农业出版社，2016.

[9] 王秀丽，孙君茂.中国小麦消费分析与未来展望[J].麦类作物学报，2015，35（5）：655-661.

[10] 王玉庭.中国小麦消费现状及趋势分析[J].中国食物与营养，2010（5）：47-50.

[11] 国务院.关于深入推进农业供给侧结构性改革加快培育农业农村发展新动能的若干意见[R/OL].(2017-02-06)[2017-03-08].http://politics.people.com.cn/n1/2017/0206/c1001-29059337.html.

[12] 农业部.关于"镰刀弯"地区玉米结构调整的指导意见[EB/OL].(2015-11-02)[2017-03-08].http://www.moa.gov.cn/govpublic/ZZYGLS/201511/t20151102_4885037.htm.

[13] 中国新闻网.中国已印发玉米生产者补贴制度实施意见[EB/OL].(2016-06-19)[2017-03-08].http://www.mof.gov.cn/zhengwuxinxi/caijingshidian/zgxww/201606/t20160620_2332612.html.

[14] 国家能源局.关于印发《生物质能发展"十三五"规划》的通知[EB/OL].(2016-10-28)[2017-03-08].http://zfxxgk.nea.gov.cn/auto87/201612/t20161205_2328.htm?keywords=.

[15] 财政部.关于恢复玉米深加工产品出口退税率的通知[EB/OL].(2016-08-19)[2017-03-08].http://szs.mof.gov.cn/zhengwuxinxi/zhengcefabu/201608/t20160823_2399393.html.

[16] 国家粮食局.关于切实做好今年东北地区玉米收购工作的通知[EB/OL].(2016-09-19)[2017-03-08].http://www.chinagrain.gov.cn/n787423/c976418/content.html.

［17］ 商务部. 关于对原产于美国进口干玉米酒糟反倾销调查最终裁定的公告［EB/OL］.(2017-01-11)［2017-03-08］.http://www.mofcom.gov.cn/article/b/e/201701/20170102499180.shtml.

［18］ U. S. Department of Agriculture. Grains and Oilseeds Outlook for 2017［EB/OL］.［2017-03-08］.https://www.usda.gov/oce/forum/.

［19］ 国家粮油信息中心. 饲用谷物市场供需状况月报第205期［R］.2017-02-08.

第三章

油　料

1 大豆

大豆是关系国计民生的重要经济作物，作为最早实行贸易自由化的粮油作物，与其他作物相比，产不足需的矛盾尤为突出。近年来，中国大豆消费快速增长，进口规模持续扩大。2016年，中国大豆产量扭转了持续降低的局面，达到了1 266万吨，与上年相比增长7.4%；进口量8 391万吨，与上年相比增长2.7%；消费量9 624万吨，与上年相比增长7.5%。2014年中国在东北产区试点大豆目标价格补贴改革政策，大豆价格市场化程度提高，豆价逐步回归市场，国内外价格联动性显著增强，价差逐渐缩小。展望未来10年，随着大豆产业政策的逐步完善和东北种植结构调整的深入推进，预计中国大豆种植面积将持续恢复性增长，产量稳步增加，大豆压榨和食用消费量稳中有增，但进口增速将趋缓。预计2017年，中国大豆产量1 429万吨，与上年相比增长12.8%；消费量9 997万吨，与上年相比增长3.9%；进口量8 582万吨，与上年相比增长2.3%；国产大豆价格将弱势运行。"十三五"时期，预计中国大豆产量、消费量、进口量年均增长率分别为10.6%、2.9%、2.2%，其中消费量和进口量年均增速明显低于"十二五"时期。到2026年，预计中国大豆产量、消费量和进口量将分别为1 935万吨、1.16亿吨和9 600万吨，较2016年分别增加52.8%、20.4%和14.4%。

1.1 2016年市场形势回顾

1.1.1 产量止跌回升

自2012年以来，中国大豆产量和种植面积逐年减少，2016年，受玉米种植结构调整影响，中国大豆产量和种植面积止跌回升，其中，产量达1 266万吨，接近2012年的水平，与上年相比增长7.4%；种植面积为10 800万亩（720万公顷），达到2012年的水平，与上年相比增长10.7%（图3-1）。

但受不利天气影响，2016年中国大豆单产水平下降。东北产区大豆生长期遭遇长期干旱，上市期又逢严重秋涝，造成大豆普遍减产；而河南产区受严重干旱影响导致单产下滑；湖北产区大豆成长期遭遇较多雨水，亦导致单产受损。

1.1.2 消费量稳步增加

2016年中国大豆消费量9 624万吨，与上年相比增加671万吨，增幅7.5%。从消费结构看，大豆直接食用量及食用加工消费量稳步增加，2016年为1 118万吨，与上年相比增加162万吨，增幅16.7%。在豆粕和食用植物油需求拉动下，大豆压榨量持续增加，2016年大豆压榨加工消费量8 329万吨，与上年相比增加

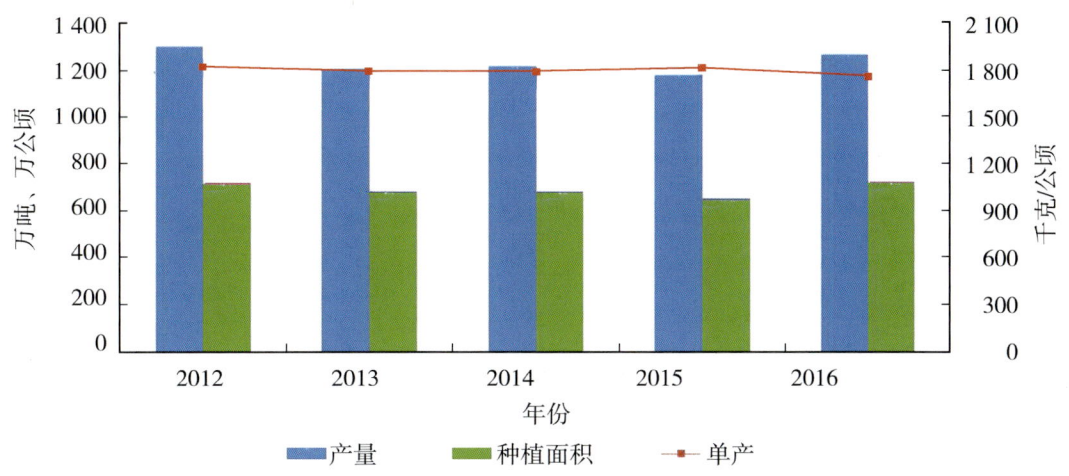

图 3-1 2012—2016 年中国大豆种植面积、单产及产量

数据来源：2012—2015 年数据来自《中国农业统计年鉴》，2016 年数据为估计数

492 万吨，增幅 6.3%。种用消费量 61 万吨，与上年相比增 6 万吨。国内大豆消费量快速增长的主要原因是人口增长，城市化进程的加速也提高了消费者对油脂和蛋白质的需求；2016 年全国脱贫人口超过 1 000 万，人们消费和健康意识的提升也直接影响到大豆及其制成品的需求。

1.1.3 进口量持续增加

2016 年中国进口大豆 8 391 万吨，与上年相比增加 222 万吨，增幅 2.7%（图 3-2）。2016 年中国大豆进口主要来自 3 个国家，进口量最大的是巴西，占进口总量

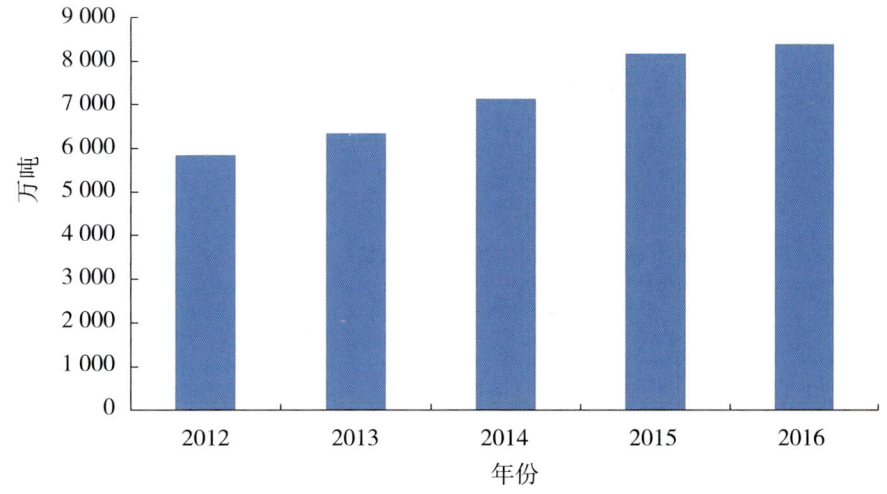

图 3-2 2012—2016 年中国大豆进口量

数据来源：中国海关

的50.8%，其次是美国，占比34.4%，第三是阿根廷，占比10.8%。2016年中国大豆消费的对外贸易依存度87.2%。2016年中国出口大豆13万吨，与上年持平；出口额1.1亿美元，与上年相比减少13.6%。国产大豆主要出口到美国、日本、朝鲜和韩国，出口到这4个国家的大豆占出口总量的80%。

2012—2016年，中国大豆进口量年均增长9.5%，5年累计净进口3.59亿吨。2016年大豆进口量虽在增加，但增长幅度减小，结束了2012—2015年进口量增长率不断提高的态势。

1.1.4 国产大豆价格涨跌互现

总体来看，2016年国产大豆价格呈现季节性涨跌的特点（图3-3）。

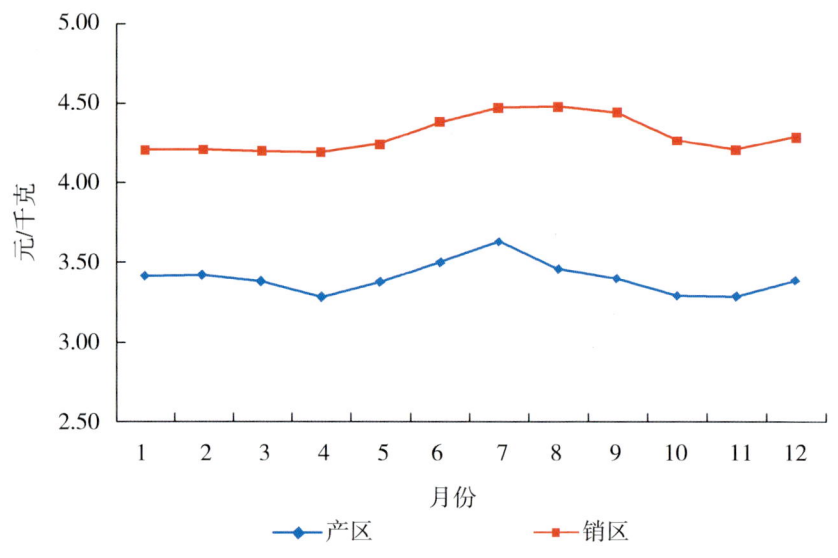

图3-3　2016年国产大豆产销区月度价格

数据来源：中国国家农业数据中心

从产区价格来看（以下价格为每千克大豆价格），1—4月，产区收购价从3.42元下跌到3.28元，跌幅4.1%，市场价格延续上年跌势，4月气温升高，大豆不易保存，农户集中出售，市场价格跌至全年最低。5月由于产区余豆见底，价格回升，上涨至7月的3.62元，涨幅10.4%。之后价格下跌，至10月跌至3.28元。原因是7月15日国家临储大豆开始拍卖，弥补了市场需求缺口，大豆价格回调，8月湖北早豆上市，9月之后北方大豆陆续收获上市，市场供应量增加，大豆价格下跌。11—12月大豆价格企稳回升，从10月的3.28元上升至12月的3.38元，涨幅3.0%。总体来看，2016年，黑龙江产区油用豆收购月均价3.40元，较2015年下降约0.16元；黑龙江产区食用豆收购价走势与油用豆相同，二者平均价差0.40元。

从销区价格来看，2016年，山东销区国产大豆入厂均价为4.30元，销区价格走势基本与产区同涨同跌，但销区收购价的下跌时间要滞后产区1个月，价格低点出现在4月，为4.18元，高点出现在8月，为4.48元。

1.2 未来10年市场走势判断

1.2.1 总体判断

展望期内，大豆产量、消费、进出口及价格将总体呈现量增价稳的特点。产量方面，随着农业供给侧结构性改革的深入推进、"米改豆"等政策的实施，大豆种植综合效益将继续提升，种植面积将有明显增长；在优良品种和先进栽培技术等的推动下，大豆单产将稳步提升，预计中国大豆产量将明显增长。此外，中国大豆蛋白市场发展潜力较大，国产大豆深加工产业的稳步发展将倒逼国产大豆品质提升。同时，政府将增加大豆科技创新投入，开展绿色高产高效创建试点，建立东北优质大豆保护区，大豆品质将明显提升。消费方面，在城市化进程不断推进、城乡居民收入水平上升、全面二孩政策实施、7 000万人口脱贫等因素共同作用下，随着人们消费和健康意识的进一步提升，城乡居民对食用植物油的消费需求将增加，但增速会趋缓；城乡居民对传统豆制品、大豆膳食纤维、低聚糖、大豆蛋白粉等食用消费需求将增加。受种植面积扩大影响，大豆种用消费量将不断增加。进出口方面，受国内需求增加影响，中国大豆进口量仍将维持高位，但受国内生产和消费等因素的影响，进口量年均增速将逐渐放缓。未来10年，预计大豆进口量年均增长1.4%，远低于上个10年12.2%的年均增速。随着大豆产量和品质的提升，中国大豆出口将有所增加，预计展望期末出口量将达到28万吨。

1.2.2 生产展望

种植面积继续恢复性增长。受继续调减非优势区籽粒玉米，增加优质食用大豆及继续开展"米改豆"政策影响，预计2017年大豆面积将恢复性增加至11 707万亩（780万公顷），与上年相比增加8.4%。2017年中央一号文件提出"进一步优化农业区域布局，科学划定稻谷、小麦、玉米粮食生产功能区和大豆、棉花、油菜籽、糖料蔗、天然橡胶等重要农产品生产保护区。深化粮食等重要农产品价格形成机制和收储制度改革，坚定推行玉米市场定价、价补分离改革，调整大豆目标价格政策。"《农业部关于促进大豆生产发展的指导意见》提出，大力推进科技创新，开展绿色高产高效创建试点，建立优质大豆保护区。"十三五"期间，这些政策将逐步落实，一系列政策因素支撑中国大豆种植面积稳步回升。2020年大豆面积预计达13 992万亩（933万公顷），较2016年增加3 191万亩（213万公顷），增幅29.5%。展望期后5年，随着补贴政策的进一步调整到位，大豆种植面积将趋于稳定。预计 2026 年大豆种植面积为 14 100 万亩（940 万公顷），较 2016 年增加 3 299 万亩（220 万公顷），年均增速为 2.7%（图 3-4）。

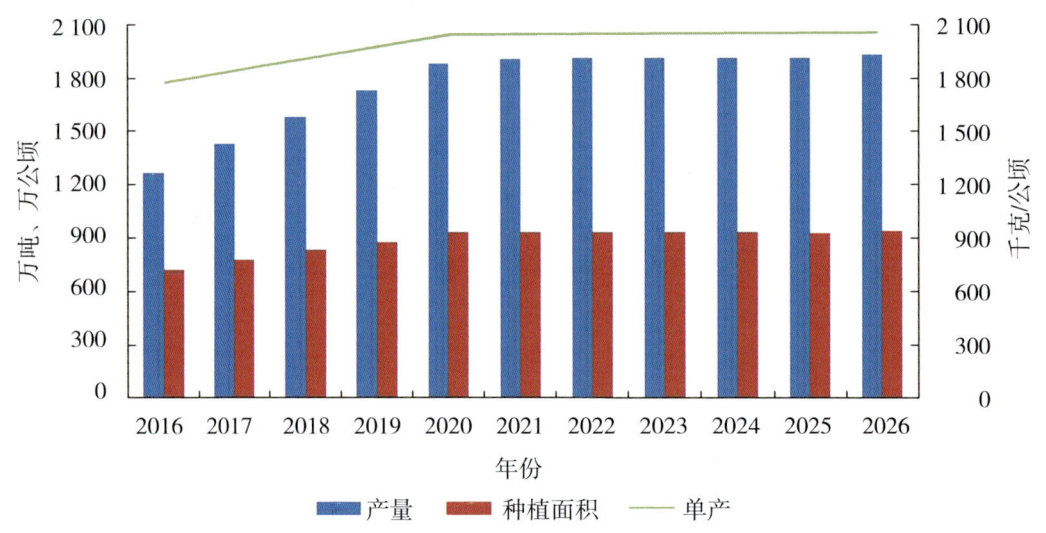

图 3-4　2016—2026 年中国大豆种植面积、单产及产量

数据来源：2017—2026 年数据为中国农业科学院农业信息研究所 CAMES 预测

单产稳步提升。展望期间，有望通过选育突破性品种、规模化种植、全程机械化生产以及水肥一体化等措施进一步提高大豆单产水平。预计 2017 年大豆单产 122 千克/亩（1 830 千克/公顷）；2020 年和 2026 年单产水平将分别提高到 135 千克/亩（2 025 千克/公顷）和 137 千克/亩（2 055 千克/公顷），较 2016 年分别提高 15.2% 和 17.1%。同大豆主产国巴西、美国、阿根廷相比，中国大豆单产水平还有较大提升空间。

产量明显增加。预计 2017 年大豆产量 1 429 万吨，与上年相比增加 12.8%。2017—2020 年，在单产增加和面积扩大的共同作用下，大豆产量将明显增长。预计 2020 年大豆产量 1 894 万吨，较 2016 年增加 628 万吨，增幅 49.6%。展望期后 5 年，大豆产量趋于稳定，增幅较为平稳，预计到 2026 年将增加至 1 935 万吨，较 2016 年增加 669 万吨，增幅 52.8%，年均增长率为 4.3%。

1.2.3　消费展望

消费量稳中略增。预计 2017 年中国大豆消费量 9 997 万吨，与上年相比增 3.9%；2020 年消费量 10 790 万吨，较 2016 年增加 1 166 万吨，增幅 12.1%；展望期末，即 2026 年消费量 1.16 亿吨，较 2016 年增加 1 962 万吨，增幅 20.4%，年均增长率为 1.9%（图 3-5）。

压榨加工消费量平稳增加。压榨加工消费是大豆消费的主要部分，2016 年中

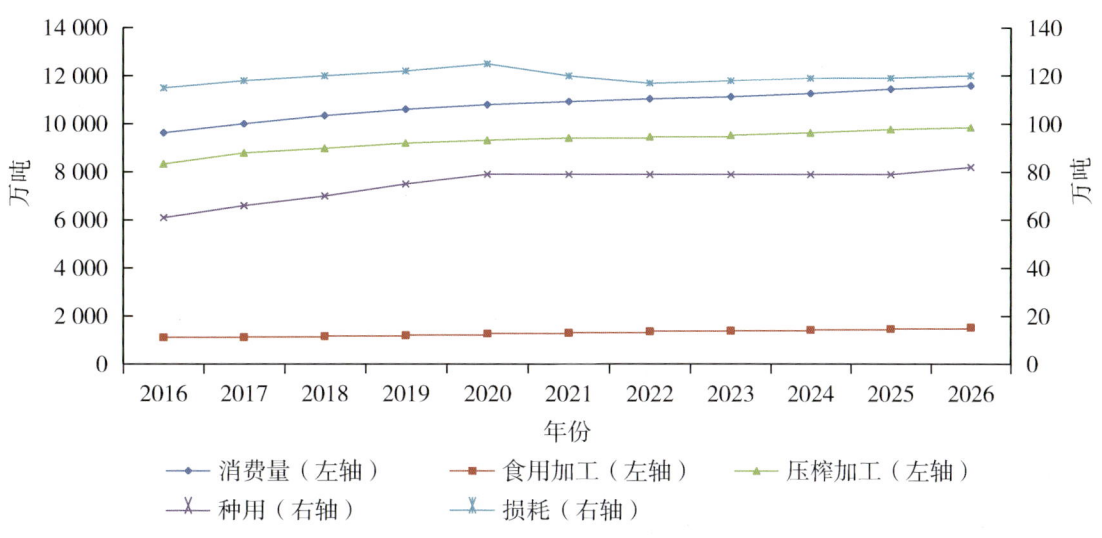

图 3-5　2016—2026 年中国大豆消费量及消费结构

数据来源：2017—2026 年数据为中国农业科学院农业信息研究所 CAMES 预测

国大豆压榨加工量占大豆总消费量的 86.6%，在畜禽养殖业对豆粕需求拉动和城乡居民对食用植物油需求拉动下，预计 2017 年大豆压榨加工消费量 8 787 万吨，与上年相比增 5.5%。到 2020 年，食用植物油、肉、蛋、奶消费量增加，将带动饲料蛋白豆粕需求增加。预计 2020 年大豆压榨加工消费量 9 313 万吨，较 2016 年增加 11.8%。展望期末，即 2026 年大豆压榨加工消费量 9 847 万吨，较 2016 年增加 18.2%，年均增长率为 1.7%。

大豆食用加工消费量增加。传统大豆食品消费中，豆腐占较大比重。目前，全国豆腐生产企业分布较广，南方发展多于北方。休闲豆腐干的产品类型和消费市场逐渐成形，中国豆腐干的生产量有了明显的提高。腐竹富含营养且口感独特，消费比较稳定。此外，以膨化豆制品为原料、大豆素肉为产品概念的新产品近年来不断推陈出新，正在成为一个新的消费增长点。根据中国居民营养膳食指南推荐，每人每日应摄入 0.04 千克大豆或其制品，中国居民还远未达到推荐消费量。随着城乡居民收入水平提高和人们健康饮食意识的增强，对大豆食用加工品如豆粉类、发酵类、蛋白类等新兴豆制品的需求将增加。随着大豆食品企业创新理念、经营管理及渠道拓展等方面的提升，消费者终端体验趋于完善，大豆食品市场未来发展潜力很大。预计 2017 年中国大豆食用加工消费量 1 126 万吨，与上年相比增加 0.7%，到 2020 年为 1 273 万吨，2026 年为 1 537 万吨。与压榨加工消费相比，食用加工消费量将快速增长，未来 10 年年均增长率为 3.2%。

种用消费量增加。大豆种用消费量将随着大豆种植面积的恢复性增长而增加。预计 2017 年大豆种用消费量 66 万吨，2020 年为 79 万吨，2026 年为 82 万吨。展望期内，大豆损耗量占消费总量的比重将在 1.0%～1.2%。

1.2.4 贸易展望

进口量维持高位，增速趋缓。展望期间，受大豆产不足需等因素影响，大豆进口将维持高位，但增速较前10年明显趋缓。预计2017年中国大豆进口量8 582万吨，与上年相比增加2.2%，2020年大豆进口量9 165万吨，2026年为9 600万吨，未来10年年均增长率为1.3%（图3-6）。

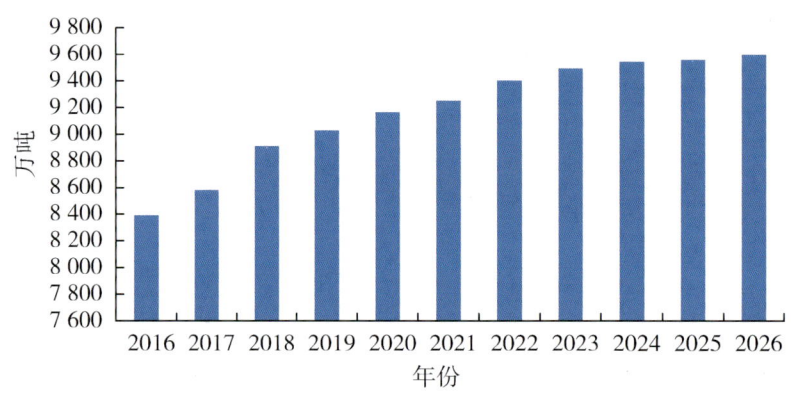

图 3-6 2016—2026 年中国大豆进口量

数据来源：2017—2026 年数据为中国农业科学院农业信息研究所 CAMES 预测

出口稳中略增。中国原料食用大豆出口仍有比较优势，考虑到日、韩和东南亚等国的食用习惯，出口到这些国家还有潜力。预计2017年中国大豆出口量15万吨，与上年相比增加15%。未来10年，大豆出口将保持稳定，2020年出口23万吨，2026年为28万吨。

1.2.5 价格展望

展望期内，随着中国大豆市场价格机制的逐步完善，国产油用大豆受国际市场价格的影响将加大，但因国产食用大豆是非转基因，随着转基因食品标识制度的完善，国内外大豆市场有望走出两个市场的格局。短期国际大豆面临下行压力。近期，大豆主产国已经准备提高大豆播种面积，全球大豆供给维持高位，据美国农业部年度农业展望论坛上发布的数据显示，2017年美国大豆播种面积与上年相比增加2%，除非遭受极端天气影响，否则全球大豆丰产前景乐观，在需求增速放缓的背景下，预计2017年国际大豆价格将继续走弱。展望后期，全球大豆供需格局将逐步趋稳，但受天气、石油价格和主产国汇率变动等因素影响，预期国际大豆价格将以弱势震荡为主。由于中国将加大对大豆产业的支持力度，大豆产量将恢复性增加，同时，受大豆临储拍卖预期影响，预计2017年，中国国内大豆市场价格将弱势运行。展望后期，随着国产大豆需求量稳步增加，受土地和水资源等自然条件制约，大豆产量将基本保持在 2 000 万吨以内，难以大幅提高，中国国产食用大豆价格将稳中略涨。

1.3 不确定性分析

1.3.1 自然条件

大豆生长极易受到干旱、洪涝、霜冻等天气影响，进而造成大豆产量波动。近年来，全球气候变暖、干旱、洪涝等风险加剧，对南美等大豆主产区的农业生产带来影响。据美国国家海洋和大气管理局预测，热带太平洋海水温度正在显著变暖，厄尔尼诺现象在 2017 年下半年发生的概率将加大，极端天气将影响大豆种植和收割，不利于大豆流通和仓储，进而影响国际大豆市场价格。

1.3.2 政策因素

大豆产业政策调控是弥补市场失灵的重要手段，也是影响中国大豆市场的重要因素。2017 年中国将坚持市场定价、价补分离、主体多元的改革方向，一方面，完善大豆生产者补贴制度，中央财政对大豆生产者给予补贴，鼓励增加大豆种植；另一方面，将充分发挥市场机制作用，继续通过加强市场信息发布、完善收购贷款信用保证基金、加强区域运输保障等措施，激发市场活力，鼓励多元市场主体入市收购。同时，2017 年中央一号文件提出划定大豆等重要农产品生产保护区，实现信息化精准化管理，完善激励机制和支持政策。上述支持大豆产业发展政策将有利于大豆产业的发展，但受政策运行机制、政策执行成本、地方政府执行力等因素影响，具体效果仍需观察。2017 年 1 月，国务院印发《关于扩大对外开放积极利用外资若干措施的通知》，明确重点取消油脂加工外资准入限制，将有可能引发新一轮外资企业投资油脂加工企业热潮，进而影响大豆产业发展。未来，中国将推出豆粕期权，着力推动黄大豆 2 号期货市场活跃，这将给大豆产业链现货企业提供更完善的管理工具，但大豆期货、豆粕期权均具有独特的属性和风险投资的特点。此外，大豆主产国国内产业政策的调整也会给国际大豆市场带来诸多变数，阿根廷政府颁布法令称，从 2018 年 1 月起的两年时间里，每月将大豆出口关税下调 0.5%，这将刺激该国大豆种植，进而影响全球大豆供需形势。

1.3.3 贸易因素

贸易因素是影响大豆供求的重要因素。全球饲料原料的可获得性极其丰富，对豆粕的需求会带来冲击，大豆替代品贸易变化将对大豆价格产生影响。从历史角度看，在美国，每当大豆与玉米的比价为 2.3∶1～2.5∶1 时，农户即会偏好种植大豆而不是玉米，导致部分玉米种植区域转为种植大豆，大豆产量增加，大豆主产国其他作物与大豆的比价关系会严重影响全球大豆的贸易量和贸易价格。此外，大豆进口国管理港口分销市场、完善转基因大豆国际贸易的技术法规体系、启动贸易救济措施以及强化进口大豆检验检疫等措施都会对国际大豆市场带来不确定性。

1.3.4 其他不确定因素

原油价格、货币政策和汇率政策是影响大豆市场的重要不确定性因素。国际油价的波动不仅会影响到各国对生物燃料的投资和生产，也会对大豆市场带来不确定性，然而无论是石油输出国组织、国际能源机构还是八国集团等对于稳定石油价格和供应问题都缺乏有效措施。当前，货币宽松空间收窄，整体来看，欧盟、日本央行的宽松空间已经十分有限，美国的加息步伐加快，全球资本市场可能面临新的拐点，如果全球性宽松举措再度实施，则商品贸易活跃度有望提升，如果全球性通缩形势严峻，则大宗商品价格可能出现下跌。从技术创新角度看，种业技术的创新和研发可以促进大豆产业发展，未来中国会加强杂种优势利用、分子设计育种、高效制繁种等关键技术研发，培育和推广适应机械化生产、高产优质、多抗广适的突破性新品种，技术进步还存在巨大潜力，但新技术的应用和推广是产业升级的"最后一公里"，如果技术推广不到位，则会阻碍大豆生产力的提高。

2 油籽和油籽产品

中国是全球最大的食用油籽进口国，也是最大的食用植物油消费国。2016年，中国油料（不含大豆，下同）种植面积、产量均小幅增加；食用油籽（含大豆，下同）、植物油消费量继续增长；食用油籽进口总量小幅增加，其中，油菜籽进口350多万吨，与上年相比减20.2%，花生进口45.86万吨，与上年相比增加2.4倍；食用植物油进口量大幅减少，其中，豆油进口量与上年相比减少31.5%，棕榈油进口量与上年相比减少26.8%。

未来10年，中国油料作物总产量稳中有增。预计2017年油菜籽产量减少4.0%，花生产量增加0.9%，其他油料产量增加。展望期间，油菜籽产量逐步恢复，但仍低于2014—2016年平均水平，花生产量波动增长。预计2026年，油料产量达3 930万吨，其中油菜籽、花生产量分别达到1 135万吨和2 075万吨，较基期（以2014—2016年平均水平为基期，下同）分别减少19.8%和增加23.7%。消费方面，预计2026年油籽消费量1.69亿吨左右，其中，油菜籽、花生消费量分别为1 685万吨和2 090万吨，较基期分别减少9.0%、增加23.0%；食用植物油消费量约3 400万吨，较2016年增长7.2%，年均增长率为0.7%。由于国内产需缺口较大，2026年食用油籽进口预计将突破1亿吨，但进口增幅小于国内产量增幅，自给率稳步回升。

用植物油总消费量将稳中有增，但增速放缓，葵花籽油、油茶籽油等小品种植物油消费量增加。2017年国内食用植物油消费总量预计为3 176万吨，2020年约为3 260万吨，2026年达到3 400万吨左右，未来10年年均增长率为0.7%，远低于过去10年4.5%的年均增速。

进口量总体继续增加。在未来经济保持中高速增长、食物消费结构升级、城镇化快速发展、人口总量增加等条件下，国内食用植物油消费还有一定增长空间。具体而言，预计2017年食用油籽进口稳中略增，2020年为9 600万吨左右，2026年为10 100万吨左右。其中，2026年大豆进口量将增加到9 600万吨，油菜籽进口量将增至550万吨，食用植物油进口量则会下降到470万吨左右。

价格市场化形成机制日趋完善。受油菜籽临储政策取消、价格低迷、农民种植积极性不高等影响，预计2017年油菜籽播种面积继续减少。但随着2017年大豆目标价格政策调整，油菜籽完全市场化收购，油料价格市场化形成机制将逐步形成。展望期内，中国油料价格市场化机制将进一步完善，受国际市场油料供给总体充裕、供给侧结构性调整、消费优化升级等影响，国内油菜籽主要用于压榨浓香型风味菜籽油，进口油菜籽主要用于压榨国标普通菜籽油，国内外油菜籽有望走出两个市场，价格将逐步回归市场。

2.2.2 生产展望

种植面积基本稳定。展望未来10年，受耕地资源约束，油料种植面积增长空间有限。2016年秋冬种时阴雨寡照，不利于播种，预计2017年油料种植面积基本稳定，其中油菜种植面积缩减5.0%；受价格小幅上涨影响，花生种植面积继续稳中略增。预计2020年油菜、花生种植面积分别为8 484万亩（566万公顷）、7 530万亩（502万公顷）；2026年将分别达到8 550万亩（570万公顷）和8 137万亩（542万公顷），较基期分别减少20.8%和增长15.9%。

单产稳步提高。与世界油料主产国相比，中国油料单产水平还有增长空间，通过培育选用优良品种、规模化种植、提高机械化水平及田间科学管理等方面的改进，未来有望进一步提高油料单产水平。预计2017年油菜籽和花生单产稳中有增；2020年分别约为130千克/亩（1 957千克/公顷）、249千克/亩（3 736千克/公顷）；2026年分别达到133千克/亩（1 991千克/公顷）和255千克/亩（3 824千克/公顷），较基期分别增加1.5%和6.7%。

产量稳中有增。油料播种面积基本稳定，单产稳中有增，未来10年，油料总产量将稳中有增，其中葵花籽、油菜籽、红花籽等小品种食用油籽产量增幅较明显，食用植物油产量总体稳定。预计2017年油料产量3 630万吨，与上年相比增加0.5%，其中，油菜籽产量减少4.0%，花生增加0.9%；2020年油料产量约3 660万吨，其中油菜籽、花生产量分别为1 107万吨、1 876万吨；2026年油料产量达

2.1.4 油料价格企稳，食用植物油价格普遍上涨

油料价格企稳。2016年油菜籽播种面积和产量均减少，与上年相比分别减少13.5%和15.2%，产不足需拉动价格自5月起企稳回升，但受油菜籽临时收储政策取消的影响，全年均价与上年相比仍有所下滑。2016年，油菜籽收购年均价为4.16元/千克，与上年相比下跌3.1%；花生刚性需求抬高市场价格，年均价为7.82元/千克，与上年相比上涨3.6%。

食用植物油价格普遍上涨。受厄尔尼诺致使全球棕榈油产量下滑、全球油脂库存减少、原油价格回升、人民币贬值的影响，2016年食用植物油价格普遍上涨。2016年，天津24度棕榈油到港年均价为5.75元/千克，与上年相比上涨19.0%；山东四级豆油出厂年均价为6.23元/千克，与上年相比上涨9.8%；山东一级花生油出厂年均价为15.0元/千克，与上年相比上涨5.5%；湖北四级菜籽油出厂年均价为6.46元/千克，与上年相比下跌3.2%。

油料、食用植物油市场总体延续内外价格倒挂，价差缩小的态势。2016年，尽管国内外油料、食用植物油价格均企稳回升，但国内外价格倒挂现象持续，不过价差缩小。其中，湖北地区油菜籽入厂年均价比加拿大油菜籽进口到岸税后年均价高0.48元/千克，价差与上年相比缩小0.28元/千克；山东国标四级豆油出厂年均价比美国墨西哥湾豆油离岸价高1.56元/千克，比山东进口豆油到岸价高0.08元/千克；山东国标四级豆油出厂价比进口豆油到岸价高0.07元/千克，价差与上年相比缩小0.03元/千克。

2.2 未来10年市场走势判断

2.2.1 总体判断

生产稳中有增，小品种增幅明显。气象部门预计2017年天气条件总体比2016年略好，专家组会商油料种植面积、总产量预计稳中有增。其中，油菜籽产量继续减少，花生产量继续增加，小品种油料产量平稳增加。此后，随着单产提高以及机械化水平的提升有利于带动油料产量小幅增加，预计2020年油料总产量为3 660万吨，其中油菜籽、花生产量分别为1 107万吨和1 876万吨；2026年油料总产量将达3 930万吨，较基期增加10.8%，其中油菜籽、花生产量分别为1 135万吨和2 075万吨，较基期分别减少19.8%和增加23.7%；国产油料压榨食用植物油稳中有增，2020年为978万吨，2026年预计将达到1 037万吨，较基期增加35.8万吨，增幅3.6%。

消费稳中有增。随着人们健康消费理念进一步形成，未来消费多样化、差异化特征明显，膳食营养知识普及，人均食用油消费将稳定在一定水平，油料、食

2.1.2 消费增速放缓，食用植物油去库存明显

食用植物油消费增速放缓。根据有关机构数据和中国城镇化率对近年来食用植物油消费量估算，2016年，国内食用植物油消费约为3 143万吨，与上年相比增加1.0%，与2012—2015年国内食用植物油消费增速分别为6.9%、4.6%、2.0%和1.4%相比，已明显放缓。食用油籽压榨消费中，大豆消费规模最大。2016年大豆国内总需求量为9 624万吨，与上年相比增加671万吨，增幅7.5%，较2015年12.1%的增幅减少了4.6个百分点。

食用植物油去库存明显。2016年国内食用植物油新增供给量约3 012万吨，库存与上年相比减142万吨，是近15年来中国库存减少最多的一年，全年举行了33次临储菜油拍卖，再加上"进口加拿大油菜籽杂质率降低"等相关信息影响进口需求，国内食用植物油库存量大幅减少。2016年年底，国内豆油商业库存约97万吨，棕榈油商业库存约35万吨，临时收储菜籽油库存160万吨左右。

2.1.3 食用油籽进口量小幅增加，食用植物油进口量额大幅减少

食用油籽进口量均小幅增加。2016年中国累计进口食用油籽8 953万吨，与上年相比增加2.2%，进口额337亿美元，与上年相比减少3.5%。其中，进口大豆8 391万吨，与上年相比增加2.7%；进口油菜籽357万吨，与上年相比减少20.2%；进口花生46万吨，与上年相比增加2.4倍。2016年中国累计出口食用油籽87万吨，与上年相比增加3.8%，出口额14亿美元，与上年相比减少3.0%。其中，出口花生41万吨，与上年相比减少0.1%，出口额8亿美元，与上年相比减少3.2%；出口大豆13万吨，与上年相比减少4.3%，出口额1.3亿美元，与上年相比减少37.0%。

食用植物油进出口量额均大幅减少。2016年，中国累计进口食用植物油556万吨[①]，与上年相比减少18.1%，进口额11.5亿美元，与上年相比减少16.0%。其中，进口豆油56万吨，与上年相比减少31.5%；进口菜籽油70万吨，与上年相比减少14.1%；进口棕榈油316万吨，与上年相比减少26.8%；进口花生油10.7万吨，与上年相比减少16.2%。2016年中国食用植物油累计出口11.5万吨，与上年相比减少16.0%，出口额1.6亿美元，与上年相比减少16.9%。其中，出口豆油8.1万吨，与上年相比减少22.6%，出口额0.9亿美元，与上年相比减少28.0%；出口花生油0.9万吨，与上年相比增加0.7%，出口额0.3亿美元，与上年相比增加6.0%。

---

① 不包括132.14万吨的棕榈硬脂，平衡表中也将棕榈硬脂从食用植物油中剔除

2.1 2016年市场形势回顾

2.1.1 产量总体稳定，结构性变化显现

油料产量稳定。2016年中国油料产量估计3 613万吨，与上年相比增加2.2%（图3-7）。其中，油菜籽播种面积为9 773万亩（652万公顷），与上年相比减少13.5%，单产为130千克/亩（1 950千克/公顷），总产量为1 275万吨，与上年相比减少14.6%；花生播种面积为7 224万亩（481万公顷），与上年相比增加4.3%，单产为241千克/亩（3 615千克/公顷），产量为1 741万吨，与上年相比增加5.9%；小品种油料增幅明显，播种面积为2 784万亩（185万公顷），与上年相比增加47.7%，单产为143千克/亩（2 145千克/公顷），总产量为597万吨。

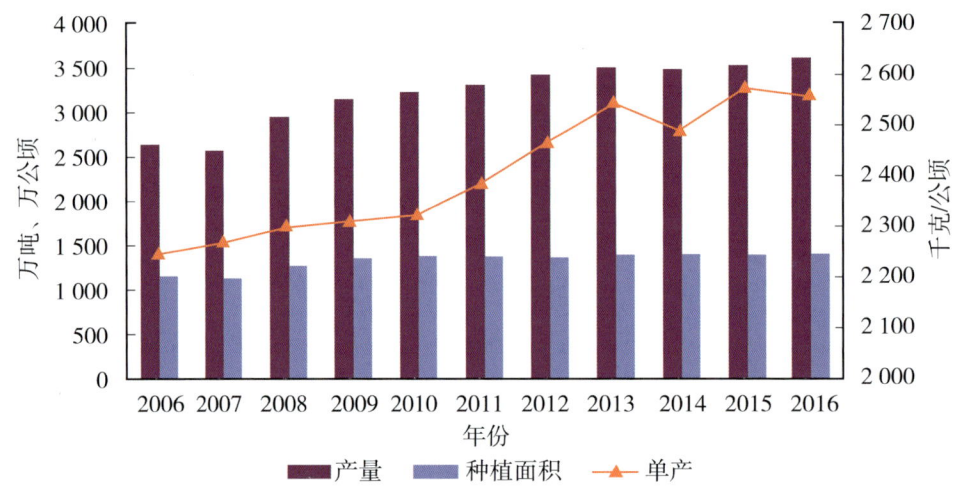

图3-7　2006—2016年中国油料（不含大豆）种植面积、单产及产量

数据来源：2006—2015年数据来自《中国统计年鉴》，2016年数据为估计数

食用植物油供给依然充裕。2016年国产食用油籽压榨量约3 969万吨，产油961万吨，与上年相比减少4.2%；进口食用油籽主要用于榨油，压榨量约8 749万吨，榨油1 495万吨，占2016年食用植物油新增供给量[①]的49.6%，与上年相比增加2万吨；临储菜籽油累计拍卖398万吨，成交337万吨，成交率85%，有效增加食用植物油供给量。从新增食用植物油构成来看，2016年中国压榨豆油、菜籽油、花生油产量分别占食用植物油新增供给的47.1%、18.6%和10.5%，合计达76.3%。

---

① 食用植物油新增加供给量包括国产食用油籽榨油、进口食用油籽榨油和直接进口食用植物油

3 930万吨，较基期增10.8%，其中油菜籽、花生产量分别达到1 135万吨和2 075万吨，较基期分别减19.8%和增23.7%。预计2026年国产油料压榨食用植物油将达1 037万吨，较基期增加35.8万吨，增幅3.6%。

2.2.3 消费展望

食用油籽消费总体稳中略升，品种间有差异。未来10年，受人口增加、城镇化进程加快及人民收入水平提高等因素影响，中国食用油籽及植物油消费将呈稳中略增态势。预计2017年国内三大主要食用油籽（大豆、油菜籽和花生）消费量（不含进口油脂折算成食用油籽，下同）为1.3亿吨，与上年相比增加3.0%，其中，大豆、油菜籽、花生消费将分别达到1亿吨、1 633万吨和1 772万吨，与上年相比分别增加3.9%、增加1.3%和减少0.9%；2020年食用油籽消费量有望达到1.5亿吨，其中，大豆、油菜籽、花生消费量分别为1.08亿吨、1 557万吨、1 890万吨；2026年食用油籽消费量预计为1.69亿吨左右，较基期增加20.46%，其中，大豆、油菜籽和花生的消费量分别达到1.1亿吨、1 685万吨和2 090万吨，较基期分别增加26.5%、减少9.0%、增加23.0%，未来10年年均增长率分别为1.9%、-0.8%、1.9%。

食用植物油消费增速放缓。受居民健康饮食观念影响，未来食用植物油消费增速将会放缓。预计2017年食用植物油人均年消费量与上年相比增加0.36%左右；2026年食用植物油人均年消费量预计达23.7千克/人，较2016年增加4.2%；2026年食用植物油消费预计达到3 400万吨左右，较2016年增加7.2%，年均增速为0.7%。随着食用植物油消费多元化、个性化、绿色化发展，中国食用植物油消费结构逐步升级。2016年，临储菜籽油低价拍卖，棕榈油价格高企，菜籽油挤占豆油、棕榈油市场份额明显，中国食用植物油消费中，豆油、菜籽油、花生油和棕榈油分别约占43.7%、31.9%、9.5%和8.9%。未来随着人们对消费品质要求的提高，以及国家进一步严格执行食用植物油质量标准，棕榈油作为餐饮业和工业用油的掺兑油品，比重将有所下降；花生油因具有特殊香味和特定消费群体，消费比重将稳中略增；玉米油受国内玉米深加工能力不断增强推动，产量不断增加，再加上其作为"健康油"宣传力度加大，消费预计将逐渐增加；豆油则将继续作为食用植物油消费的最大品种。预计2026年，中国食用植物油消费中，豆油、菜籽油、花生油和棕榈油所占比重分别为50.3%、21.1%、12.3%、6.1%。

2.2.4 贸易展望

过去10年，因产不足需，中国食用油籽进口量一直稳居全球最高水平。未来10年，随着油料作物收储政策调整和价格形成机制进一步完善，中国与国际油料市场价差将显著缩小。短期内，受作物种植比较效益低下影响，国内油料产需缺口仍较突出，需要从国际市场进口食用油籽和植物油填补产需缺口，但受种植业结构性调整工作逐步推进，玉米播种面积减少，油料播种面积有望增多，缺口扩展速度放缓。中长期来看，尽管随着中国油料作物品种改良、机械化水平提升、单产生产成本下降，油料作物综合生产效率以及竞争力将不同程度提高，但受资源约束、油菜产能恢复缓慢以及关联产业如养殖畜牧业对蛋白粕产品的需求，中国油料进口量仍将呈小幅增加趋势，但增速将逐渐放缓，食用植物油直接进口逐渐减少。

未来10年，预计大豆、油菜籽的进口量年均增速将逐渐降低，2017年食用油籽仍保持较大规模进口量，其中大豆进口8 500余万吨，油菜籽进口约420万吨；2020年，食用油籽进口9 600多万吨，其中大豆、油菜籽进口量分别为9 100余万吨、450万吨；2026年食用油籽进口10 100余万吨，其中大豆、油菜籽进口量有望达到9 600万吨和550万吨，中国仍将保持食用油籽高度依赖进口的态势，但因食用油籽进口增幅小于国内产量增幅，国产自给率稳中有升。食用植物油方面，2017年进口预计为600万吨左右，2026年将降至470万吨左右。

2.2.5 价格展望

未来10年，随着中国油料市场价格政策的逐渐完善，国内外市场联动性将进一步增强，预计国内油料价格波动性增强，食用植物油价格将进一步跟随国际价格震荡运行。

油菜籽价格。2017年，国内秋冬油菜播种面积继续减少，但全球油菜籽增产预期明显，再加上2016年10月以来的临储菜油拍卖量被市场完全消化还需要一段时间，预计油菜籽价格与上年相比略涨，但涨幅有限。展望期内，随着中国油料市场价格机制进一步完善，国产油菜籽受国内产量和国际市场价格的影响将加大，但因国产油菜籽是非转基因，且在色泽和香味上与国际油菜籽有差异，有望走出国门，形成国内、国外两个市场的格局。

花生价格。中国是花生的重要生产国和出口国，自2010年启动花生种植补贴试点后，花生价格保持震荡上行态势。2017年，国内需求稳定，市场价格预期平稳运行。未来10年，中国花生价格将在成本的推动下呈现小幅走高趋势。

2.3 不确定性分析

未来10年，国际和国内的一些不确定因素将对中国油料供需造成影响，主要包括气候条件、主产国政策变动、生物柴油发展等。

2.3.1 气候条件

气候变化会对中国及全球油料产量产生明显影响。如中国近年来倒春寒、多雨寡照等天气频繁发生，会对油料产量与后期市场价格走势造成一定影响。同时，中国作为食用油籽进口大国,国际市场油料供需和价格变动将直接影响中国油料油脂市场的稳定。未来全球气候变化特别是油料主产国的气候变化、极端天气的发生频率,都将给中国油料市场与贸易带来不确定性影响。

2.3.2 世界主产国政策

中国是全球油料贸易的最大进口国,未来世界油料主产国政策的变动是重要的不确定性因素。国内方面,大豆目标价格政策调整和重要农产品生产保护区划定进展都将对生产和进出口贸易带来重大影响;国际方面,美国、巴西、阿根廷等大豆主产国的生产及贸易的政策变化都将通过国际市场传导影响中国市场。如棕榈油,中国消费全部依赖国际进口,棕榈油主产国马来西亚、印度尼西亚的出口关税近年来调整频繁,未来的政策走向会对中国棕榈油市场带来未知因素。

2.3.3 其他不确定因素

随着全球环保意识增强,美国、欧盟成员国、印度尼西亚、马来西亚、巴西和阿根廷等国家先后启动对生物柴油的研发。2016年国际原油市场复苏,增强了美国、欧盟成员国、马来西亚等国家和地区推广生物柴油开发的积极性,将会影响到中国油料进口贸易,但未来原油价格走势不明朗,生物柴油开发利用程度较难预计。

参考文献

[1] 中华人民共和国中央人民政府. 国务院关于扩大对外开放积极利用外资若干措施的通知［EB/OL］.（2017-01-17）［2017-03-08］.http://www.gov.cn/zhengce/content/2017-01/17/content_5160624.htm.

[2] 网易. 调查称"全面放开二孩"不会新增9000万人口［EB/OL］.（2014-12-16）［2017-03-08］.http://news.163.com/14/1216/18/ADJUJK1J00014SEH.html.

[3] 中华人民共和国中央人民政府. 中共中央 国务院关于深入推进农业供给侧结构性改革加快培育农业农村发展新动能的若干意见［EB/OL］.（2017-02-05）［2017-03-08］.http://www.gov.cn/zhengce/2017-02-05/content_5165626.htm.

[4] 中华人民共和国中央人民政府. 国务院关于印发全国农业现代化规划（2016—2020年）的通知［EB/OL］.（2016-10-20）［2017-03-08］.http://www.gov.cn/zhengce/content/2016-10/20/content_5122217.htm.

[5] 中华人民共和国农业部. 农业部关于推进农业供给侧结构性改革的实施意见［EB/OL］.（2017-02-06）［2017-03-08］.http://www.moa.gov.cn/zwllm/zcfg/nybgz/201702/t20170206_5468139.htm.

[6] 中华人民共和国农业部. 农业部关于促进大豆生产发展的指导意见［EB/OL］.（2016-04-05）［2017-03-08］.http://www.moa.gov.cn/govpublic/ZZYGLS/201604/t20160412_5091357.htm.

[7] 徐雪高，张振．大豆目标价格补贴的政策演进与效果评价［J］．经济纵横，2016（10）：81-87．

[8] 赵红雷．中国大豆产业发展面临的主要问题与抉择［J］．世界农业，2016（11）：219-224．

[9] 邸娜．开放条件下中国大豆种子产业安全状况评估［J］．中国农业资源与区划，2016（2）：199-203，209．

[10] 郭天宝，李根，王云凤．中国大豆主产区利益补偿机制研究［J］．农业经济问题，2016（1）：26-34，110．

[11] 中华人民共和国中央人民政府．国务院办公厅关于印发中国食物与营养发展纲要（2014—2020年）的通知［EB/OL］.（2014-02-10）［2017-03-08］.http://www.gov.cn/zwgk/2014-02/10/content_2581766.htm．

[12] 中国营养学会．中国居民膳食指南（2016）［M］.北京：人民卫生出版社，2016．

[13] 中华人民共和国中央人民政府．国务院关于印发全国农业现代化规划（2016—2020年）的通知［EB/OL］.（2016-10-20）［2017-03-08］.http://www.gov.cn/zhengce/content/2016-10/20/content_5122217.htm．

[14] 中华人民共和国中央人民政府．国务院关于印发全国国土规划纲要（2016—2030年）的通知［EB/OL］.（2017-02-04）［2017-03-08］.http://www.gov.cn/zhengce/content/2017-02/04/content_5165309.htm．

[15] 国家统计局．2016年国民经济和社会发展统计公报［R］.2017．

第四章

棉　花

中国是世界上最大的棉花消费国，也是世界上重要的棉花生产国和贸易国。2014年棉花目标价格改革试点以来，中国棉花生产格局深度调整。据农业部全产业链信息分析预警团队棉花供需形势分析组估计，2016年，中国棉花种植面积4 650万亩（310万公顷），产量为472万吨，消费量为754万吨，进口量为90万吨。展望未来10年，中国棉花生产将有所恢复，棉花品质将在市场机制作用下进一步提升，棉花消费稳中略降，棉花进口先增后稳，库存水平更加合理。预计2017年中国棉花产量、消费量和进口量分别为490万吨、755万吨和100万吨，分别比2016年增加4.9%、0.1%和11.5%；2020年分别为498万吨、745万吨和240万吨，分别比2016年增加5.4%、减少1.2%和增加167.6%，库存降至合理水平；2026年分别为495万吨、730万吨和235万吨，分别比2016年增加4.9%、减少3.2%和增加162.0%。

1 2016年市场形势回顾

1.1 种植面积和产量下降

受2015年棉价低迷、新疆[①]棉区极端自然灾害影响，2016年中国棉花播种面积继续下滑。据农业部全产业链信息分析预警团队棉花供需形势分析评估组组织业内专家会商判断，2016年中国棉花播种面积4 650万亩（310万公顷），与上年相比减少250万亩（17万公顷），下降5.1%；棉花产量472万吨，与上年相比减少21万吨，下降4.3%；全国棉花平均单产101.5千克/亩（1523千克/公顷），与上年相比增加0.8千克/亩（12千克/公顷），提高了0.9%。

分区域看，2016年新疆在目标价格补贴试点政策的支持下，棉花种植面积下滑趋势放缓，同时由于未出现严重的大风、寒潮等气象条件，新疆棉花单产提高，总产量稳中略增。而黄河流域棉区植棉面积继续调减，长江流域棉区受洪涝、高温天气影响，面积、产量均下滑，整个内地棉区棉花总产量降至较低水平。

棉花品质提升。据中国纤维检验局数据，截至2016年12月31日，2016年已公检皮棉平均绒长29.04毫米，马值B级以上占79.8%，平均断裂比强度为27.93，整齐度中等级以上占99.5%，白棉3级以上占91.0%，棉花品质较2015年明显改善。

1.2 棉花消费低迷

2016年，中国纺织品服装消费持续低迷，纺织品服装出口连续3年下降。据国家统计局数据，2016年中国累计纺纱量4 039.5万吨，与上年相比增加3.5%。但2016年中国纺织品服装出口继续下滑。据中国海关数据，2016年中国纺织品服装出口额为2 672.5亿美元，与上年相比减少5.9%。

---

① 新疆为新疆维吾尔自治区的简称，全书同

2016年，国内外棉价趋同，中国棉纱加工企业开工率提高，使得对国外棉纱进口需求减少。2016年，中国棉纱进口197.2万吨，与上年相比减15.9%。中国的棉纱进口主要以巴基斯坦低支纱以及越南、印度、印度尼西亚等中高支纱为主（图4-1）。近年来，大批中国企业在越南投资纱厂，中国从越南进口棉纱持续增长，目前越南为中国棉纱最大进口来源国，2016年全年进口62.5万吨，与上年相比增长24.3%，占中国棉纱进口总量的31.7%。2016年中国从印度进口棉纱41.6万吨，与上年相比下滑40.8%，占进口总量的21.1%；从巴基斯坦进口棉纱38.9万吨，与上年相比下滑28.1%。

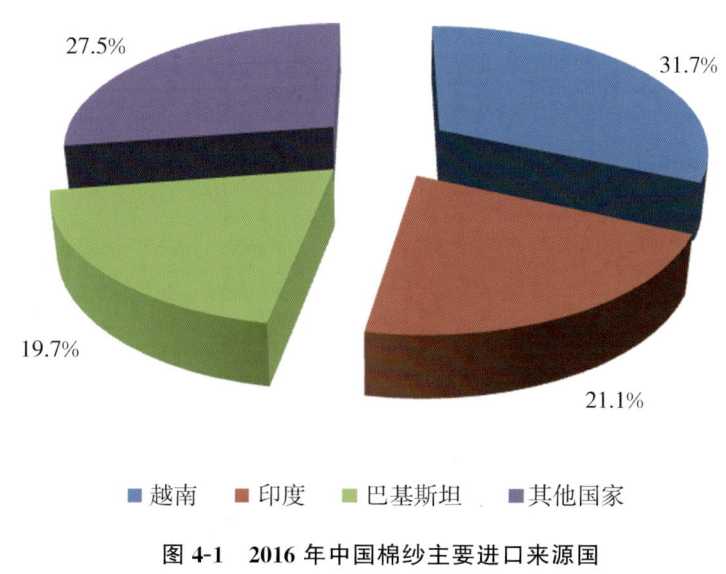

图4-1　2016年中国棉纱主要进口来源国

数据来源：中国海关

1.3　棉花价格先跌后涨，快速上行

2016年，中国棉花价格先跌后涨。2016年年初，国内与国际经济形势继续低迷，社会消费品零售总额、规模以上工业增加值、发电量等指标同比增速均放缓。市场预计中国储备棉4月下旬投放，投放价格预期与国际棉价接轨，加工企业降价销售皮棉以降低库存、减少损失，但下游市场需求不旺，棉花纺织企业观望态度明显，坚持随用随买，市场成交清淡，棉花价格持续下行。1—3月，中国3128B级棉花月均价从12 645元/吨跌至11 884元/吨。4月起，中国皮棉现货供应偏紧，而中国储备棉出库较预期延迟，郑棉期货出现强势上涨，受此影响，中国棉价结束近两年的连续下跌开始反弹。尤其是中国储备棉投放开始后，日投放量持续偏低，调动了纺织企业和贸易商的竞拍积极性，推动皮棉价格持续上涨。此后国家延长抛储时间，国内皮棉价格上涨趋势得以缓解。但由于2016年新疆棉花上市较上年偏晚，棉花公检进度偏慢，出库也较上年推迟。11月是新疆煤、瓜果等产品

出疆高峰期，铁路、公路运力有限，出疆棉公路运输费用上涨。纺织企业工业库存水平偏低，新疆棉花采购意向提高，国内棉花价格继续上涨。12月3128B级棉花月均价达到15 893元/吨，较3月上涨了33.7%，同比上涨22.9%。

1.4 国内外棉价趋同联动趋势明显

自2014年4月国内棉花价格进入下降通道以来，国内外价差总体呈缩小趋势。2015年1月起进口棉价格指数（FC Index）M级（相当于国内3128B级棉花）滑准税后到岸价高于国内棉价；2016年4月进口棉价格指数M级1%关税税后到岸价每吨仅比国内棉价低282元，为2011年9月国际棉价低于国内棉价以来的最小价差，中国棉花竞争力提高；但5月起，中国棉价持续上涨，且涨幅高于国际棉价，导致国内外棉价差再次拉大；至12月，进口棉价格指数M级1%关税下折到岸税后价每吨13 983元，比国内价格低1 910元/吨，滑准税下折到岸税后价每吨15 316元，比国内价格低577元/吨（图4-2）。

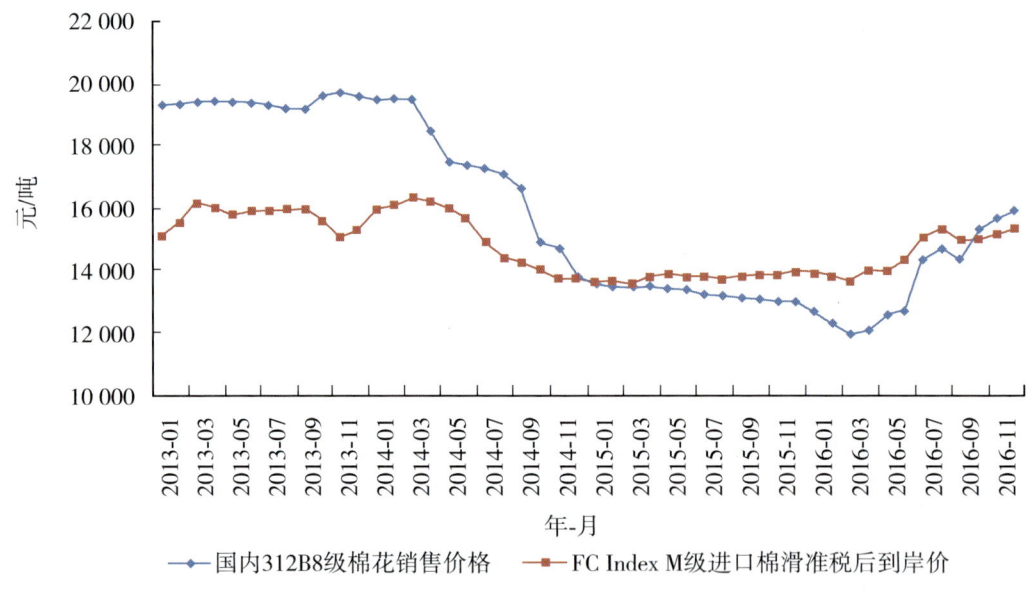

图 4-2　2013—2016年国内外棉花价格走势

数据来源：中国棉花信息网

1.5 棉花进口降至低位

由于国内外棉花价差总体缩小，2016年中国棉花进口量大幅减少。据中国海关统计，2016年，中国累计进口棉花89.7万吨，与上年相比减少39.1%（图4-3）。其中，美国、澳大利亚、印度、乌兹别克斯坦和巴西是中国主要的棉花进口来源国，其进口量分别占进口总量的29.4%、24.4%、13.2%、10.4%和

8.9%。棉花进口方式主要以进料加工贸易、特殊监管区域物流货物、一般贸易和保税监管场所进出境货物为主,分别占 39.4%、27.1%、19.1%和 14.5%。

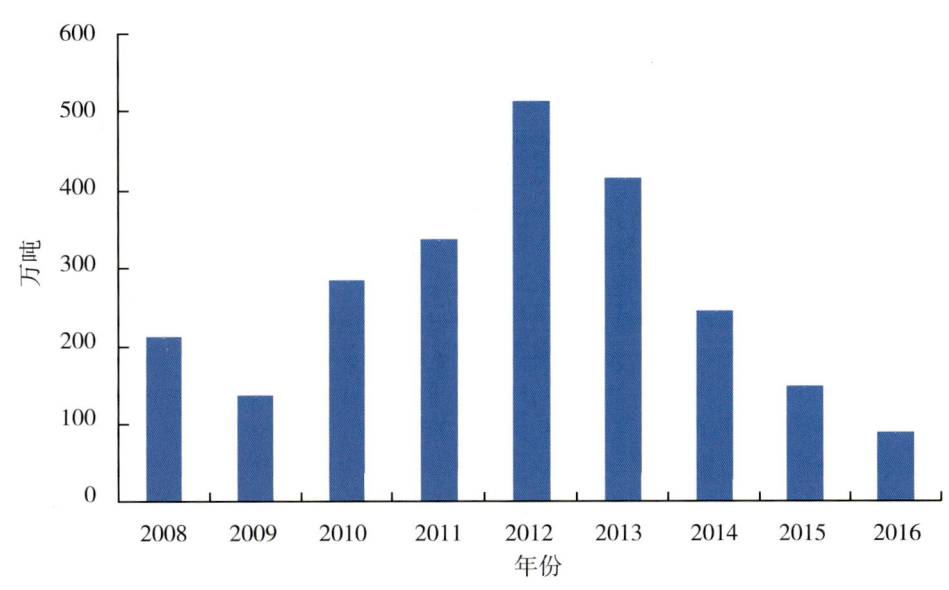

图 4-3　2008—2016 年中国棉花进口量

数据来源:中国海关

1.6　中国储备棉投放成交比例高

2016 年中国储备棉投放从 5 月 3 日起正式启动,由于市场现货资源较少,交易踊跃,成交率较高,受数量不足和现货价格上涨影响,中国储备棉抛售价格呈快速上涨趋势。8 月 8 日,国家发布关于延长 2015/16 年度中国储备棉轮出销售时间的公告,储备棉轮出销售截止时间延长 1 个月,至 9 月 30 日结束,且轮出总量不限于 200 万吨,此后中国储备棉竞拍价格有所下滑。截至 2016 年 9 月 30 日,2016 年中国储备棉投放结束,累计计划出库 300.4 万吨,实际成交 265.9 万吨,成交率为 88.5%,其中,国产棉累计成交 236.3 万吨,成交率为 87.5%;进口棉累计成交 29.6 万吨,成交率为 98.2%。竞拍以纺织企业为主,纺织企业实际成交比例达到 58%,非纺织企业实际成交比例为 42%。

2　未来 10 年市场走势判断

2.1　总体判断

中国棉花生产面积将先增后稳。预计 2017 年中国棉花播种面积为 4 850 万亩(323 万公顷),较 2016 年增长 4.3%;2020 年为 4 960 万亩(331 万公顷),较 2016

年增长 6.7%；2026 年为 4 950 万亩（330 万公顷），较 2016 年增长 6.5%。

中国棉花单产将稳中略降。预计 2017 年中国棉花单产将达 101.0 千克/亩（1 515 千克/公顷），较 2016 年下降 0.5%；2020 年为 100.3 千克/亩（1 505 千克/公顷），较 2016 年下降 1.2%；2026 年为 100.1 千克/亩（1 501 千克/公顷），较 2016 年下降 1.4%。

中国棉花总产量基本稳定。预计 2017 年中国棉花产量为 490 万吨，较 2016 年提高 3.8%；2020 年为 498 万吨，较 2016 年提高 5.4%；2026 年为 495 万吨，较 2016 年提高 4.9%。

中国棉花消费量将稳中略降。预计 2017 年中国棉花消费量为 755 万吨，与 2016 年基本持平；2020 年为 745 万吨，较 2016 年下降 1.2%；2026 年为 730 万吨，较 2016 年下滑 3.2%。

中国棉花进口量将呈先增后稳态势。预计 2017 年中国棉花进口量为 100 万吨，较 2016 年增长 11.5%；2020 年为 240 万吨，较 2016 年增加 167.6%；2026 年为 235 万吨，较 2016 年增长 162.0%。

中国棉花价格将与国际同步波动，将主要由供求关系决定并与国际市场同步波动。全球棉花价格经历了较长时间的低迷期，未来中期价格有望逐步回升，长期相对稳定。

2.2 生产展望

展望期间，中国棉花生产面积将先增后稳。由于棉价持续下行，棉农种植比较收益下滑，2014 年以来中国棉花播种面积连续 3 年快速下滑，新疆棉区植棉面积在政策支撑下趋于稳定，内地棉区植棉面积在失去政策支持后降至低点。随着 2016 年棉花市场价格上行，植棉收益水平提高，棉农植棉意愿增强。2017 年中央一号文件明确提出棉花目标价格政策将进一步调整完善，新疆棉区 2017—2019 年补贴政策明确，对增强棉农信心作用明显。同时，玉米支持政策的改革与油菜籽临时收储政策的退出，使内地棉区棉花替代作物的种植比较效益大幅下滑，将推进内地棉区的种植结构调整。基于棉花全产业链信息分析预警团队的种植意向调查，并参考中国棉花协会等主要机构的调查信息，判断 2017 年棉花生产规模将有所恢复。预计 2017 年中国棉花播种面积为 4 850 万亩（323 万公顷），较 2016 年增长 4.3%；2020 年为 4 960 万亩（331 万公顷），较 2016 年增长 6.7%；2026 年为 4 950 万亩（330 万公顷），较 2016 年增长 6.5%（图 4-4）。

中国棉花单产将稳中略降，品质将有所提升。中国棉花单产已经处于世界较高水平，2016 年达到 101.5 千克/亩（1 523 千克/公顷）。随着棉花供给侧结构性改革的推进，市场对品质的要求逐渐加强，近年来过度追求高衣分的现象有所改变，品种选育将向绒长、强度等纺织企业关注的品质方面转移，将影响棉花单产提升，但棉花品质将在市场引导下改善。预计 2017 年中国棉花单产 101.0 千克/亩（1 515 千克/公顷），较

2016 年下降 0.5%；2020 年为 100.3 千克/亩（1 505 千克/公顷），较 2016 年下降 1.2%；2026 年为 100.1 千克/亩（1 501 千克/公顷），较 2016 年下降 1.4%（图 4-4）。

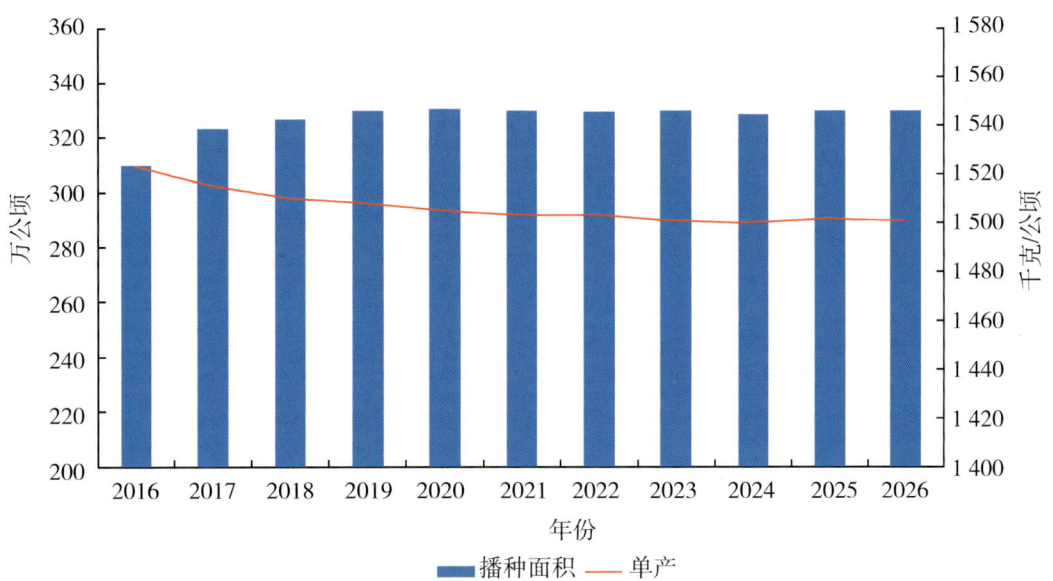

图 4-4　2016—2026 年中国棉花播种面积与单产

数据来源：2017—2026 年数据为中国农业科学院农业信息研究所 CAMES 预测

中国棉花产量基本稳定。预计 2017 年中国棉花产量为 490 万吨，较 2016 年提高 3.8%；2020 年为 498 万吨，较 2016 年提高 5.4%；2026 年为 495 万吨，较 2016 年提高 4.9%（图 4-5）。

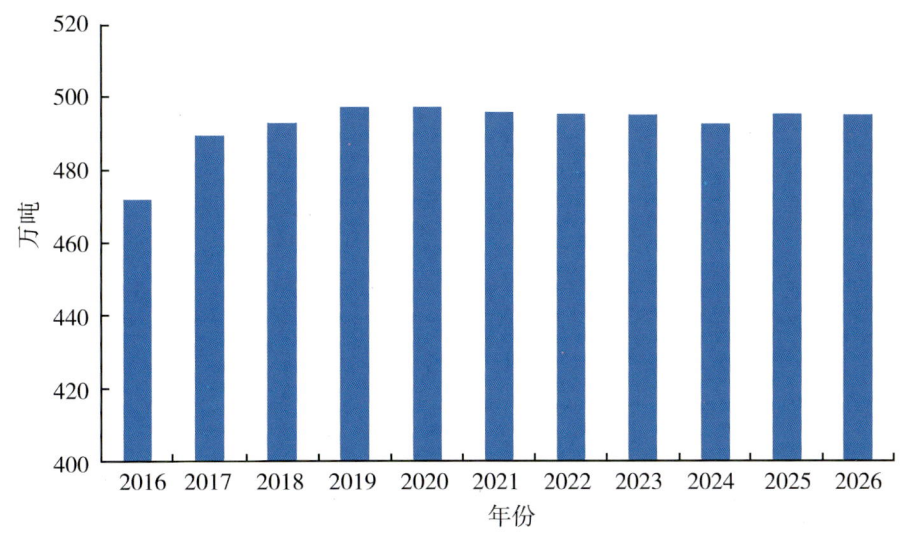

图 4-5　2016—2026 年中国棉花产量

数据来源：2017—2026 年数据为中国农业科学院农业信息研究所 CAMES 预测

中国棉花生产向新疆产区集中的过程基本完成。受政策调整和市场走势影响，新疆棉区的植棉面积占中国棉花种植面积的比重快速提高。但随着2016年以来国内棉价上涨，长江、黄河流域棉区的植棉面积有望反弹。

2016年中国棉花去库存进展顺利，2017年中国储备棉投放政策明朗，中国棉花结余量将继续大幅下降。但受到中国储备棉品质等级、年度结构等因素影响，棉花去库存进度将放缓。预计2019年年末，中国棉花库存结余下降将超过400万吨，库存水平将回归正常。中国储备棉有进有出，成为政府调节棉花市场的重要手段。

2.3 消费展望

展望期间，随着人口数量的增长和城镇化水平的提高，国内棉纺产业发展存在需求支撑，在国内外市场联动的环境下，纺织企业的原料采购成本更为可控，利于棉纺产业发展。但随着劳动力成本进一步上升，纺织品服装出口竞争力下滑，棉纱进口对国内棉花消费产生替代，以及纺织行业整体向外转移的趋势不可避免，长期看中国棉花消费将会呈波动下降趋势。预计2017年中国棉花消费量为755万吨，与2016年基本持平；2020年为745万吨，较2016年下降1.2%；2026年为730万吨，较2016年下滑3.2%（图4-6）。

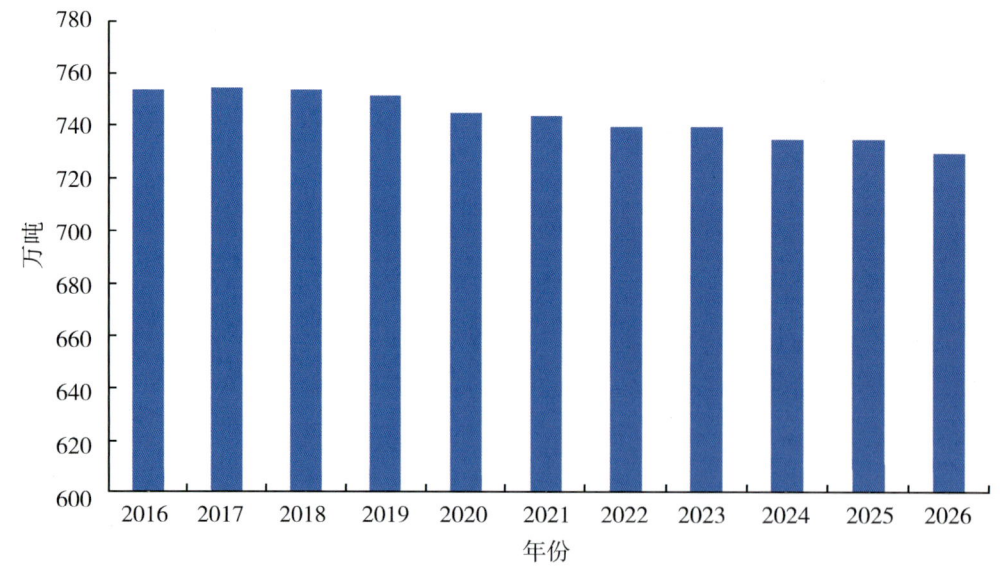

图4-6　2016—2026年中国棉花消费量

数据来源：2017—2026年数据为中国农业科学院农业信息研究所CAMES预测

中国纺织品出口增长受限。受国内生产成本提高和印度、巴基斯坦、印度尼西亚等国以及北非一些国家和地区竞争的影响，未来中国纺织品服装出口可能继续缓慢下滑。此外，化纤产品的技术升级将增强对棉花消费的替代，可能将在一定程度上压缩棉花消费。

2.4 贸易展望

展望期间,中国棉花进口量将呈先增后稳态势。中国棉花年度产需缺口仍然较大,在未来 2~3 年中国国储棉数量降至正常水平后,预计进口将成为中国棉花年度供需缺口的重要补充渠道。但由于棉纱进口的替代效应,预计棉花进口量不会有过多增长。预计 2017 年中国棉花进口量为 100 万吨,较 2016 年增长 11.5%;2020 年为 240 万吨,较 2016 年增加 167.6%;2026 年为 235 万吨,较 2016 年增长 162.0%(图 4-7)。

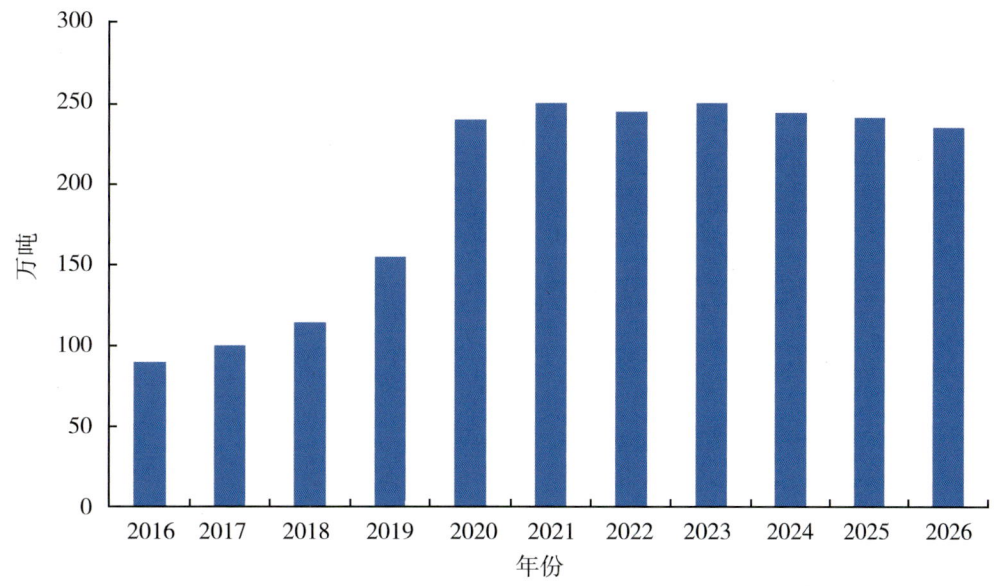

图 4-7　2016—2026 年中国棉花进口量

数据来源:2017—2026 年数据为中国农业科学院农业信息研究所 CAMES 预测

从进口来源看,高等级棉花仍然是进口的重点,因此,中短期内,美国、澳大利亚将是中国最重要的进口来源国。随着印度棉花产业政策的完善、亚非其他国家棉花生产能力的提高,来自印度、乌兹别克斯坦、巴西以及非洲一些国家的棉花进口也将有所增长。

展望期间,中国棉花出口规模不会有明显改观,出口目的地仍然以亚洲周边国家和地区为主。

2.5 价格展望

展望期间,中国棉花价格预计将呈窄幅波动走势。中国实行棉花目标价格补贴改革后,棉花价格受国际市场影响较大。短期来看,在中国消化国内储备棉期间，国内棉花价格受政府抛储机制的影响较大。从长期来看，随着市场化进程推进，中国棉花价格将进一步与国际接轨，将主要由供求关系决定并与国际市场同步波动。全球棉花价格经历了较长时间的低迷期，未来中期价格有望逐步回升，长期相对稳定。

3 不确定性分析

3.1 政策调整因素

棉花补贴政策的调整将对中国棉花产业发展产生较大影响。2017年起新疆深化棉花目标价格改革的通知已经发布，但内地棉区补贴方案尚未出台。内地省份棉花生产支持政策的调整将极大影响长江流域、黄河流域两大棉区的植棉面积。

中国储备棉投放政策的调整将对中国棉花市场价格产生重大影响。2016年中国储备棉投放政策的改革极大提高了成交比例，调动了企业参与竞拍的积极性，激发了市场活力。在国内库存水平仍然偏高的情况下，中国储备棉的大量投放仍将持续2~3个年度。中国储备棉库存降低后，中国储备棉管理将由大量轮出转为轮入轮出的常态化，政策调整届时可能会对国内棉花价格再次产生冲击。

3.2 技术因素

机采棉技术的应用和普及进程将影响中国棉花产业的整体发展。随着人工成本的上升，机采棉对手采棉的替代本应逐渐加快。但由于棉花价格波动较大，土地租金变化影响新型经营主体投资积极性，新疆棉区的规模化经营在兵团范围推进较为顺利，但新疆地方棉区和内地棉区的机收覆盖程度仍然不高。机采棉推广的速度和范围将对未来中国棉花产业布局产生重要影响。

化纤技术的改进和消费习惯的转变将对棉花消费产生不确定影响。过去几年，化纤技术不断进步，消费者对化纤的接受逐步增强，并且在较低的能源价格支持下，涤纶短纤、黏胶短纤等产品对棉花的替代明显，用棉比由2010年的60%以上降至2016年的36%左右，化纤的替代仍将持续存在，但能源价格的变动与消费习惯的变化使得替代的不确定性增大。

3.3 气象因素

气象因素的不确定性将对棉花供给产生重要影响。2016年，新疆主要棉区天气条件较好，对产量形成提供了重要保障，但内地长江流域遭遇了持续的强降雨影响，产量大幅下滑。随着新疆成为中国棉花生产的核心区域，新疆棉花关键生长期的大风、寒潮、冰雹、高温等天气状况均可能影响棉花产量与品质，自然灾害对中国棉花产量的影响将更为明显，生产波动的概率提高，产业的稳定性值得担忧。

参考文献

[1] 农业部市场预警专家委员会. 中国农业展望报告（2016—2025）[M]. 北京：中国农业科学技术出版社，2016.

[2] 李想，李志伟. 2016年上半年棉花市场形势及展望[J]. 农业展望，2016（6）：8-11.

[3] 李想，郭新宇. 2016年中国棉花市场形势回顾及2017年展望[J]. 农业展望，2016（12）：4-7.

[4] 张杰，杜珉. 新疆棉花目标价格补贴实施效果调查研究[J]. 农业经济问题，2016（2）：9-16.

[5] 喻树迅，范术丽，王寒涛，等. 中国棉花高产育种研究进展[J]. 中国农业科学，2016，49（18）：3465-3476.

[6] 袁祥州，齐皓天，程国强. 美国2014年农业法案对棉花安全网的调整与影响分析[J]. 农村经济，2016（3）：123-129.

[7] 蒋黎. 完善农产品目标价格改革的思考与建议[J]. 价格理论与实践，2016（2）：73-76.

第五章

糖 料

食糖是重要的工业原料和必需的生活用品,其主要原料是甘蔗和甜菜。作为世界上少数既种植甘蔗又种植甜菜的国家之一,中国的食糖产量、消费量、进口量均居世界前列,在国际食糖市场中的地位十分重要。2016年,中国食糖产量870万吨,与上年相比减少17.6%;消费量1 520万吨,与上年相比增加0.7%;进口373万吨,与上年相比减少22.5%。展望未来10年,中国食糖产量稳中略增,消费量持续增加,进口量不断扩大,价格仍保持大幅波动的特性。预计2017年,中国食糖产量925万吨,与上年相比上涨6.3%;消费量1 500万吨,与上年相比下跌1.3%;进口量350万吨,与上年相比下跌6.2%;国内食糖价格继续回升。预计2020年食糖产量1 062万吨,消费量1 577万吨,进口量478万吨;2026年食糖产量1 153万吨,消费量1 847万吨,进口量804万吨,分别比2016年增长32.5%、21.5%、115.5%。

1 2016年市场形势回顾

1.1 食糖连续两年减产

受前期糖料收购价格低迷、种植成本上升、比较收益下滑等因素影响,糖农种植意愿下降,导致2016年中国糖料种植面积与食糖产量连续第二年下滑。根据中国糖业协会数据,2016年中国糖料种植面积2 135万亩(142万公顷),与上年相比减少234万亩(16万公顷),减幅9.9%,其中,甘蔗种植面积1 943万亩(130万公顷),与上年相比减少243万亩(16万公顷),减幅11.1%;甜菜种植面积192万亩(13万公顷),与上年相比增加9万亩(0.6万公顷),增幅4.9%。食糖产量870万吨,与上年相比减少186万吨,减幅17.6%,其中,甘蔗糖产量785万吨,与上年相比减少197万吨,减幅20.1%;甜菜糖产量85万吨,与上年相比增加11万吨,增幅14.9%。虽然甜菜种植面积和甜菜糖产量增幅较大,但由于其在中国糖料产业结构中的比重较小,因此,难以改变中国糖料种植总面积和食糖总产量双下滑的趋势。从全国主产区来看,广西[①]、云南、广东、海南等甘蔗糖主产区均出现较大幅度减产,减幅分别为19.4%、17.2%、21%、46.5%;甜菜糖主产区中,新疆食糖产量基本稳定,内蒙古食糖产量增幅较大,达到60.5%,黑龙江则大幅萎缩。

1.2 食糖消费同比略涨

与大幅下降的食糖产量相比,中国食糖消费仍然保持稳步增长势头,2016年中国食糖消费量1 520万吨,与上年相比增长10万吨,增幅0.7%。在消费总量增

---

① 广西为广西壮族自治区的简称,全书同

加的同时增速放缓，与2015年相比食糖消费增长速度降低了1.3个百分点，主要是由于食糖价格在2016年快速上涨，与淀粉糖等替代品相比市场竞争力减弱，对食糖消费产生了抑制作用。从消费结构来看，仍以工业消费为主，工业消费量927万吨，与上年相比减少39万吨，减幅4%；民用消费593万吨，与上年相比增加49万吨，增幅9%。可见，价格对食糖消费的抑制作用主要体现在工业消费领域，对民用消费的影响较小。

1.3 国内食糖价格大幅上涨

受国内外食糖供需形势影响，2016年，中国食糖价格大幅上涨，月度均价最低每吨5 087元，最高每吨6 019元，全年均价每吨5 457元，与上年相比每吨涨580元，涨幅11.9%（图5-1）。受糖价上涨影响，国内制糖行业效益好转，根据中国糖业协会统计，2016年中国制糖行业销售收入519.9亿元，实现利税总额42.2亿元，其中利润9.1亿元，同比减亏27.8亿元，实现扭亏为盈。

图5-1 2011—2016年国内外食糖价格比较

数据来源：农业部糖料市场预警小组监测数据

注：2013年9月之前国际食糖价格为泰国进口糖到岸税后价，之后为巴西进口糖到岸税后价

1.4 食糖进口大幅下滑

2016年，中国食糖进口规模大幅缩小。由于全球食糖市场产不足需，拉动国际糖价大幅上升，国内外价差缩小，2016年，进口配额内15%关税的巴西食糖到岸税后价平均每吨4 268元，与上年相比每吨涨708元，涨幅19.9%，比国内糖价每吨低1 189元，价差与上年相比每吨减少129元；进口配额外50%关税的巴西食糖到岸税后价平均每吨5 434元，与上年相比每吨上涨990元，涨幅22.3%，比国

内糖价每吨低 23 元，价差与上年相比每吨减少 410 元（图 5-1）。2016 年配额外进口食糖到岸税后价与国内糖价基本持平，配额外食糖进口已基本无利可图。在此背景下，2016 年国内食糖进口大幅减少至 373 万吨，与上年相比减少 108 万吨，减幅 22.5%。

2 未来 10 年市场走势判断

2.1 总体判断

产量稳中略增。短期来看，食糖价格上升扭转了糖料种植面积下滑的趋势，出糖率有所提升，预计 2017 年中国糖料种植面积和食糖产量分别为 135 万公顷、925 万吨，面积与上年相比小幅缩减，产量与上年相比增加 6.3%。长期来看，中国糖料作物种植面积有望保持基本稳定，栽培技术的进步和基础设施条件的改善助力单产提升，中国食糖产量实现小幅增长，预计 2020 年食糖产量 1 062 万吨，较 2016 年增长 22.1%；2026 年为 1 153 万吨，较 2016 年增长 32.5%。

消费量总体趋增。短期来看，食糖价格的快速回升及淀粉糖等替代品价格的低位运行，对食糖消费产生抑制作用。预计 2017 年中国食糖消费 1 500 万吨，与上年相比略减 1.3%。长期来看，人口继续增长、城镇化加快推进以及经济发展水平的不断提升将拉动食糖消费。预计 2020 年食糖消费量 1 577 万吨，较 2016 年增加 3.8%；2026 年为 1 847 万吨，较 2016 年增加 21.5%。

食糖进口持续增长。短期来看，受国际食糖产不足需、国内外价差缩小、食糖储备充足等因素影响，2017 年中国食糖进口规模将保持基本稳定，预计进口量 350 万吨。长期来看，由于中国食糖产需缺口和国内外食糖价差仍将持续，中国仍将保持较大的食糖进口规模。预计 2020 年中国食糖进口量 478 万吨，较 2016 年增加 28.2%；2026 年为 804 万吨，较 2016 年增加 115.5%。

食糖价格波动较大。短期来看，受国内食糖产不足需、糖料收购价格上升、打击走私力度加大、世界主产国生产形势预期不乐观等因素支撑，国内糖价在 2017 年有望继续上涨。长期来看，由于食糖价格受到国际糖价、国内产需、进出口政策等多重因素的影响，多空博弈下国内食糖价格上涨空间将会受到抑制并有较大波动。

2.2 生产展望

种植面积基本稳定。预计 2017 年中国糖料种植面积 2 024 万亩（135 万公顷），与上年相比减少 5.9%。长期来看，受城镇化发展、城市建设等客观因素的影响，中国耕地保护形势严峻，糖料作物种植面积有下滑风险，但是仍有许多利好政策，如 2017 年中央一号文件提出"要巩固主产区糖料生产、科学合理划定糖料蔗等重要农产品生产保护区"，这些政策要求有望在展望期内得到落实。同时，随着农业供给侧结构性改革的逐步深入和"镰刀弯"地区种植结构的调整，糖料作物凭借其稳定的种植收益，有望替代部分地区的玉米种植。糖料主产区也采取了许多政策来稳定糖料种植，如广西于 2015 年印发了《广西糖业二次创业总体方案（2015—2020 年）》，计划 5 年左右在全区建设 500 万亩"双高"基地；云南发布了《云南省人民政府关于推进蔗糖产业提质发展 3 年行动计划的意见》，提出全省甘蔗种植面积稳定在 500 万亩以上。

展望期内，如果上述政策能够得到贯彻落实，糖料种植效益将得到有效保障，糖农种植积极性将会得到维护，糖料种植面积有望保持基本稳定不缩减。

糖料单产有所提升。预计 2017 年中国糖料单产基本稳定，其中甜菜单产受干旱天气影响，预计与上年相比略减。展望期内，随着《糖料蔗主产区生产发展规划（2015—2020 年）》《广西糖业二次创业总体方案（2015—2020 年）》《云南省人民政府关于推进蔗糖产业提质发展 3 年行动计划的意见》等政策的逐步"落地"，中国糖料作物尤其是甘蔗种植条件差的现状将会得到一定程度的改善，灌溉条件和机械化水平将会有所提升，从而有助于糖料单产水平的提升。甜菜栽培技术进步、机械化推广，也是糖料单产提高的原因。但在此过程中，甘蔗品种单一老化、甜菜良种自给率低等问题仍然需要关注。

产量稳中略增。预计 2017 年中国糖料种植面积和食糖产量分别为 2 024 万亩（135 万公顷）、925 万吨，面积与上年相比减少 5.9%，产量与上年相比增加 6.3%。根据从主产区了解的情况来看，2017 年甘蔗出糖率有望比 2016 年小幅提高，从而有助于食糖增产。因此，预计 2017 年在糖料种植面积缩减的同时，中国食糖产量将小幅增加。未来，随着糖料栽培技术进步和基础设施条件改善，在糖料种植面积基本稳定、单产水平不断提升的情况下，中国食糖产量会实现小幅增长，预计 2020 年食糖产量 1 062 万吨，较 2016 年增长 22.1%；2026 年为 1 153 万吨，较 2016 年增长 32.5%。

2.3 消费展望

从食糖消费规模看，受人口增加、城镇化加快推进、经济发展等因素影响，食糖消费规模稳步增加的趋势仍将长期持续。从人口规模来看，中国目前是世界第一人口大国，人口基数巨大，截至 2015 年年底，中国总人口达 13.7 亿。近年来，由于人口老龄化趋势加重，中国人口政策不断松动，2013 年中共十八届三中全会决定启动实施"单独二孩"政策，2015 年中共十八届五中全会决定全面实施一对夫妇可生育两个孩子政策，这意味着存续 30 多年的独生子女政策正式结束。根据本报告的宏观经济社会发展环境假定，中国人口在 2026 年前后将达到峰值，约为 14.2 亿人。因此，即便是按照目前人均食糖消费 11 千克/年的较低水平计算，未来10年，仅因人口规模扩大而带来的食糖消费量增加也将达到55万吨。从城镇化水平来看，中国城镇化率将稳步提升。根据《国家新型城镇化规划（2014—2020年）》的目标设定，到2020年中国城镇化率将达到60%。伴随城镇化水平的提升，人们对食糖消费的需求也会越来越大，由此推动食糖需求量的扩大。此外，除了传统的食品工业消费和居民生活消费，食糖在医药、建材、化工等领域也有着广泛应用，未来随着中国人口老龄化加速和基础设施建设的完善，食糖在上述领域的消费潜力将进一步释放。

总体来看，展望期内，食糖消费量总体趋涨。预计2017年中国食糖消费1 500万吨，与上年相比减少1.3%，减少的主要原因是食糖价格上涨，淀粉糖等替代品竞争优势显现；2020年食糖消费量将达到1 577万吨；2026年为1 847万吨，较2016年增长21.5%。

从消费结构来看，中国食糖消费仍以工业消费为主。受人们健康饮食观念的影响，居民直接食用食糖消费增量有限，食糖消费仍将以工业消费为主。预计2017年食糖工业消费量916万吨，居民食用消费量584万吨；此后二者稳步增加，2020年分别为977万吨和600万吨；2026年分别为1 108万吨和739万吨。

2.4　贸易展望

展望期内，由于中国食糖生产不能满足国内日益增长的消费需求，因此，对食糖进口存在刚性需求。预计2017年中国食糖进口规模与上年相比持平略减，食糖进口量350万吨。主要原因有：受国际市场供需形势影响，国内糖价快速上涨，国内外价差减小，配额外进口糖已基本无利可图，导致国内对进口糖需求减小；食糖库存能够有效弥补国内食糖产需缺口，减小了进口依赖。但预计国内外价差长期存在，中国仍将面临较大的食糖进口压力。预计2020年进口食糖478万吨，2026年将增加到804万吨。

2.5　价格展望

食糖价格波动较大。展望期内，国内食糖价格受到国际糖价、国内产需、进出口政策等多重因素的影响，多空博弈下国内食糖价格上涨空间将会受到抑制并有较大波动。近期支撑糖价上涨的因素较多：一是国内食糖产不足需，缺口较大，预计产需缺口在500万吨以上；二是主产区调高了糖料蔗收购首付价，制糖企业的原料成本将继续上升，如中国最大食糖产区广西将普通糖料蔗收购首付价由2016年的440元/吨调高至2017年的480元/吨，导致食糖生产成本提高；三是2017年中央一号文件提出"深入开展农产品反走私综合治理，实施专项打击行动"，这将有助于遏制食糖走私、维护市场秩序；四是2017年印度、泰国等世界食糖主产国食糖生产情况不乐观，预计2017年全球食糖产需仍有较大缺口，中国食糖价格仍将保持上涨趋势。

3 不确定性分析

3.1 自然灾害因素

中国糖料主产区基础设施差，对自然灾害的抵御能力较弱，较易受到气候变化的影响，光照、温度、降水量的变化都会对糖料作物的产量和糖分含量产生影响。在糖料作物生长期内，如果光照、温度、降水量适宜，没有发生洪涝、干旱、霜冻等大的自然灾害，糖料单产和糖分含量将得到有效保证，进而提升出糖率和食糖产量。反之，则会对产量带来负面影响，如在全球气候变暖背景下，中国气温逐步上升和降水区域性不均衡导致糖料主产区旱灾频繁出现，影响糖料单产和含糖量。此外，世界主要产糖国的气候变化和自然灾害也会对敏感的国际糖市造成重大影响，继而波及中国，加剧中国食糖市场运行的不确定性。

3.2 调控政策因素

当前，中国大宗农产品普遍受到国内成本"地板"和国际农产品价格"天花板"的双重挤压，在食糖上表现得尤为突出，中国国内相关产业遭受巨大的生存压力。在此背景下，国内糖料产业调控政策不断改革，政策调整成为影响未来国内糖料产业发展的一个重要因素。2017年中央一号文件提出"深化粮食等重要农产品价格形成机制和收储制度改革"；2017年1月国务院印发的《全国国土规划纲要（2016—2030年）》提出"推进甘蔗等糖料生产基地建设"；商务部于2016年9月启动的食糖保障措施立案调查也将于5月22日前结束。此外，糖料主产区政府和行业组织也作出了一些探索性的尝试，如广西政府提出了"二次创业"，积极推动糖业重组；云南省政府则连续推行"3年行动计划"，促进产业提质增效。

上述政策都会对食糖市场的未来走势产生多方面的影响，值得持续关注。如果措施有力且能够得到落实，将会巩固中国糖料种植面积，丰富食糖市场调控手段，减少国内食糖价格波动幅度，提升产业竞争力。如果通过保障措施立案调查，商务部采取提高进口关税等手段加大对国内食糖产业的保护力度，则会对减少食糖过量进口、支撑国内糖价、稳定糖料种植等产生积极作用。如果政策得不到有效落实，中国食糖产业基础竞争力偏弱的现状则将会持续。

3.3 其他因素

国际经济环境。食糖具有能源属性和金融属性，因此，食糖市场受到多种复杂因素的综合影响，从而加剧了食糖市场的不稳定性。当前，全球经济艰难复苏，国际石油价格低位运行，拖累全球糖市。2017年，德国、韩国等多个国家将迎来政府换届，国内外政策预期也将作出调整；英国脱欧、美国联邦储备委员会加息的影响也将会持续；中东地区、朝鲜半岛等地缘政治冲突潜在风险难解；地缘政治和大国关系均存在变数，增加了国际糖市的不确定性。如果国际政治稳定，经济复苏，石油价格回升，则将会拉动食糖消费，从而有助于国际糖价企稳回升。反之，国际糖价将会受到抑制，同时加剧价格波动幅度。

国际食糖市场变化。作为世界第一大食糖进口国，中国食糖市场与世界食糖市场联系非常密切。当前国际食糖市场产不足需，国际糖价逐步回升，但仍面临较大不确定性。如食糖产量第一的巴西，由于采取食糖和酒精联动生产机制，可根据食糖变化情况随时调整用于食糖和酒精生产的甘蔗比重；印度的食糖产量受天气因素影响较大，同时食糖贸易政策也经常调整，存在很大不确定性。

参考文献

[1] 中国糖业协会. 中国糖业年报（2015/16 年制糖期）[Z].

[2] 搜狐网. 2026 年中国人口出现拐点建议 2018 年实施延迟退休 [EB/OL].(2015-12-03) [2017-03-08]. http://business.sohu.com/20151203/n429394506.shtml.

[3] 中国农业新闻网. 中共中央国务院关于深入推进农业供给侧结构性改革加快培育农业农村发展新动能的若干意见 [EB/OL].(2017-02-09) [2017-03-08]. http://www.farmer.com.cn/zt2017/qyh/tt/201702/t20170209_1274063.htm.

[4] 经合组织－粮农组织. 2015—2024 年农业展望 [M].北京：中国农业科学技术出版社，2015.

[5] 农业部市场预警专家委员会. 中国农业展望报告（2015—2024）[M].北京：中国农业科学技术出版社，2015.

[6] 农业部市场预警专家委员会. 中国农业展望报告（2016—2025）[M].北京：中国农业科学技术出版社，2016.

第六章

蔬　菜

蔬菜是居民日常膳食中必不可少的食物种类，也是农业和农村经济发展的重要产业。2016年，中国蔬菜生产整体保持稳定发展态势，总体供应仍然充足，总产量约为80 005万吨，与上年相比增长1.9%；商品产量[①]为51 649万吨，与上年相比增长0.3%；消费需求稳定增加，总消费量达到49 829万吨；蔬菜价格高位运行并大幅波动，与上年相比上涨12.0%；贸易顺差增加到141.93亿美元，与上年相比增长11.5%。预计2017年，中国蔬菜产量为80 484万吨，与上年相比增长0.6%；消费量为50 548万吨，与上年相比增长1.4%；全年价格稳中略降，上半年价格下跌趋势将较为明显，下半年呈恢复性上涨。未来10年，中国蔬菜产业将继续保持稳健均衡发展，播种面积基本稳定，供需总体宽松，人均消费平稳增长，国际贸易比较优势依然显著，顺差格局将继续存在。2020年，中国蔬菜总产量将达到82 251万吨，消费量将达到53 033万吨，净出口量将达到1 061万吨；2026年，中国蔬菜总产量将达到83 778万吨，比2016年增长4.7%；消费量将达到55 171万吨，比2016年增长10.7%；净出口量将达到1 176万吨，比2016年增长19.4%。

1　2016年市场形势回顾

1.1　蔬菜供应总体充足

2016年中国蔬菜生产形势整体向好，蔬菜总量供应较为充足，全国蔬菜播种面积估计为32 531万亩（2 169万公顷），产量约为80 005万吨，比上年增长1.9%，年人均生产量约为579千克。但是，由于蔬菜生产先后遭受雨雪、寒潮、洪涝、雾霾等灾害性天气，季节性、区域性供应问题仍然突出，尤其是夏秋季、秋冬季蔬菜换茬期衔接不畅，导致蔬菜市场出现阶段性供应趋紧状况。1—3月，中国出现了两次倒春寒现象，对蔬菜生产及市场流通影响较为显著，持续的低温、阴雨天气造成蔬菜生长缓慢，菜苗受损比较严重，部分蔬菜出现提前退市，产区蔬菜供应出现断茬，供应上市量下降。6月，南方地区频繁出现强降雨天气过程，降雨量较常年同期偏多1~4倍，7月，长江中下游等地仍多有暴雨，且强降水区域大部分与前期重叠，大范围、高强度、持续性强降雨天气导致农田渍涝灾害偏重发生，露地蔬菜受淹、受渍或冲毁受损，影响了南方蔬菜生产和北菜南运。11月以后，受北方强寒流天气和南方阴雨天气影响，加之全国大部分地区遭遇雾霾天气，长时间寡照导致设施蔬菜光合作用降低、生长缓慢，秋季蔬菜提前退市，冬季蔬菜上市期推迟，秋冬季蔬菜供应在衔接过程中出现断茬现象。

---

① 商品产量是指经过运输、贮藏、批发、零售等诸多环节中的一个或多个环节后，可由消费者购买的蔬菜量

1.2 蔬菜消费需求稳定增长

蔬菜能够提供人体所需的维生素、矿物质和膳食纤维，是饮食结构中的重要组成部分。2016年，中国蔬菜总消费量为49 829万吨，继续保持小幅增长态势。其中，居民蔬菜食用消费量（鲜食消费）为20 574万吨（折算田头产量为31 869万吨，占总产量的39.8%），占蔬菜消费量的41.3%，全国年人均蔬菜食用消费149千克。随着居民生活水平的提高，中国蔬菜消费正逐步从数量型向质量型转变，消费结构向新鲜化、多元化、营养化转变，居民对优质、安全、有机、方便等方面的需求不断增多。2016年蔬菜产后损耗仍然处于较高水平，自损[①]率约35%，主要是受采收处理不及时、贮运设施设备落后、冷链设施不健全、远距离运输等影响，蔬菜在收获、加工、贮藏、流通、销售过程中的损耗较大。

1.3 蔬菜市场价格总体高位运行，个别品种波动异常

2016年，农业部重点监测的28种蔬菜平均批发价格为4.17元/千克，同比涨12.0%，创近7年的最高水平（图6-1）。2016年蔬菜市场价格波动有两大特点：一是月度价格频创历史高点，低点也逼近历史最低值，震荡幅度之大近年罕见；二

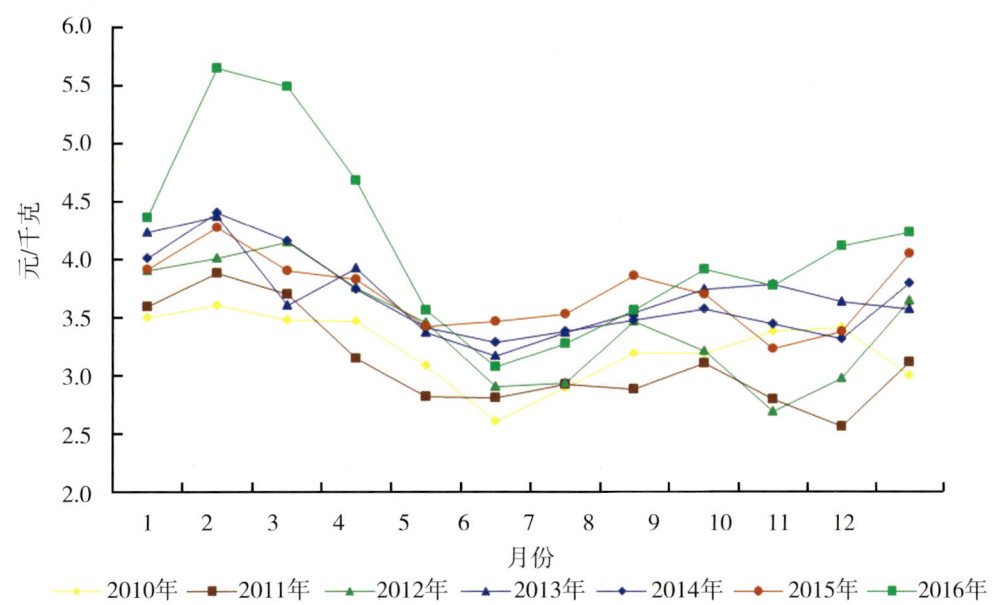

图 6-1　2011—2016 年中国 28 种蔬菜平均批发价格

数据来源：中国农业部农产品批发市场监测数据

---

① 自损是指蔬菜从田头到最终购买阶段因收获、分拣、贮藏、运输、销售环节形成的弃收、失水、腐烂等蔬菜产品特有的损失

是个别品种价格出现异常波动，胡萝卜、冬瓜、大葱等蔬菜价格出现暴涨暴跌，加之市场信息不对称，致使生产盲目性和市场灵敏性的矛盾加剧。具体来看，年初受全国大范围降温特别是2月中旬寒潮侵袭影响，2月菜价高达5.65元/千克，是近7年来首次突破5元/千克的高位水平；3月菜价虽然有所回落，但由于南方产区再次遭受低温阴雨"倒春寒"天气，仍然保持在近几年同期的最高点，为5.49元/千克；4—6月，北方产区气象条件良好，新菜大量上市，蔬菜价格进入下降区间，5月为3.65元/千克，环比跌21.9%，创2011年以来最大月度跌幅，6月菜价继续走低，同比跌破近4年同期最低点；7—8月，受南方地区持续性强降雨天气影响，蔬菜生产受到破坏，南北价格出现分化，部分地区价格波动幅度较大；9月和11月，由于夏秋季蔬菜、秋冬季蔬菜在换茬期遭遇降雨、降温天气，叠加效应致使蔬菜供应短期偏紧，价格明显走高，分别为3.92元/千克和4.12元/千克，均突破近7年同期的最高点。

1.4 蔬菜进出口继续保持顺差格局

2016年，中国蔬菜贸易形势整体较好，出口价格有所提高，贸易顺差继续扩大，出口量1 009万吨，较上年减少0.9%；出口额147.23亿美元，较上年增长11.0%；进口量25万吨，较上年增长1.9%；进口额5.29亿美元，较上年减少2.1%；贸易顺差141.93亿美元，较上年增长11.5%。从蔬菜对外贸易产品结构来看，耐贮藏和运输的新鲜或初加工蔬菜产品仍然是重要的出口农产品。具体来看，鲜冷冻蔬菜出口额64.17亿美元，较上年增长18.8%，占出口总额的43.6%；加工保藏蔬菜出口额44.42亿美元，较上年减少1.8%，占出口总额的30.2%；干蔬菜出口额37.23亿美元，较上年增长17.8%，占出口总额的25.3%。蔬菜进口以加工蔬菜为主，进口额2.34亿美元，较上年增长0.1%，占进口总额的44.2%；鲜冷冻蔬菜进口额0.34亿美元，比上年增长4.7%；干蔬菜进口额0.60亿美元，比上年减少1.3%。从蔬菜进出口国家和地区看，中国蔬菜出口集中度较高，出口到亚洲、欧洲、美洲的蔬菜分别约占出口总额的68.5%、13.1%和9.9%，其中，日本一直是最大的蔬菜出口市场，约占中国出口总额的15.3%；蔬菜进口主要来源地仍然集中在美国、加拿大、印度尼西亚、意大利、泰国、越南等，分别占中国进口总额的47.0%、6.8%、5.0%、3.2%、2.0%和1.5%。

2 未来10年市场走势判断

2.1 总体判断

蔬菜种植面积将保持稳定，总产量稳步增长。随着设施蔬菜生产的快速发展以及规模化种植、标准化生产水平的不断提升，中国蔬菜产量将持续稳定增加，品种结构和区域布局将更加合理。但受生产成本走高、比较效益降低等因素影响，蔬菜产量增速将继续放缓。到2026年，中国蔬菜播种面积预计将达到32 560万亩（2 171万公顷），与2016年相比持平略增；总产量约为83 778万吨，比2016年增长4.7%。

蔬菜消费总量将保持稳中有增态势，消费结构优化升级。未来10年，中国蔬菜消费总量将继续保持增长态势，居民将更加青睐新鲜多样、优质安全、营养健康类型的蔬菜产品。预计到2026年，蔬菜消费总量将达到55 171万吨，年均增速约为1.02%，其中，食用消费量（鲜食消费）将达到23 966万吨，年均增长率为1.54%；加工消费将达13 614万吨，未来10年年均增长率约为1.43%；蔬菜损耗率将在产后商品化处理和冷链物流技术的改进中持续降低。

蔬菜价格仍将保持波动上涨态势，季节性波动特征明显。随着经济的发展，中国蔬菜生产成本、流通成本总体趋于上升，从而为蔬菜价格走势奠定了基调。由于2016年基期价格较高，2017年蔬菜价格将稳中略降，上半年将呈下跌趋势，后期可能出现恢复性上涨。未来10年，中国蔬菜价格将继续小幅走高，季节性、周期性波动特征明显，频繁波动或成为常态。

蔬菜贸易国际竞争力依然强劲，高顺差格局将持续存在。未来10年，中国蔬菜出口量将呈稳健增长态势，进口也将快速增长，蔬菜贸易的产品结构、区域结构将进一步优化。预计到2026年，全国蔬菜净出口量将达到1 176万吨，比2016年增19.4%，未来10年年均增速约为1.8%。

2.2 生产展望

未来10年，随着中国农业供给侧结构性改革的深入推进，中国蔬菜生产将更加注重质量效益和绿色发展，规模化、标准化、集约化和品牌化水平将进一步提升，蔬菜生产将继续向优势产区集中，东北、西北种植结构调整后，中国蔬菜生产格局发生新的变化，绿色、有机、优质、品牌蔬菜供给将明显增加，蔬菜供应时空分布不均的矛盾将得到缓解，蔬菜生产将继续实现周年均衡供应。但在资源约束趋紧、生产成本高涨、自然灾害频发的背景下，蔬菜生产将逐步进入高成本、高风险阶段，进一步扩大蔬菜种植面积的空间较小，蔬菜播种面积和产量增速均将呈现稳缓趋势。

播种面积将保持稳定。综合考虑资源承载能力、环境容量和当前蔬菜供给偏松等因素，展望期内中国蔬菜播种面积将趋于稳定。预计2017年播种面积为32 537万亩（2 169万公顷），2020年为32 544万亩（2 170万公顷），2026年将小幅增加到32 560万亩（2 171万公顷），未来10年年均增长率为0.01%（图6-2）。

蔬菜单产将继续提高。未来10年，随着生产技术的提高、设施蔬菜的发展、蔬菜生产小型作业机械的推广及智能监控等现代技术的应用，中国蔬菜单产水平将继续稳步提升。预计2017年中国蔬菜单产为2 474千克/亩（37 105千克/公顷），2020年为2 527千克/亩（37 910千克/公顷），2026年将增加到2 573千克/亩（38 596千克/公顷），未来10年年均增长率为0.5%。

蔬菜总产量将保持稳中有增态势，蔬菜质量安全水平将有所提高。展望期内，中国蔬菜生产将实现从提高产量向增强均衡供应和优化产品品质的方向转变，节水环保和绿色防控等技术都将得到大范围推广应用，从田间到餐桌的产品质量追溯体系将逐步建立，蔬菜产品质量安全将明显增强，蔬菜总产量将稳步增加。预计2017年，全国蔬菜总产量约为80 484万吨，2020年为82 251万吨，2026年将增加到83 778万吨，未来10年年均增长率为0.5%，低于过去10年的平均增长率（图6-2）。

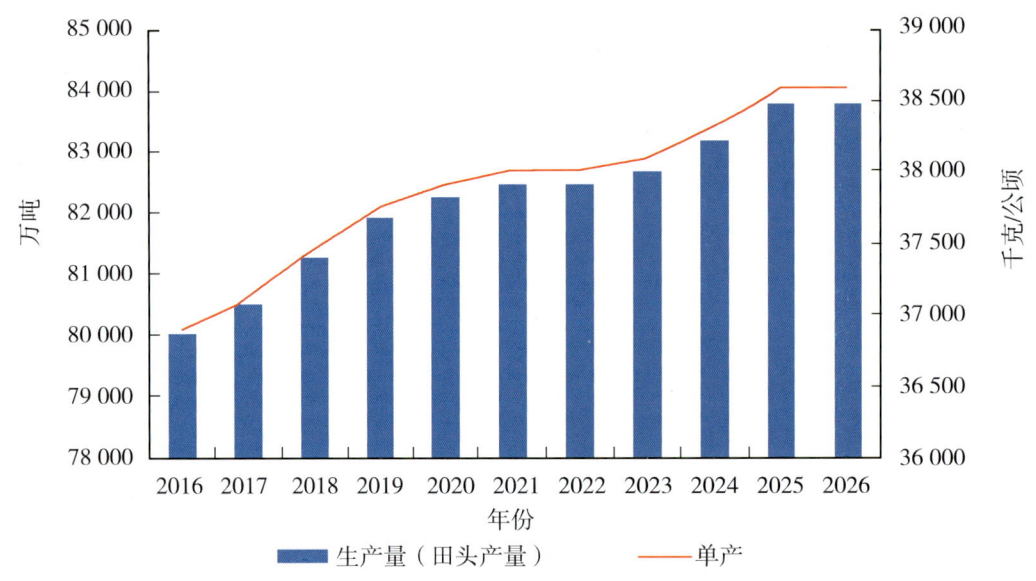

图6-2 2016年中国蔬菜产量及2017—2026年展望

数据来源：2017—2026年数据为中国农业科学院农业信息研究所CAMES预测

2.3 消费展望

蔬菜是中国城乡居民膳食结构中的重要组成部分，是人们的基本食物来源之一。受人口总量增加、加工技术进步等因素影响，展望期内，中国蔬菜消费总量将继续稳步增长态势，2017年预计为50 548万吨，2020年为53 033万吨，2026年将达到55 171万吨，未来10年年均增长率为1.0%（图6-3）。

蔬菜食用消费将稳步增长。随着城乡居民收入水平的提高以及居民健康膳食营养理念的形成，中国居民蔬菜食用消费将继续稳步增长，预计2017年中国蔬菜食用消费量（鲜食消费）约为21 052万吨，2026年将达到23 966万吨，年均增长率为1.54%，年人均食用消费量将从2016年的149千克增加到2026年的167千克，年均增长率为1.2%。未来10年，中国居民对蔬菜的食用需求将进一步向品种多样、膳食平衡、质量安全、食用方便等较高层次的消费目标转变，进而引起蔬菜需求结构的优化。主要体现在4个方面：一是营养价值较高的蔬菜品种（如胡萝卜、西兰花等）的消费增长趋势将加快；二是消费者对净菜的偏好度将明显提升；三是优质高档蔬菜的需求将有所增加；四是消费者将更加注重蔬菜产品的外观特性，如包装精美、色泽鲜亮的蔬菜产品将会受到更多人的欢迎。

蔬菜加工消费需求小幅增长。随着蔬菜精深加工技术的提升和智能化加工设备的研发，生产营养健康、功能性食品的蔬菜加工企业将快速发展。未来由于城镇化和居民生活水平的提高，中国居民蔬菜消费模式将从以家庭自我料理为主的鲜菜购买，逐步向省时省力的精细化、方便化蔬菜产品购买转变，即食、免洗免加工等成品或半成品蔬菜、速冻蔬菜及以蔬菜为原料生产的方便食品、休闲食品、保健食品将越来越受到居民的青睐，蔬菜加工品需求量将进一步提高。未来10年，中国蔬菜加工消费量及其在总消费量中的比重预计将会小幅提升，2017年蔬菜加工消费量为11 895万吨，2026年将增加到13 614万吨，蔬菜加工率将达到16%左右。同时，饲用等其他消费的比重将基本稳定，未来10年将保持在7%左右。

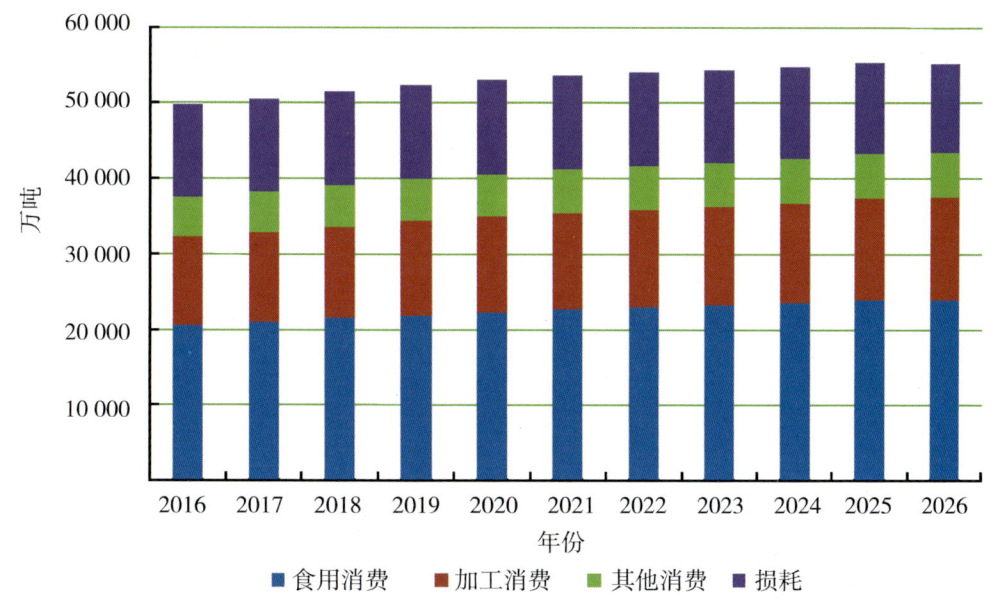

图6-3　2016年中国蔬菜消费量及2017—2026年展望

数据来源：2017—2026年数据为中国农业科学院农业信息研究所CAMES预测

蔬菜损耗[①]量将逐步降低。水分含量大、鲜活易腐、不耐贮运、生产季节性强等特性，是蔬菜产后损失较大的主要原因。随着菜地基础设施条件的改善，田头预冷及产地贮藏、保鲜、烘干、清选分级、包装等商品化处理设施的不断改善，

---

① 损耗是指蔬菜购买后在其消费、加工、烹饪过程中的一般性损失

流通设施及冷链物流体系的进一步完善，展望期内蔬菜的自损率和损耗率年均将分别降低 0.92% 和 0.96%。

2.4 贸易展望

未来 10 年，蔬菜仍将是中国重要的出口创汇农产品，蔬菜进出口量均将呈稳定增加趋势，贸易顺差将继续扩大。预计到 2026 年，中国蔬菜贸易总量将达到 1 286 万吨，10 年年均增长率为 2.2%；贸易顺差将继续扩大，预计 2017 年为 985 万吨，2026 年将增加到 1 176 万吨，未来 10 年年均增长率为 1.79%（图 6-4）。

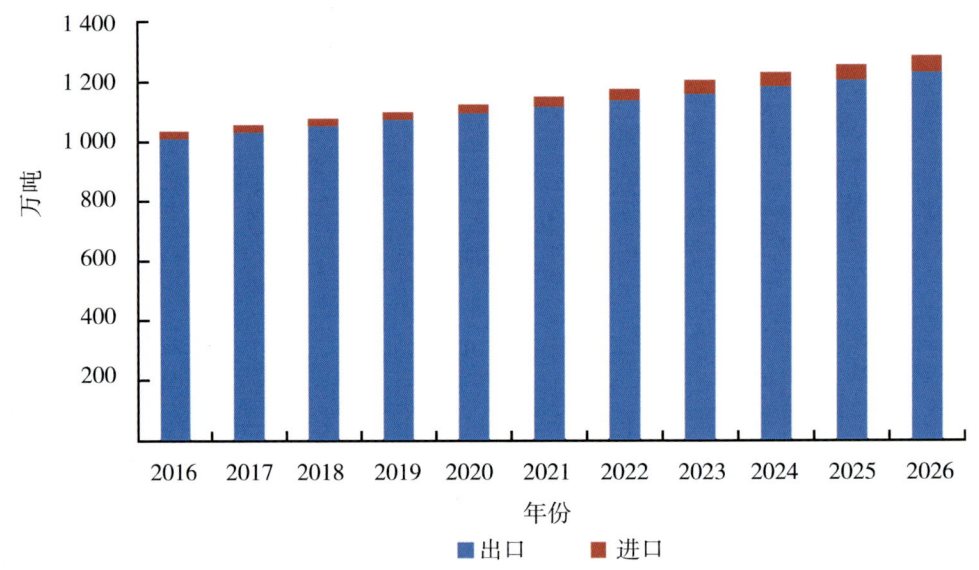

图 6-4 2016 年中国蔬菜进出口量及 2017—2026 年展望

数据来源：2017—2026 年数据为中国农业科学院农业信息研究所 CAMES 预测

预计未来 10 年，中国蔬菜出口将呈小幅增长态势，2017 年出口量为 1 030 万吨，2020 年将达到 1 093 万吨，2026 年将增长到 1 231 万吨，10 年年均增长率为 2.0%。从出口产品结构看，产品特征仍较为鲜明，高附加值加工蔬菜的比重将进一步提高，鲜冷冻等低附加值蔬菜的出口份额将继续缩减。从出口区域看，中国已深度融入全球化格局中，随着"一带一路"战略的加快推进，蔬菜出口市场集中度偏高的局面将有所改善，出口目的地将呈多元化、梯度化发展格局，东亚和东南亚仍为出口主阵地，对中亚、西亚、东欧等地区的出口增长潜力较大，此外，对欧盟、北美地区的高端蔬菜出口的竞争优势也在不断增强。

中国蔬菜进口从绝对数量和金额上均属小规模贸易，主要是满足个别品种的调剂需求。虽然蔬菜进口增长幅度相对较快，但由于基数相对较小，并不会对中国总体宽松的蔬菜市场造成冲击，国内市场供需形势和价格都不会受到影响。展望期内，中国蔬菜进口量将呈稳步增长态势，预计2017年为26万吨，2020年将增加到32万吨，2026年将达到55万吨，未来10年年均增长率为8.2%。

2.5 价格展望

展望期内，中国蔬菜价格仍呈现上升趋势，总体将表现为明显的季节性、周期性变化特征。2017年，中国蔬菜价格与上年相比将呈现稳中略降态势，上半年将明显下降，下半年或出现恢复性上涨。长期来看，中国蔬菜"大生产、大流通"的格局将会导致蔬菜生产流通环节相应成本的增加，加上需求不断提升，将会成为推动蔬菜价格上涨的长期动力。未来南菜北运蔬菜基地和北方设施蔬菜生产将得到快速发展，春提早和秋延后以及越冬蔬菜生产也将有所增加，有助于蔬菜实现周年均衡供应，蔬菜价格波动幅度将有所趋缓。此外，蔬菜资本化趋势将逐步显现，表现出一定的金融产品属性，即供求关系不再是决定蔬菜价格的唯一因素，个别蔬菜品种价格可能会脱离供求关系而更多地受资本炒作的影响。

3 不确定性分析

《展望报告》是基于当前的生产条件、市场潜力及国内外经济环境等对未来10年蔬菜生产、消费、贸易等进行的预测。天气多变、舆情效应、国外贸易政策都将会给蔬菜的生产、流通、消费带来诸多不确定因素，从而影响未来蔬菜供需变化。

3.1 天气多变可能影响蔬菜市场供需

蔬菜生产受自然条件约束较为明显，特别是露天蔬菜，其产量易受光照、温度、湿度等自然环境的影响。近年来，中国天气变化较为频繁，台风、旱涝、雨雪、寒潮等灾害性天气时有发生，在很大程度上影响了蔬菜的供给；同时，冬季北方大部分地区频繁发生的持续性雾霾天气，对蔬菜市场的供需也带来了不确定性影响。当雾霾天气发生时，污染颗粒悬浮于空中，导致蔬菜生长缺少足够的光照，病虫害发生的概率将会增大，加大了蔬菜减产与质量降低的可能性；此外，随着鲜活农产品运输绿色通道建设的完善，公路运输已经成为蔬菜运输的主要方式，雾霾的产生引起高速公路能见度低，情况严重时还可能会导致高速封路，将对蔬菜流通造成极大的不利影响。如2016年12月中旬，华北、华中、华东广大地区出现了大范围强雾霾天气，北方产区设施蔬菜光照不足，产量明显下降，同时"南菜北运"受到极大影响，造成产区蔬菜积压、销区市场紧缺，"卖难"和"买贵"同时出现。未来这种灾害性天气对蔬菜市场供需的影响仍然是存在的。

3.2 舆情效应会给蔬菜消费带来不确定性

随着信息技术的快速发展,舆情的传播渠道愈加丰富,舆情效应作为外部因素对消费者的消费行为易产生较大影响。在蔬菜消费中,一方面,随着居民收入水平的提高、生活条件的改善以及安全绿色意识的宣传与普及,人们更加注重饮食健康,有关蔬菜营养价值的信息易引起消费者的关注并得到推广,如番茄中富含的维生素 C 能够提高免疫力;素有"小人参"之称的胡萝卜含有胡萝卜素、维生素 C 和 B 族维生素等,这些正面、积极的舆情在一定程度上刺激了消费者的购买欲望。另一方面,目前市场上缺乏优质、公认的蔬菜品牌,因信息不对称与预期的不确定,负面、消极的舆情较易影响消费者的购买抉择,不当的舆情往往对蔬菜消费造成不利影响。

3.3 国外贸易政策的变化会影响蔬菜贸易

蔬菜是中国重要的出口创汇产品,贸易目标国贸易政策的变化将直接影响中国蔬菜贸易未来发展形势。一方面,中国是传统的蔬菜出口大国,目前出口流向格局较为稳定,市场集中度较高,主要流向亚洲和欧洲的国家和地区。传统出口国家对蔬菜质量与品牌的注重日益加剧,技术性贸易壁垒与绿色贸易壁垒的实施,在一定程度上对中国蔬菜的出口造成了负面影响。另一方面,从长远发展来看,技术性贸易壁垒和绿色贸易壁垒有助于健全中国蔬菜产品标准和技术法规体系,改善中国蔬菜产品质量、调整蔬菜出口结构,推动中国蔬菜产业健康可持续发展。随着经济全球化的推进和农业对外合作进程的加快,中国蔬菜出口目标市场更为广阔,这将为蔬菜贸易带来全新的机遇。但随着各国经济政治形势的变化,贸易目标国贸易政策的变化也会明显影响中国蔬菜的进出口形势,从而使中国蔬菜的国际贸易格局出现多元化趋势,增加了对外贸易的不确定性。

参考文献

[1] 新华社. 中共中央、国务院关于深入推进农业供给侧结构性改革加快培育农业农村发展新动能的若干意见[EB/OL].（2017-02-05）[2017-03-08].http://www.gov.cn/zhengce/2017-02/05/content_5165626.htm.

[2] 徐磊,张峭,许世卫.2009年以来中国蔬菜价格上涨分析[J].中国食物与营养,2012,18（1）：39-44.

[3] 多措并举助力农产品市场平稳运行[J].农产品市场周刊,2017（4）：16-18.

[4] 供给侧改革与蔬菜品牌建设[EB/OL].（2015-12-23）[2017-03-08].http://finance.haiwainet.cn/n/2015/1223/c3541809-29478710.html.

[5] 韩长赋.以推进农业供给侧结构性改革为主线"四推进一稳定"做好农业农村工作[EB/OL].http://www.360doc.com/content/17/0105/09/39505174_620195625.shtml.

[6] 张哲晰,穆月英.中国蔬菜出口国际竞争力及其影响因素：国别（地区）差异与贸易潜力分析[J].世界农业,2015（10）：132-140.

[7] 王盛威,熊露,吴建寨.2016年蔬菜市场形势分析及2017年展望[J].农业展望,2016（12）：8-10.

[8] 李崇光,宋长鸣.蔬菜水果产品价格波动与调控政策[J].农业经济问题,2016（2）：17-24.

第七章

水 果

中国是世界上第一大水果生产国和消费国。水果产业是中国农村经济发展的重要支柱产业之一，也是主产区农民的主要收入来源。2016年中国水果总产量（包括园林水果产量和瓜果类产量）达2.83亿吨，与上年相比增长3.4%，市场供给总体充足，价格整体走低，出口大幅增加，进口减少，贸易顺差显著扩大。未来10年，中国水果生产和消费预计均将持续增长，但增速放缓，市场价格将有所上涨，进出口贸易仍将活跃。2017年，水果产量预计达到2.86亿吨，水果直接消费量和加工消费量分别达到1.31亿吨和0.33亿吨，价格小幅回升；2020年水果产量预计将达到2.99亿吨，水果直接消费量和加工消费量分别达到1.37亿吨和0.37亿吨；2026年水果产量将达到3.16亿吨，直接消费量和加工消费量分别将达到1.43亿吨和0.46亿吨。

1 2016年市场形势回顾

1.1 产量增加，供给充足

水果总产量增加，市场供给充足。2016年中国水果种植面积估计为23 506.5万亩（1 567.1万公顷），与上年相比增长1.9%，大部分水果产区气象条件正常，全国水果总产量达到2.83亿吨，与上年相比增长3.4%（图7-1）。其中，除香蕉和柑橘减产外，各类大宗水果品种均不同程度增产。2016年年初，广东、广西、云南等香蕉产区遭遇数十年以来的"超级寒潮"，产地多数香蕉苗受冻，7—10月，各

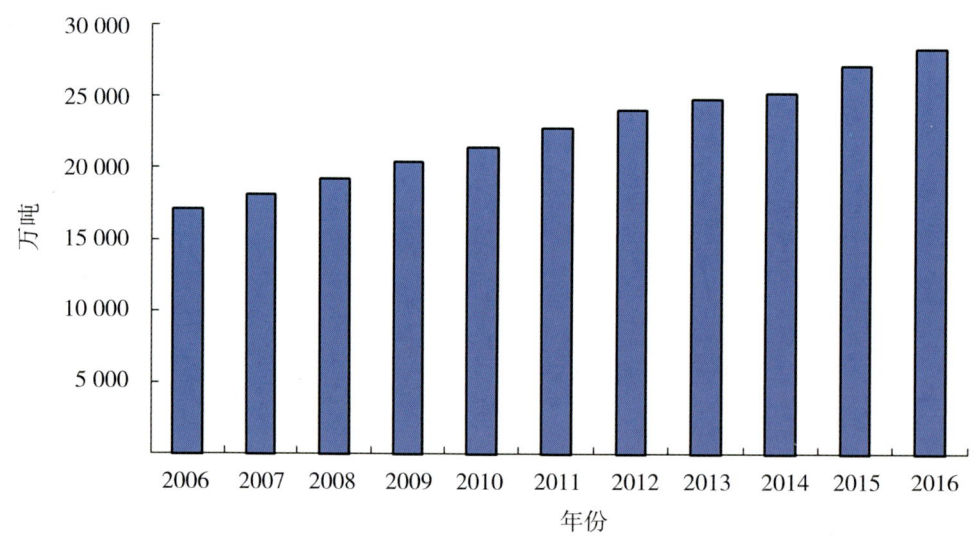

图7-1　2006—2016年中国水果产量变化
数据来源：中国国家统计局

香蕉产区又不断受到台风、暴雨影响，香蕉总产量减少至1060万吨，与上年相比减少近20%。柑橘产业持续从东部向西部转移，适逢"小年"，多地柑橘减产。苹果生产总体呈东部减产、中部持平、西部增产的格局，全国苹果继续增产，产量达到4312万吨，再创历史新高。梨产区气象条件总体向好，产量与上年相比估计增长6%。由于种植面积不断扩大，葡萄产量达到960万吨左右，与上年相比显著增加。

1.2 消费稳中有增

水果消费保持稳中有增态势。2016年，多方面因素促进了水果直接消费。水果价格整体降低刺激了消费者的购买欲望；实体销售与电商销售相结合，大大提高了水果购买的便捷性，拉动了水果消费；城乡居民的健康和安全意识进一步加强，使得无公害、绿色、有机水果的消费需求进一步增长。据测算，2016年国内水果直接消费量为1.30亿吨，与上年相比增长4.0%。加工消费方面，国内市场价格整体走低，果汁和水果罐头的出口扩大，促进了国内加工消费需求。水果制品的种类更加多样化，果酒、果干、果脯等加工品增长显著加快，拉动了加工消费。2016年水果加工消费量为3168万吨，与上年相比增长17.8%。

1.3 市场价格整体走低

受种植面积扩大、气候条件和供需情况等多重因素综合影响，2016年水果市场平均价格整体走低。根据农业部农产品批发市场监测统计，2016年全国7种大宗水果全年平均批发价格为5.10元/千克，是2013年以来的最低水平，与2014年、2015年相比分别降低20.1%和11.0%。从月度价格走势来看，全年多数大宗水果品种价格呈"涨—跌—涨"趋势。1—6月大宗水果平均批发价格从4.97元/千克逐渐上涨至5.64元/千克，7—8月持续下跌，8月跌至4.68元/千克的全年低点，环比下降11.7%，同比下降11.5%，为2013年以来的最低月度平均价格，9月开始止跌回升，12月上升至5.06元/千克（图7-2）。2016年月度最高价格与月度最低价格相差0.96元/千克，远低于2014年2.11元/千克和2015年2.02元/千克的价差水平。

生产价格指数和消费价格指数均下降。据国家统计局数据，2016年1—4季度中国水果生产价格指数（上年或上年同期=100）分别为80.2、95.8、102.6、98.6。除第三季度外，其他3个季度的生产价格指数均小于100，且显著低于同期农产品生产价格指数（表7-1）。2016年1—12月鲜果类居民消费价格指数（上年或上年同期=100）处于91.7~97.4区间，均低于100，说明与上年相比水果消费价格降低，同时也显著低于2016年同期食品类居民消费价格指数（均大于100）。

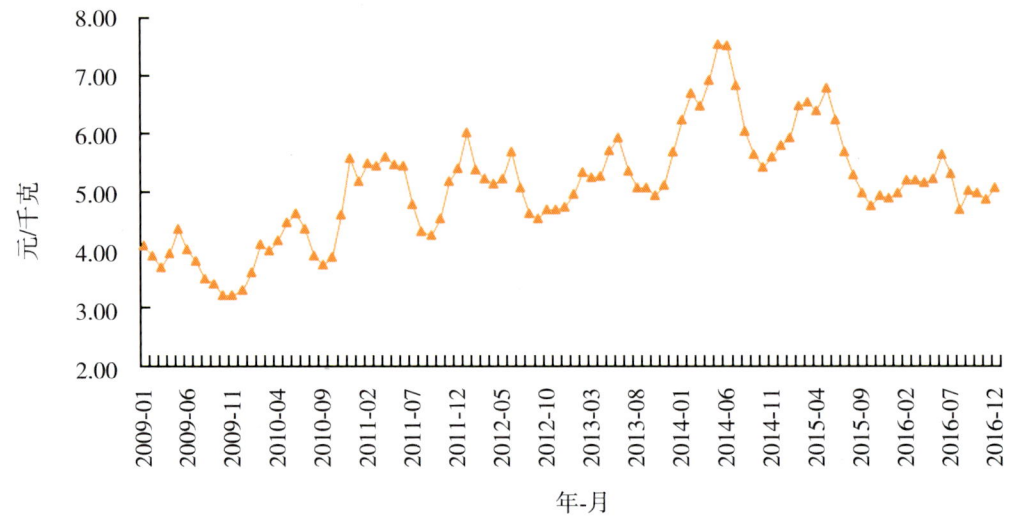

图 7-2　2009—2016 年中国水果平均批发价格变化

数据来源：中国农业部农产品批发市场监测统计数据

表 7-1　2016 年中国水果生产价格指数

时期	水果	农产品
2016 年第一季度	80.20	106.7
2016 年第二季度	95.80	107.7
2016 年第三季度	102.60	100.4
2016 年第四季度	98.60	101.5

数据来源：中国国家统计局

1.4　出口大幅增加，进口减少，贸易顺差显著扩大

国内水果产量持续增加、价格整体降低，促进了 2016 年中国水果及其制品出口。据中国海关数据，2016 年中国水果及其制品出口量 486.75 万吨（主要为园林类水果及制品，未包含西甜瓜类），与上年相比增加 15.0%，出口额 65.16 亿美元，与上年相比增加 4.3%；进口量 382.96 万吨，与上年相比减少 7.1%，进口额 55.65 亿美元，与上年相比减少 1.3%；贸易顺差达到 9.51 亿美元，与上年相比锐增 56.7%。其中，鲜果净进口量 9.76 万吨，净进口额 2.44 亿美元，与上年相比分别减少 90.5% 和 64.7%；果汁净出口量 41.66 万吨，与上年相比增加 6.2%，净出口额 3.76 亿美元，与上年相比减少 3.2%；水果罐头净出口量 52.96 万吨，净出口额 5.60 亿美元，与上年相比分别减少 3.4% 和 3.8%（表 7-2）。

表 7-2　2016 年中国水果及其制品进出口情况

类别	出口				进口			
	量（万吨）	同比（%）	额（亿美元）	同比（%）	量（万吨）	同比（%）	额（亿美元）	同比（%）
鲜果	339.00	22.2	46.42	7.4	348.76	-8.2	48.86	-2.5
果汁	52.19	6.2	5.76	-2.5	10.53	6.2	2.00	6.9
水果罐头	55.74	-3.9	5.99	-4.6	2.78	-13.2	0.39	-15.3
水果及其制品	486.75	15.0	65.16	4.4	382.96	-7.1	55.65	-1.3

数据来源：中国海关

中国水果及其制品出口显著增加、进口减少的主要原因如下。

一是传统优势水果出口显著增加，热带及亚热带水果进口减少。2016 年中国鲜果出口量 339.0 万吨，出口额 46.42 亿美元，与上年相比分别增加 22.2% 和 7.5%。由于国内产量增加，鲜苹果、鲜梨、鲜葡萄出口显著扩大，2016 年中国鲜苹果出口量 135.06 万吨，出口额 14.81 亿美元，与上年相比分别增加 62.1% 和 43.5%；鲜梨出口量 45.32 万吨，出口额 4.87 亿美元，与上年相比分别增加 21.0% 和 9.2%；鲜葡萄出口量 25.45 万吨，与上年相比增加 21.0%。2016 年中国鲜果进口量 348.76 万吨，进口额 48.86 亿美元，与上年相比分别减少 8.2% 和 2.5%。其中，香蕉进口量 88.72 万吨，进口额 5.83 亿美元，与上年相比分别减少 17.4% 和 24.6%。

二是进出口市场结构均有所变化。2016 年中国水果及其制品出口以北美、亚洲等市场为主，对泰国、俄罗斯等"一带一路"国家的出口显著扩大。据中国海关数据，2016 年中国对美国、越南、泰国、俄罗斯 4 个国家的出口量为 214.27 万吨，占总出口量的近 45.0%。其中，对美国的出口量为 59.98 万吨，与上年相比增加 1.5%；对越南的出口量为 55.83 万吨，与上年相比增加 1.9%；对泰国的出口量为 53.78 万吨，与上年相比增加 21.6%；对俄罗斯的出口量为 44.68 万吨，与上年相比增加 14.6%。2016 年中国水果及其制品的主要进口来源国为越南、菲律宾、泰国、厄瓜多尔，分别占总进口量的 27.9%、18.3%、14.1%、4.6%。其中，自越南的水果及其制品进口量为 107.03 万吨，与上年相比减少 16.1%；自菲律宾的进口量为 70.22 万吨，与上年相比减少 8.2%；自泰国的进口量为 54.00 万吨，与上年相比减少 12.2%；自厄瓜多尔的进口量为 17.50 万吨，与上年相比减少 3.8%。

2　未来 10 年市场走势判断

2.1　总体判断

产量缓慢增长，产业提档升级。未来 10 年，中国水果产量预计继续增长，但受环境保护、土地、水资源限制等因素制约，水果产量增速将放缓。预计2017年全国水果产量比上年将继续增加，达到2.86亿吨，增速比过去一年略低；2020年全国产量预计将达到2.99亿吨，相比基期增长5.7%，到2026年将达到3.16亿吨，未来10年年均增速1.2%，远低于过去10年6.6%的平均增速。未来10年，在农业供给侧结构性改革、种植效益引导和消费需求拉动下，生产者将愈发注重优化水果品种结构，提升质量，发展优势特色品种，将逐渐形成合理的区域分工和专业化生产格局，水果产业提档升级。

消费需求继续增长，加工消费增加较快。随着经济发展、居民收入水平不断提高以及人口增长和城镇化加快，中国水果消费需求将继续保持增长态势。预计2017年水果直接消费和加工消费将分别达到1.31亿吨和0.33亿吨，2020年将分别达到1.37亿吨和0.37亿吨，2026年将分别达到1.43亿吨和0.46亿吨，未来10年年均增长率分别为1.0%和4.4%。由于当前水果价格整体较低促进了水果消费，与上年预测相比，调高了未来10年的直接消费和加工消费。

价格总体波动上涨，优质优价愈加明显。受苹果和柑橘供求及价格上行影响，2017年年初水果整体价格同比小幅上涨，全年均价预计将略高于2016年。到2020年，由于国内水果市场供需总体平衡，电商、微商等新型销售方式的快速发展将有效减少产销过程中的加价环节，预计水果价格大幅上涨的可能性不大。未来10年，消费需求增加，水果产前、产中及产后所需劳动力成本不断提高，加上果品品质提升、销售服务优化，均将为水果价格上涨提供有利空间，价格整体波动上行；因果品品种、品质、口感、品牌等的不同，优质优价将更加明显。

净出口格局有望继续保持。随着中国主要出口果品的出口优势日益增强，国际贸易环境不断改善，水果及其制品出口预计呈波动增长态势。由于国内居民收入水平提高和对优质、特色水果的需求扩大，水果进口也会增加，但进口规模小于出口。未来10年，中国水果及其制品贸易总量将持续扩大，有望继续保持净出口，2017年净出口量预计为95万吨，2020年将达到98万吨，2026年为70万吨。

2.2 生产展望

相比过去10年的高速发展，未来10年，随着农业现代化水平不断提高和集约化程度加深，中国水果产业将处于平稳转型期，生产水平提高，产量稳步增加。水果产量的提高仍将主要依赖于种植面积的增加和单产的增长。受农业供给侧结构性改革、种植效益引导和消费需求拉动影响，中国水果生产区域分工更合理，生产的专业化、规模化水平进一步提高，果品质量提升，品质更有保证，水果产业提档升级。

种植面积仍将继续小幅增长。过去10年，与其他农作物相比，由于水果种植的比较效益一直较高，生产发展迅速，种植面积增势强劲。未来10年，在比较优势驱动下，中国水果面积仍将继续增长。同时，中国正处于经济结构转型升级加快时期，新型城镇化加快深入推进，环境污染，土地、水资源短缺的矛盾日益突出，这将决定水果面积增长的空间会越来越小。预计 2017 年中国水果面积稳中有增；2020 年将达到 24 255 万亩（1 617 万公顷），比 2016 年增加约 3.2%。展望后期水果面积增幅将明显放缓。到 2026 年全国水果面积将达到 24 930 万亩（1 662 万公顷），未来 10 年，年均增长率为 0.5%（图 7-3）。

单产将稳步增长，增速放缓。未来 10 年，中国水果产业将加快由数量扩张型向质量效益型转变升级，过去一味追逐单产已不能满足消费市场的需求，降低生产成本、提高生产效率、提升产品质量将成为水果生产的关键，单产增速将会明显放缓。预计 2017 年水果平均单产为 1 210.0 千克/亩（18 150 千克/公顷），与上年相比提高 0.8%。到 2020 年水果单产将达到 1 233.7 千克/亩（18 505 千克/公顷），年均提高 0.6%。展望后期，水果单产增速将进一步放慢，预计到 2026 年将达到 1 268.0 千克/亩（19 020 千克/公顷），未来 10 年年均增长率为 0.5%（图 7-3）。

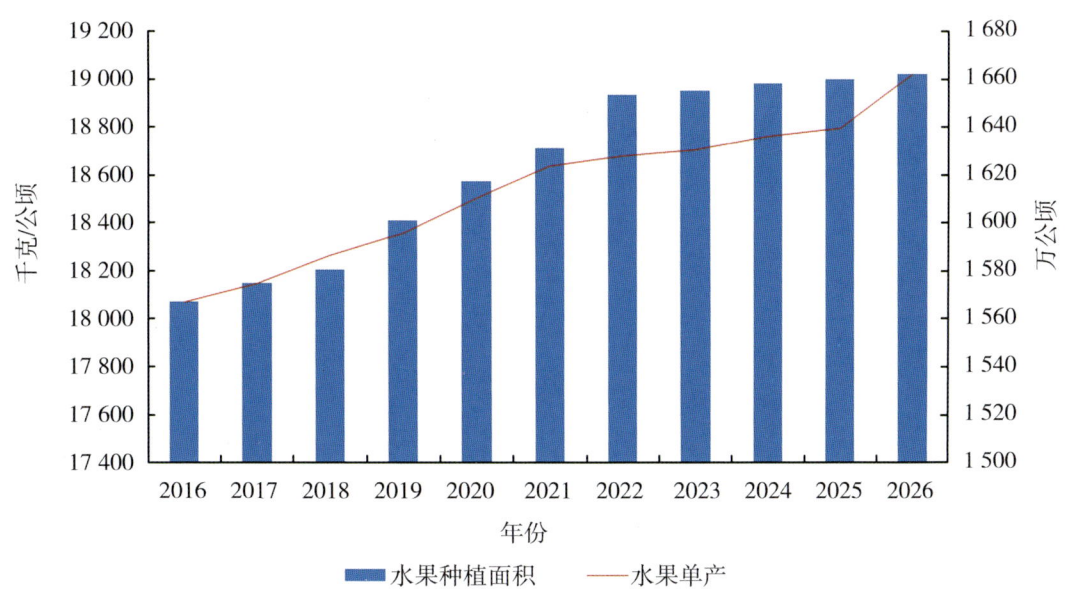

图 7-3　2016—2026 年中国水果种植面积和单产展望

数据来源：2017—2026 年数据为中国农业科学院农业信息研究所 CAMES 预测

未来 10 年，在消费需求扩大和市场的引导下，中国水果产业将从种植规模化、区域分工合理化、产品标准化、品种结构优化、质量提升、品质改善等各个环节进行升级改造，加快水果产业发展提档升级。

由于种植面积和单产的增长，中国水果总产量预计将保持持续增长态势。未来 10 年，基于水果生产将从提高产量向提升品质的目标转变，水果中高品质、绿色、有机产品的比例将进一步提高。2017年中国水果产量预计将达到2.86亿吨，与上年相比增加1.1%；2020年将达到2.99亿吨，年均增长1.2%；展望后期年均增速将有所放缓，2026年将达到3.16亿吨，未来10年年均增长率为0.9%。

2.3 消费展望

未来10年，随着居民收入水平不断提高、生活方式日益改变，以及膳食结构改善，水果在中国城乡居民膳食结构中的地位将越来越重要，将逐渐成为人们日常的必需食物来源之一，对水果的消费需求将进一步扩大。人口增长和城镇化加快，加上农村居民人均消费增速将远高于城镇居民，将推动水果直接消费量的增加。2017年中国人均水果消费量预计为92.5千克，2020年将达到97.9千克，2026年将达到102.1千克，未来10年年均增速为1.0%。未来10年，中国城镇居民水果消费主要体现在"质"的提高，即品种结构优化和质量品质提高，农村居民水果消费仍将以"量"的增加为主。

在消费需求增长的同时，水果消费的产品品种结构、品质结构和区域结构在未来10年也将发生显著变化。一方面，对特色优质品种的需求扩大。未来10年，除了苹果、梨、香蕉等大宗水果品种外，中国消费者对猕猴桃、火龙果等特色水果品种的需求将进一步增加，对绿色、有机、无公害和品牌果品的需求也将继续扩大。另一方面，欠发达地区、边远地区水果消费增加。随着欠发达地区居民收入水平的提高，其对水果的消费需求也将呈增长态势，加上电商、微商等新型销售方式和现代物流配送方式的快速发展，提高了边远地区水果的可获得性和可选择性，进而带动消费增长。

加工消费增长较快。随着消费者对果汁、果醋、果干等水果深加工制品的需求日益扩大，水果深加工的经济效益不断提高，深加工技术水平提升，以及国家对发展优势特色农产品加工的政策支持，近年来中国水果加工业得到了迅速发展。预计未来10年，中国水果加工消费量及其在总消费量中的比重仍将明显增加。2017年水果加工消费量将达到0.33亿吨，2020年将达到0.37亿吨，2026年将达到0.46亿吨，未来10年年均增长率为4.4%（图7-4）。

损耗量将有所降低。由于水果具有易腐烂、不耐贮运、生产季节性较强等特性，若采收处理不当、贮运设施设备落后、冷链设施不健全等，将会导致水果在收获、贮存、加工、运输、销售过程中产生较大的损耗。未来10年，随着果园基础设施条件的不断改善、水果贮运水平的提高、采后商品化处理技术的发展和冷链物流体系的完善，中国水果损耗率将会逐渐降低。预计未来10年，中国水果的损耗率年均降低0.8%。

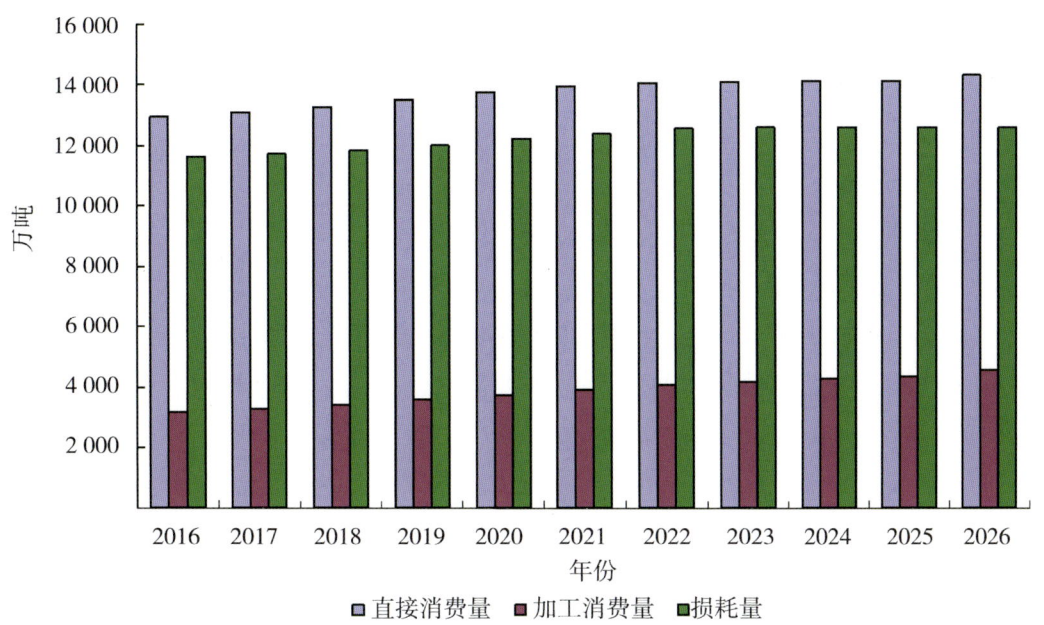

图 7-4　2016—2026 年中国水果消费展望

数据来源：2017—2026 年数据为中国农业科学院农业信息研究所 CAMES 预测

2.4　贸易展望

2016 年，中韩、中澳协定实施了第二次降税，"一带一路"建设深入推进，如中蒙俄经济走廊、新亚欧大陆桥经济走廊、中国—中亚—西亚走廊、中巴经济走廊等的建设都在加快推进，将带动中国水果及其制品进出口贸易规模进一步扩大。未来 10 年，中国水果及其制品进出口量均将继续增加，出口规模仍将大于进口规模，净出口将持续存在。2017 年中国水果及其制品净出口量预计为 95 万吨，2020 年达 98 万吨，2026 年为 70 万吨。

随着中国主要出口果品的出口优势日益增强，国际贸易环境不断改善，水果及其制品的出口预计呈波动增长态势。2017 年中国水果及其制品的出口量预计将超过 500 万吨，到 2026 年增加到 600 万吨左右。水果及其制品出口结构进一步优化，具有高附加值的水果加工制品（果汁、果干等）的出口比例将逐渐提高，鲜水果的出口比例将有所下降。从出口市场来看，由于中国温带水果对东盟国家出口有优势，热带水果对俄罗斯和中亚出口有优势，未来，中国水果及其制品的出口仍将主要集中在东南亚、俄罗斯、美国等国家和地区。

未来 10 年，进口需求增长将带动水果及其制品进口量持续增加。由于中国居民收入水平提高、生活方式转变，国内消费者对果品品质、质量安全的要求越来越高，而进口水果及其制品相比国产果品普遍质量稳定、标准化程度较高，将有利于促进水果进口。跨境电商的快速发展也将推动水果进口增加。鲜果仍将是中国进口果品的主体。未来10年，中国水果及其制品的进口规模预计继续扩大。预计2017年中国水果及其制品的进口量将超过400万吨，到2026年将达到500万吨左右。

2.5 价格展望

在苹果和柑橘供求及价格上行的影响下，2017年年初，水果整体价格同比小幅上涨，预计全国7种大宗水果平均批发价格将会在5.2～5.6元/千克，略高于2016年。长期来看，水果价格总体将呈现波动上涨态势。首先，生产成本特别是劳动力成本的提高将成为推动水果价格上涨的主要因素。随着农村劳动力老龄化越来越严重，特别是农忙时期劳动力短缺问题愈发凸显，劳动力价格不断上涨。其次，质量提升、品质改善及服务优化也将相应带动水果价格的上涨。此外，消费需求不断扩大拉动价格上涨。随着人口增加、城镇化加速发展和居民收入水平的不断提高，水果消费将继续增长，消费量增加也将支撑价格上涨。

伴随价格整体波动上涨，优质优价将更为明显。未来10年，无公害、绿色、有机和品牌果品会越来越受到追捧，将推动优质水果价格居高不下。

3 不确定性分析

3.1 气象条件变化和病虫灾害发生

中国园林水果大多为露地生产，生长周期较长，且抵御自然灾害的能力较差。气象条件的变化对其生产的影响很大，良好的气候条件有利于产量增加，质量提高，而一些突发性极端天气则会直接导致产量和质量的下降，从而引起市场价格的波动。近年来，尽管全国气象条件基本属于正常范围，水果生产总体相对稳定，但从水果主产区来看，暖冬、寒潮、台风、暴雨及干旱等均对个别品种的产量和质量造成了一定影响。2016年年初，中国多数香蕉产区遭遇"超级寒潮"，产地大量香蕉苗受冻，后期各香蕉产区又不断受到暴雨、台风的影响，香蕉总产量同比显著减少。受冰雹、干旱等灾害天气影响，2016年全国苹果质量整体下降，优果率显著低于上年。除了气象条件之外，病虫灾害也是影响水果生产的重要因素之一。2016年，多地柑橘受柑橘黄龙病影响而减产，香蕉黄叶病也在多地发生。全球气候变暖，很有可能诱发果树病虫害的严重暴发和流行，从而影响水果产量的稳定。未来10年，气象条件变化和病虫灾害发生及严重程度难以预测，其仍将是影响水果生产不确定性的重要因素。

3.2 生产环节劳动力短缺问题

当前，中国农村人口老龄化问题日益突出，已经越来越不能满足现代农业发展的要求。农村人口老龄化和劳动力短缺也将是未来10年中国水果生产面临的突出问题之一。据调查，当前在中国多数水果主产区，50岁以上的果农占到50%以上，65岁以上的占比超过20%，且此比例仍在不断攀升，在集中用工期，常常出现用工荒，其成本也在不断上涨。未来10年，果农年龄结构老化、劳动力短缺问题将愈发明显。与小麦等大田作物相比，水果生产的劳动密集程度和技术含量更高，且中国许多果园地处偏远山区或坡地，目前很多生产管理环节很难利用机械设备提高生产效率。未来10年，提高水果生产机械化和规模化程度是解决劳动力短缺的关键，但其发展的速度和规模尚难以预测，能否妥善解决生产环节的劳动力短缺问题，将是造成中国水果供需平衡不确定性的因素之一。

3.3 进口不断增加对国内市场的影响

随着国内市场对进口水果需求的增加，中国水果进口规模不断扩大。同时，伴随中国一系列贸易协定的签署，中国水果进口来源国也在不断增加，水果进口品种多元化，这给中国水果市场带来了新的机遇和挑战。近年来，中国水果行业屡陷滞销和价低等怪圈。一方面，国内果农的水果难卖，找不到销路；另一方面，进口水果势头凶猛地进入了中国果品市场。在中国国内水果市场自2015年以来持续低迷的情况下，进口水果却一路高歌猛进，抢占了部分中国市场，特别是一线、二线城市高端消费市场，进口额创下历史新高。目前，各高品质水果输出国仍意欲抢滩中国市场。未来10年，进口水果的显著增加可能会对国内水果市场造成一定冲击，但也有可能倒逼中国水果产业加快转型升级，促使果农从观念到技术、从品牌到规模的"战略性"转型，从而提升国际竞争力。

3.4 其他不确定性因素

水果消费结构和消费方式升级。目前，电商、微商等新型销售方式迅速发展，将影响产业链的各个环节，对水果供求也将产生一定影响。随着中国居民膳食结构的改善升级，消费者对优质的品牌水果也会更加追捧，水果消费趋向高档化将对水果供求和价格产生一定的不确定性影响。

参考文献

[1] 中国国家统计局.2016年全国农业统计提要[M].北京：中国统计出版社，2016：128-129.

[2] 武婕，赵俊晔.2016年前3季度水果市场分析及后期展望[J].农业展望，2016（10）：7-12.

[3] 全球果蔬网.WAPA发布仁果产量预测报告：欧盟苹果和梨产量下降，中国梨产量增加[EB/OL].(2016-08-04)[2016-10-03].http：//www.freshplaza.cn/article/3030.

[4] 南方报业新闻.广西香蕉受损比例高达75%[EB/OL].(2016-02-23)[2017-01-20].http://epaper.nfncb.cn/nfnc/content/20160223/Articel07003FM.htm.

[5] 农业部发布《特色农产品区域布局规划（2013—2020年）》确定144种特色农产品的优势区[EB/OL].(2014-02-26)[2017-01-18].http://news.xinhuanet.com/politics/2014-02/26/c_126195357.htm.

[6] 赵俊晔，武婕.草莓农药残留超标风险事件中消费者风险认知和消费意愿分析[J].中国食物与营养，2015（12）：35-39.

[7] 中国果品流通协会.中国果品产业发展报告(2016)[R].2016：22-26.

第八章

肉 类

中国是世界上最大的肉类生产与消费国，肉类产量占全球肉类总产量的1/4以上。根据中国国家统计局公布的数据，2016年中国肉类（猪肉、牛肉、羊肉和禽肉）总产量为8 364万吨，与上年相比下降1.1%，除猪肉产量下降3.4%外，牛肉、羊肉、禽肉均呈不同程度增长。2014年至今在市场竞争及环保政策约束下，生猪去产能化明显，2016年，生猪及能繁母猪存栏量降至近5年最低水平，猪源紧缺，猪肉产量相应缩减，占肉类产量比重由上年的64.9%降至63.4%，猪价达到历史高位，猪肉进口激增。2016年，禽肉生产继续保持平稳发展，禽肉产量为1 888万吨，与上年相比增加3.4%，禽肉在肉类生产中的占比提高至22.6%；受市场和产业布局影响，黄羽肉鸡产量在禽肉产量中的份额均有所扩大；受益于消费需求稳步恢复，禽肉价格稳中略涨；禽肉贸易活跃，进口量增幅明显，出口量小幅下降。在国家扶持政策的拉动下，牛羊肉生产继续保持良好势头，综合生产能力进一步提升，2016年，牛肉产量为717万吨，与上年相比增长2.4%；羊肉产量为459万吨，与上年相比增长4.2%；全年牛羊肉价格走势分化，牛肉稳定，羊肉走低；受国内供需影响，牛肉进口持续增加，羊肉进口继续下降。

未来10年，中国肉类产量年均增长率预计为1.7%。肉类产量从2016年的8 364万吨增至2026年的9 909万吨，增长18.5%，年均增长率为1.7%，其中猪肉、禽肉、牛肉和羊肉的年均增速分别为1.6%、1.7%、1.8%和2.4%，2026年产量分别达到6 234万吨、2 235万吨、860万吨和580万吨。受国家政策和产业发展推动，畜牧业呈现"南猪北养"和"北鸡南移"的新趋势，畜产品生产向粮食主产区转移。肉类生产结构优化，猪肉产量占肉类产量比重从2016年的63.4%降至2026年的62.9%，牛羊肉比重从14.1%增至14.5%。受国内需求拉动以及国内外肉类价差影响，肉类进口量将继续保持高位。其中，猪肉趋降，禽肉进口基本稳定，牛肉进口趋增，羊肉进口量趋稳。受生产成本增加和需求拉动影响，未来肉类价格总体趋涨。在既定的经济政策、生产、消费和环境等条件下，疾病、畜牧业生产技术、消费习惯、国际市场贸易政策和形势等是影响未来中国肉类的产量和结构、消费、市场价格、贸易等的主要因素。受玉米等饲料原料价格下跌的影响，肉类生产的饲料成本下降，但环保成本、人工成本长期来看趋增，对肉类产品价格形成一定支撑。未来中国畜产品要降低成本、提高竞争力，需要走适度规模化、组织化和现代化养殖的道路，通过转变生产方式，来提高产业的纵向和横向整合力度，从而推动肉类生产持续发展。

1 猪肉

作为世界上最大的猪肉生产国、消费国和进口国，中国的猪肉市场不仅关系着中国的国民经济发展和城乡居民生活水平，也显著影响着全球猪肉市场和贸易。

上轮猪周期猪价波动以及环保新政双重因素叠加，能繁母猪产能持续下降，2016年猪肉产量连续两年减少，生猪产品价格、生猪养殖效益和猪肉进口均突破历史纪录。受高养殖收益推动，适养区养殖户积极扩大养殖规模，养殖企业在粮食主产区加速扩张。但2017年猪肉供需仍将呈紧平衡，猪价高位震荡，猪肉产量预计增0.4%，为5 321万吨；猪肉进口量略有回落，为155万吨；人均占有量较上年减0.2%，为39.30千克。受资源、成本和环境保护的影响，猪肉产量增速放缓，未来10年年均增速1.6%，2026年产量预计达到6 234万吨；猪肉供给量和人均占有量年均增速预计分别为1.5%和1.2%，2026年供给量预计为6 319万吨，人均占有量和居民家庭人均猪肉消费量预计分别为44.23千克和21.58千克。未来猪肉仍将保持净进口，受产能逐步恢复影响，净进口量将呈下降趋势。

1.1 2016年市场形势回顾

1.1.1 猪肉产量连续两年减少

猪肉产量同比减少。2016年，生猪出栏68 502万头，与上年相比下降3.3%；猪肉产量5 299万吨，与上年相比减少3.4%，连续两年减少。2016年年末生猪存栏43 504万头，与上年相比减少3.6%。2016年上半年生猪供需偏紧，下半年有所缓解。从生猪生产来看，根据农业部规模以上定点屠宰企业生猪屠宰量数据，2016年，除1月受春节影响生猪屠宰量同比增加6.3%外，2—5月均同比减少，上半年同比减少6.3%，下半年同比增加1.5%，全年累计屠宰量与上年相比减少2.4%。

1.1.2 猪肉消费量小幅下降

猪肉人均消费量与上年相比下降。尽管猪肉进口激增，受猪肉产量大幅下降影响，2016年，猪肉总供给量5 461万吨，与上年相比减少1.9%；人均猪肉占有量39.39千克，与上年相比减少2.4%；全国居民猪肉人均家庭消费量20千克，与上年相比减少0.6%。农村居民猪肉消费更易受价格、收入等因素影响，收入增速下滑和猪肉价格的上涨均对农村居民的猪肉消费能力和意愿产生影响。2016年城镇居民家庭人均猪肉购买量和农村居民家庭人均猪肉消费量估计分别减少0.5%和1.0%，分别为20.60千克和19.30千克。

1.1.3 猪肉进口量创历史纪录

猪肉贸易继续呈逆差状态，逆差激增。2016年，国内猪肉价格持续上涨，国内外猪肉产品价差处于高位，中国规模以上定点屠宰企业白条肉出厂价格与欧盟猪肉批发价格的价差为13.55元/千克，与上年相比提高25.3%，受此影响中国猪肉进口激增，进口生猪产品311.20万吨，与上年相比增长95.1%，其中，进口猪肉 162.02 万吨，与上年相比增长 108.4%。总体来看，2016 年中国猪肉进口量基本呈现"上半年环比增长、下半年环比减少"的特点。受国内猪肉产量下降影响，2016 年中国猪肉出口降幅明显，出口生猪产品 31.40 万吨，与上年相比减少 12.1%，其中，出口猪肉 4.85 万吨，与上年相比减少 32.1%。

1.1.4 猪价创历史新高

猪肉价格基本呈现出"上半年上涨、下半年回落"的走势，2016 年均价高于上年。据农业部监测，2016 年猪肉集贸市场平均价格为 29.34 元/千克，与上年相比上涨 19.1%。受生猪出栏量减少影响，2016 年，上半年消费淡季猪肉价格持续快速上涨，4 月突破 30 元/千克关口，6 月涨至 31.29 元/千克的历史最高点；下半年生猪存栏恢复性增长和进口激增，缓解了猪肉供需偏紧的局面，猪肉价格连续 5 个月下跌至 11 月的 27.93 元/千克，受元旦消费提振影响，12 月回升至 28.21 元/千克。

活猪 2016 年均价较上年上涨。2016 年生猪集贸市场平均价格为 18.59 元/千克，与上年相比上涨 22.1%，其中，1—5 月生猪价格由 17.62 元/千克持续上涨至 20.45 元/千克，随后连续 6 个月下跌至 11 月的 16.98 元/千克，12 月为 17.46 元/千克。

仔猪价格创历史新高。2016 年 1 月全国仔猪价格止跌回升，3 月突破 40 元/千克，5 月突破 50 元/千克，6 月涨至 52.39 元/千克的历史最高点后连续 6 个月回落，12 月回落至 38.88 元/千克。

1.1.5 生猪养殖效益处于历史最好水平

生猪养殖盈利处于历史最好水平。2016 年，生猪价格创新高后保持高位，玉米等饲料原料价格的下跌降低了生产成本，全年猪粮比价 9.20∶1，与上年相比提高 2.7 个百分点。从月变化来看，在猪价持续上涨和玉米价格持续下跌的带动下，2016 年 4 月中国猪粮比价超过有关部门设定的 9.5∶1 的红色预警线，5 月达到 10.38∶1 的历史最高点，6 月开始震荡回落，12 月为 8.95∶1。从周变化来看，2016 年 1 月第一周猪粮比价为 8.13∶1，4 月第三周突破 10∶1，6 月第一周达到 10.44∶1 的最高点后稳中有降，6 月第四周回落至 10∶1 以下，随后连续 9 周上升超过 10∶1，年末猪粮比价为 9.14∶1。

1.2 未来 10 年市场走势判断

1.2.1 总体判断

生猪出栏量和猪肉产量稳中有增，增速下滑。高收益推动适养区生猪养殖户积极补栏，规模养殖企业在粮食主产区加速布局，每年每头能繁母猪提供的断奶仔猪数（PSY）水平的提高，均在一定程度上弥补了限养区、禁养区生猪产能的下降，2017年生猪生产预期持稳略增。养殖户必须科学化、环保化养殖，通过规模企业的带动，中等规模养殖户的生猪养殖水平将得到进一步提高。2018年开始中国生猪产能将会加速恢复，产业化、组织化水平将进一步提高。未来10年，中国生猪出栏量和猪肉产量年均增速将分别为1.3%和1.6%，2026年预计将分别达到7.80亿头和6 234万吨。

猪肉消费稳中有增。猪肉产量略增，猪价小幅下跌支撑猪肉消费量小幅增加，预计2017年猪肉消费量为5 476万吨，较上年增加0.3%；人均猪肉占有量为39.30千克，较上年减少0.2%。2018年后受供给推动，猪肉消费量增速将会提高，未来10年猪肉供给量和人均占有量年均增速预计分别为1.5%和1.2%，2026年分别达到6 319万吨和44.23千克。

猪肉进口量将逐步减少。短期来看，生猪价格仍将高位运行，国内外价差仍将维持较高水平，2017年中国猪肉进口量仍将保持高位。随着国内生猪价格竞争力的提高，国内外猪肉价差预期回落，尽管猪肉仍将保持净进口状态，展望期内猪肉净进口量预期将逐步减少。

生猪价格稳中有降，2020年后将进入新的价格周期。短期来看，能繁母猪产能未能恢复，生猪供应承压，预期2017年生猪价格将高位运行，较上年小幅下跌。国内玉米等饲料原料价格的下跌降低了饲料成本，但环保成本上涨，总生产成本稳中略减。长期来看，产业化、规模化和现代化的养殖模式将带动生猪生产效率提高，预期生猪养殖成本将总体呈下降趋势，同时产能恢复将带动生猪价格总体呈下跌趋势，在2020年前后将可能再次回升。

1.2.2 生产展望

生猪生产规模化程度进一步提高。"十二五"期间，中国生猪养殖规模化程度由2010年的35%提高至2015年的44%。"十三五"期间，在环保政策及市场竞争压力下，中国生猪养殖业将进一步整合，生猪养殖规模化程度预计在2020年后将超过60%，中国生猪产业将由年出栏500头以上规模养殖户主导。

短期来看，2017年猪肉产量同比增长0.4%。2016年能繁母猪产能持续下降，为2017年的生猪供应带来一定压力，但高养殖收益刺激适养区养殖户积极补栏，规模企业也开始在粮食主产区加速产业布局，一定程度上弥补了禁养区、限养区生猪存栏量的下降。预计2017年生猪出栏量将小幅增长0.1%，出栏重的继续增加将带动猪肉产量恢复性增长到5 321万吨，增幅0.4%。

长期来看，未来10年生猪出栏量和猪肉产量分别年均增长1.3%和1.6%（表8-1）。连续两年生猪养殖保持较高利润，多个农牧企业加大养殖资金投入。受南方地区和华东地区环保压力日益增大的影响，以及国家政策鼓励引导，生猪养殖呈现"南猪北养"趋势，建设重心由南往北转移，多个生猪养殖项目落地东北地区。据估算，至 2025 年，东三省仅大型上市集团的新增生猪出栏量就达 3 200万头，约占东三省年出栏量的 50%。规模企业产能将逐步释放，从 2018 年开始生猪产能持续温和增长，2020 年生猪出栏量将达到 7.26 亿头，猪肉产量为 5 706万吨，2022 年开始猪肉产量增速将会逐步放缓。未来 10 年，生猪出栏量年均将增加 1.3%，2026 年将达到 7.80 亿头；胴体重到 2026 年将增至 79.97 千克，年均增长 0.3%；猪肉产量预计年均增长 1.6%，2026 年达到 6 234万吨（图 8-1）。

表 8-1　中国猪肉产量年均变动率

项目	2007—2016 年	2014—2016 年	2017—2026 年*	2026 年*
年均产量（万吨）	5 122	5 486	5 839	6 234
产量年均变动率（%）	1.3	-1.2	1.6	—

数据来源：*为预测值，其余数据来自中国国家统计局

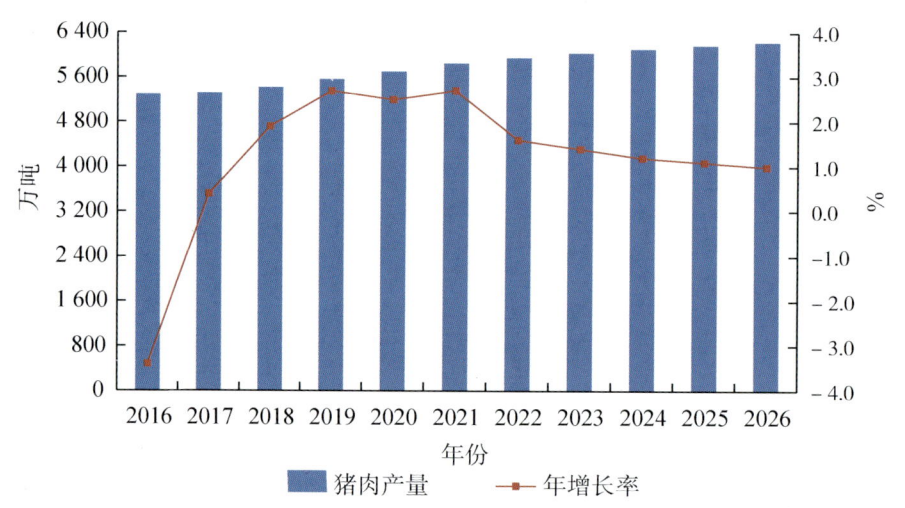

图 8-1　2016—2026 年中国猪肉产量及年均增长率

注：2016 年猪肉产量来自中国国家统计局

1.2.3　消费展望

短期来看，2017 年猪肉消费总量将稳中有增，猪肉人均占有量略有下滑。预计 2017 年猪肉消费总量将较上年增长 0.3%，猪肉人均占有量将延续上年下滑态势，同比减少 0.2%，但减幅小于上年的 2.4%。

未来 10 年，随着居民人均收入的提高和消费意识的改变，居民肉类消费结构日趋改善。尽管中国人均 GDP 已经超过肉类消费的临界点、消费结构改善压缩猪肉消费增速，但人均猪肉消费仍存在增长空间。在消费量增长的同时，受猪肉产销格局及冷链物流发展的影响，冷鲜肉和冷冻肉消费量将进一步增加。

受经济增速放缓影响，未来 10 年，中国居民家庭人均猪肉消费量年均增速 0.7%，较上一个 10 年增速降低 2.1 个百分点，由 2017 年 20.20 千克增至 2026 年的 21.58 千克（表 8-2）。其中，农村居民家庭猪肉消费将成为拉动中国猪肉消费的关键点之一，农村居民家庭人均猪肉消费量将由 19.45 千克增至 21.45 千克，年均增长 1.1%；城镇居民家庭人均猪肉消费量将由 20.70 千克增至 21.65 千克，年均增长 0.5%。

表 8-2　中国居民家庭人均猪肉消费量及年均变动率

项目	2007—2016 年	2014—2016 年	2017—2026 年*	2026 年*
居民家庭消费量（千克）	18.09	20.10	20.90	21.58
消费变动率（%）	2.8	0.0	0.7	—

数据来源：*为预测值，其余数据来自中国国家统计局

1.2.4　贸易展望

土地等资源的稀缺与生态环境因素将给中国生猪产业的发展带来巨大压力，二孩政策后人口规模的扩大、居民收入提高将会推动猪肉总需求量继续增加。与欧美发达国家相比，中国生猪生产成本及生产效率仍存在很大进步空间，国内外价差仍将长期存在，欧美主要猪肉出口国以及南美洲国家加大对中国猪肉市场的开拓力度，都将刺激中国猪肉贸易净进口成为常态。

短期来看，2017 年猪肉进口量略减。生猪价格预计保持高位，国内外价差仍将维持较高水平。受猪肉产量企稳影响，2017 年猪肉进口量预期将小幅下滑，但仍将保持高位，预计为 155 万吨左右。长期来看，猪肉进口量将在 2023 年降至 100 万吨以下，2026 年将减至 85 万吨左右，总体仍将保持净进口状态（图 8-2）。

出口方面，猪肉出口量将保持平稳。中国猪肉出口量将恢复性增长，但受价格竞争力水平影响，大幅提升的空间不大，预计 2017 年猪肉出口量（包括活猪）为 15 万吨，与上年基本持平；2020 年猪肉出口量将恢复至 20 万吨，随后将基本稳定在这一水平，2026 年为 22 万吨（图 8-2）。

1.2.5　价格展望

从近期来看，2017 年猪肉市场价格将处于高位运行状态，较上年小幅下跌。2016 年 21 个省份公布了畜禽禁养时间表，2017 年禁养区生猪存栏量将继续下降，限养区生猪存栏规模也将缩小，适养区在短时间内难以实现生猪存栏量的快速增加，猪肉市场仍呈供需偏紧状态，预期 2017 年生猪价格仍将高位运行，全年生猪和猪肉的价格分别为 16~20 元/千克和 26~31 元/千克。

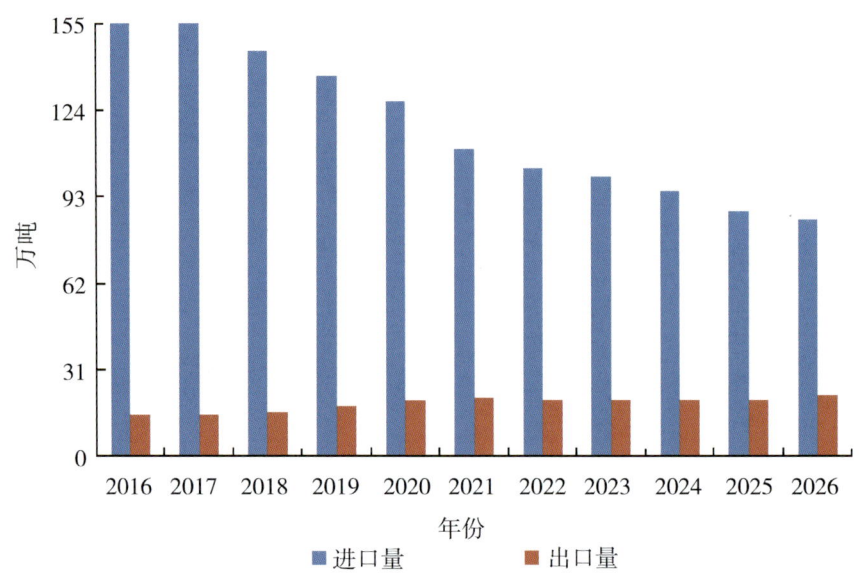

图 8-2　2016—2026 年中国猪肉进口量和出口量

注：2016 年猪肉供给量来自中国国家统计局；出口量包括猪肉和活猪，活猪按照 70% 的出肉率折算

长期来看，预期中国猪肉市场价格周期延长，2020 年前总体呈跌势，之后将进入新一轮的价格上涨周期。鉴于猪肉进口保持高位、国内生猪养殖规模化程度不断提高、生产与需求结构不断改善，预期生猪价格周期将逐步延长、波峰波谷比值（波峰/波谷）将逐步缩小，预期 2018 年猪价或将会进入缓慢下降通道，2020 年后开始由波谷逐步回升。尽管环保新政将增加环保成本，但随着环保政策下散户退出以及品种改良、每年每头能繁母猪提供的断奶仔猪数（PSY）提高、其他新技术的推广使用等，生猪行业生产效率预期将提高，生猪养殖将由劳动密集型产业向科技型、资本型产业发展，生猪养殖成本将稳中趋降。

1.3　不确定性分析

本展望报告是在稳定的经济、政策、生产、消费和环境等条件下进行的预测，疫病、畜牧业生产技术、消费习惯和国际市场形势等的发生或变化，均将对未来中国的猪肉产量、消费、市场价格、贸易等产生影响，导致预测结果产生偏差。

1.3.1　畜禽疾病影响生猪生产和市场稳定

本报告基于最近几年疾病发生率和范围来分析疾病对生猪生产和市场的影响，疾病不但影响生猪生产的平稳增长，而且疾病的加剧将导致生猪生产剧减，包括猪肉市场在内的畜禽产品市场大幅波动。2012 年以来生猪疾病总体比较平稳，未出现大范围的、对生猪生产影响严重的疾病。未来，若发生大范围、难以防控的疾病，将会导致部分年份猪肉产量急剧下降，猪肉价格暴涨。

1.3.2 科技水平的提高速度影响生猪产能增速

本报告基于目前的养殖效率测算未来的猪肉产量增长，养殖效率的提高速度将直接影响猪肉产量增速。未来中国生猪产业的规模化程度将不断提高，在激烈的竞争环境中，更多的企业将通过不断强化组织化和产业化水平来提高规模效益，依靠新技术、新方式改善养殖效率。中国的生猪出栏率只有150%左右，远低于发达国家170%的生猪出栏率；生猪出栏重约为110千克，也低于欧美国家130千克左右的出栏重。未来，通过规模养殖企业带动中小养殖户加速推广和应用畜牧业养殖技术和环保技术，通过提高饲料转化率等各种潜在手段缩短出栏时间、提高PSY，进而降低成本，提升生产效率，提高猪肉价格竞争力，生猪产能将加速恢复和增长，提前实现猪肉的数量和质量升级。

1.3.3 消费习惯转变影响产销区布局和规模化发展速度

猪肉消费观念的逐步改变将给生猪产业的产销格局带来深刻影响。尽管规模企业在东北和内蒙古等粮食主产区加速布局，但受当前以热鲜肉为主的消费方式、生猪屠宰政策和冷链物流技术的影响，长距离运输活猪不但会加大疾病传播风险，还导致运输成本的增加，进而影响猪肉销售价格。若中国消费者逐步改变热鲜肉的消费习惯，冷鲜肉和加工猪肉将成为未来的消费主流，这更有利于生猪的区域化布局和规模化发展，降低物流成本和猪肉销售价格，推动猪肉消费；若热鲜肉消费习惯难以改变，粮食主产区饲料成本优势难以充分发挥作用，高物流成本下生猪价格和猪肉价格将依旧高企，生猪产能的转移和释放速度将放缓。

1.3.4 畜产品国际贸易政策影响猪肉贸易

畜产品国际贸易政策和贸易环境的变化将影响猪肉贸易。尽管猪肉进口量占国内猪肉消费量的比重较低，但对国内市场的影响已逐步显现。猪肉价格高涨、国内外猪肉价差拉大将刺激中国猪肉进口，在价差持续存在的大环境下，猪肉贸易保持高进口量将会成为常态。目前，猪肉进口贸易调控政策仍然有待完善，过量进口猪肉或将导致国内市场猪肉价格下跌时间延长或上涨趋势逆转。反之，制定基于国内猪肉供需的猪肉贸易调控政策，能有效利用进口猪肉来调控国内猪肉市场，减缓国内生猪产业面临的来自国际市场的竞争压力。就国际市场来说，由于生猪生产周期较长，如果与主要猪肉贸易国出现贸易争端，将会影响短期内的猪肉供应，引起国内猪肉价格的暴涨。

2 禽肉

禽肉消费占中国肉类总消费的20%以上。过去10年，中国禽肉产量以年均3.3%的速度增加。2016年，中国禽肉产量1 888万吨，与上年相比增长3.4%；进口量[①]59.29万吨，与上年相比增长45.1%；人均消费量13.8千克，与上年相比增长4.5%。在产量、进口、消费均增加的影响下，价格稳中略涨。展望未来，随着经济发展和人口增加，消费需求持续增长，在需求拉动下中国禽肉产量将继续增加，进出口平稳发展，价格受成本推动波动上涨。

受2016年养殖效益较好、产业扩张步伐加快影响，预计2017年禽肉产量继续小幅增加。由于近年宏观经济下行压力较大，禽肉消费增长动力较弱，预计2017年禽肉消费小幅增加。展望期内，禽肉供需总体基本平衡，预计到2020年产量将达到2 045万吨，消费量达到2 037万吨；2026年产量将达到2 235万吨，消费量达到2 241万吨，人均消费量为15.7千克。

2.1 2016年市场形势回顾

2.1.1 禽肉产量继续增加

2016年中国禽肉生产继续保持平稳发展，禽肉产量1 888万吨，与上年相比增长3.4%，在肉类生产中的占比提高至22.6%。肉禽产业内部生产形势呈现差异化特点。由于白羽肉鸡祖代引种量明显下降，养殖企业积极实施强制换羽，导致商品代肉鸡供应呈稳中有增态势。黄羽肉鸡受养殖行情持续向好的刺激，产能已经恢复至2013年H7N9暴发前的水平，出栏量明显增加。据初步估算，白羽肉鸡产量持平略增，黄羽肉鸡产量增加5%左右。随着产业布局的变化，禽肉产量构成发生变化，黄羽肉鸡和水禽份额均有所扩大。

2.1.2 肉禽养殖保持盈利

2016年，在饲料价格持续走低的利好因素支撑下，中国肉禽养殖效益总体较好。白羽肉鸡产业经历3年行情低迷后，受主动和被动调减产能的影响，全产业链各环节均实现盈利。2016年，白羽肉鸡棚前收购价曾一度涨至8.0元/千克以上，9月跌破8.0元/千克，随后价格呈下滑态势，养殖效益收窄；黄羽肉鸡价格维持高位稳定，养殖处于盈利水平，但9月起养殖利润开始变薄，基本保本或略有亏损，总体上养殖效益较2015年略有下降。

---

① 禽肉进口包括禽肉及杂碎、加工禽肉

2.1.3 禽肉消费稳步增加

2016年，中国禽肉消费继续保持增加趋势，人均消费量13.8千克，与上年相比增长4.5%，增幅较上年扩大1.4个百分点。从居民家庭消费来看，中国城乡居民家庭人均禽肉消费量已由2013年的7.2千克增至2015年的8.4千克，估计2016年接近9千克。消费增加的主要原因是年内未发生重大疫情，居民消费信心不断增强。与此同时，猪肉价格快速上涨导致禽肉替代消费增加。在经济发展进入新常态的背景下，禽肉消费出现新的特点：居民消费习惯逐渐回归，一些西式快餐的鸡肉消费量在减少；生长慢速型鸡、地方特色鸡、品牌鸡受到推崇，优质鸡消费增加。

2.1.4 禽肉价格稳中略涨

2016年，虽然饲料成本明显降低，但由于消费需求稳步恢复，中国禽肉价格稳中略涨。2016年活鸡和白条鸡年均价格分别为18.81元/千克和19.07元/千克，与上年相比分别上涨0.6%和0.9%，涨幅较上年缩小3个百分点。受猪肉价格大幅上涨的带动影响，年内禽肉价格总体波动趋缓，波幅较小。从月度价格变化来看，除2月和3月外，各月价格的涨跌幅度均在1.0%以内。2016年上半年各月的价格与上年同期相比上涨幅度呈扩大态势，自8月开始下跌，随后跌幅逐步收窄，10—12月活鸡价格继续下跌，白条鸡价格转为上涨。

2.1.5 禽肉贸易净进口格局

2016年，中国禽肉贸易比较活跃，进口增加明显，出口减少，禽肉贸易格局由上年的净出口转变为净进口。禽肉产品进口量59.29万吨，与上年相比增长45.1%，进口额13.14亿美元，与上年相比增长37.9%；出口量45.81万吨，与上年相比减少5.0%，出口额15.13亿美元，与上年相比减少8.3%。从产品结构来看，冰鲜、冷冻禽肉及杂碎进口占97.7%，主要来自巴西、智利、阿根廷和波兰；加工禽肉出口占63.6%，主要出口至日本、韩国以及荷兰、英国、德国等欧盟成员国；冰鲜、冷冻禽肉及杂碎出口占35.4%，主要出口至中国的香港和澳门地区、马来西亚、吉尔吉斯斯坦、巴林、阿富汗、蒙古国、格鲁吉亚、伊拉克和塔吉克斯坦10个国家和地区。

2.2 未来10年市场走势判断

2.2.1 总体判断

禽肉产量呈增长趋势。随着经济发展和人口增加，在消费需求增长的拉动下，禽肉产量将保持增长趋势。受2016年养殖效益较好、黄羽肉鸡产业恢复速度加快、居民消费稳步增加影响，预计2017年中国禽肉产量继续增加，达到1920万吨，与2016年相比增长1.7%；到2020年预计产量将达到2045万吨，比2016年增长8.3%。展望后期，中国禽肉产量将在需求拉动下继续增长，预计2026年产量将达到2235万吨，比2016年增长18.4%。未来10年，禽肉产量年均增速为1.7%，与过去10年3.3%的增速相比，放缓1.6个百分点。

禽肉消费稳步增加。随着居民生活水平提高和饮食多元化，肉类消费结构发生变化，禽肉消费呈逐年增加趋势。预计2017年中国城乡居民禽肉消费继续增加，人均消费量达到13.9千克，其中农村居民人均消费量增至8.3千克；到2020年预计中国城乡居民人均禽肉消费量为14.5千克，比2016年增长5.1%。展望后期，中国禽肉消费大致以年均0.2千克/人的速度增加，预计2026年人均禽肉消费量将达到15.7千克，比2016年增长14.6%。未来10年，禽肉消费年均增长1.7%，比过去10年的年均增速放缓1.5个百分点。

禽肉进出口基本稳定。在贸易协定、技术壁垒、禽流感等的影响下，预计未来10年禽肉贸易规模变化不大。受国内外消费偏好不同和价差影响，预计2017年中国禽肉进口继续保持较高水平，进口量55万吨，与上年相比减少7.1%。展望后期，中国禽肉进口稳中有增，出口稳中略降，预计2020年禽肉进口44.1万吨，出口52.1万吨；2026年禽肉进口57.6万吨，出口51.6万吨。

禽肉价格波动上涨。在土地、劳动力、防疫、环保等多重因素影响下，禽肉生产成本刚性增加，推动价格总体上行。受市场供给充足、饲料价格低位、国际禽流感疫情形势严峻等影响，预计2017年中国禽肉价格偏弱，低于2016年的价格水平，全年均价在18元/千克左右。由于人工、环保等养殖成本上升趋势不可逆转，预计2020年禽肉价格比2016年上涨5%以上。展望后期，降本增效是产业发展的关键，预计中国禽肉价格将波动上行，总体较为平稳。

2.2.2 生产展望

展望期内，禽肉产量仍将保持增加趋势，但增速显著放缓。受消费需求发生改变的影响，肉禽生产结构将进一步调整优化；随着国家环保政策的实施，在资源环境约束下，禽肉生产进一步加快向规模化、高效率、高品质、品牌化的产业发展模式转变。

2017年禽肉产量继续增加，但增幅低于2016年。预计2017年禽肉产量1920万吨，较2016年增长1.7%。自2015年以来白羽祖代引种量持续下降，行业内对白羽肉鸡的供应减少预期不断增强，导致养殖企业强制换羽增多，供应持续增加。黄羽肉鸡产能恢复，产量亦呈增加态势。但受环保政策影响，随着环保监督检查力度的加大，将导致部分中小养殖企业关停、散户退出，一定程度上抑制了禽肉产量的大幅增加。

2.3 不确定性分析

2.3.1 家禽疾病影响禽肉市场

长期以来,流感等疾病时有发生,成为制约家禽产业健康、持续发展的重要因素之一。家禽及相关疾病将会对禽肉生产、消费和贸易带来影响,导致禽肉市场面临很大的不确定性。2016年秋冬季,全球禽流感疫情形势复杂、严峻,法国、波兰等欧洲国家以及日本、韩国等周边国家先后暴发疫情,对全球家禽市场带来巨大影响。2017年1—2月,西班牙又暴发禽流感,而目前中国种禽进口的70%来自西班牙,中国已宣布对西班牙封关,可能会使本来进口来源就比较有限的种禽进口雪上加霜。种禽对国外进口的高度依赖严重制约了产业发展,或将影响后期市场供给。未来,家禽疾病对产业和市场的影响难以预测。

2.3.2 环保压力倒逼产业转型

2016年11月,国务院正式印发《"十三五"生态环境保护规划》,要求2017年年底前,各地区依法关闭或搬迁禁养区内的畜禽养殖场(小区)和养殖专业户。受环保政策影响,全国各地均划定禁养区,加快完成禁养计划。2017年年初,国家环保督察组进驻家禽生产大省山东,开展畜禽养殖污染的监督检查。随着政策的推进实施,环保压力持续加大,将迫使部分中小型养殖企业关停、中小养殖户退出,倒逼产业加快转型升级。但在转型升级过程中,需要技术、资本及相关政策环境的支撑,这决定着污染和低效产能逐渐被淘汰的速度,及肉禽业向标准化、规模化和设施化发展的成功与否。环保政策在优化产业布局、提升产业发展质量上的效应显现需要一段时间,其带来的短期影响存在不确定性。

2.3.3 产品品质决定消费提升空间

近年来,中国禽肉的多元化、品质化消费趋势日益明显,消费者更加偏好具有特殊风味的地方特色鸡、鸭、鹅、鸽等。提升产品品质已成为肉禽产业健康、可持续发展的关键,这将有助于拉动消费增长。2017年中央一号文件明确指出,要深入开展农兽药残留超标,特别是养殖业滥用抗生素治理,严厉打击违禁超限量使用农兽药、非法添加和超范围超限量使用食品添加剂等行为。营养、绿色消费成为未来主流,但品质提升需要与目标市场做好配套衔接,需要健全的质量安全体系和监管网络支撑。未来在市场和政府的共同作用下,能否显著提升品质、扩大消费具有不确定性。

通关，另一方面也节约成本，有力促进了禽肉进口。但受汇率波动、国内外价差缩小以及流感疫情频发等因素影响，预计禽肉进口波动减少，到 2020 年，禽肉进口 44.1 万吨，比 2016 年减少 25.6%；2026 年禽肉进口 57.6 万吨，比 2016 年减少 2.9%（图 8-5）。

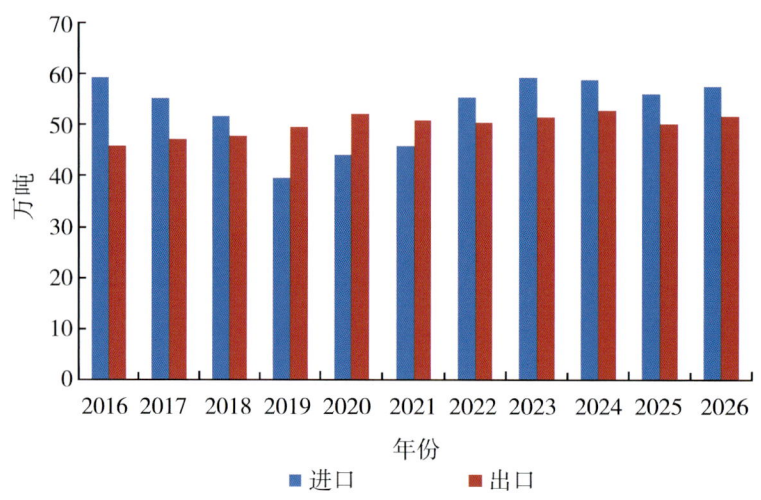

图 8-5　2016—2026 年中国禽肉贸易变动趋势

数据来源：2017—2026 年数据为中国农业科学院农业信息研究所 CAMES 预测

2.2.5　价格展望

展望期内，禽肉价格将总体保持上涨态势。中国家禽养殖成本长期高于美国、巴西等世界主要禽肉生产国，降低成本、提高生产效率是提升产业竞争力的关键。过去 5 年，在养殖成本刚性增加的推动下，中国禽肉价格呈上涨态势，年均上涨 2.0%。长期来看，受人工成本和环保成本等的推动，未来中国禽肉价格仍将呈上行趋势。但由于重大疫情、替代品价格等多重外在因素影响，禽肉价格会有所波动，预计 2020 年价格比 2016 年上涨 5%以上。未来 10 年，价格上涨步伐较过去 10 年将明显放缓，年均上涨幅度在 2%以内。

2017 年禽肉价格将呈前低后高走势。受市场供给充足以及 H7N9 病毒影响，春节过后禽肉价格快速下跌，预计上半年价格下行压力较大。下半年随着白羽肉鸡祖代、父母代种鸡存栏长期维持低位，或将导致商品代肉鸡供应趋紧，对禽肉价格带来一定支撑，预计价格稳中走高。2017 年禽肉价格可能略低于 2016 年的价格水平，全年均价在 18 元/千克左右。由于饲料价格将低位运行，预计肉禽养殖整体上会处于盈利状态。

肉消费量差距将明显缩小。到 2020 年，预计中国城乡居民人均消费量达到 14.5 千克，比 2016 年增长 5.1%；预计 2026 年人均禽肉消费量将达到 15.7 千克，比 2016 年增长 14.6%（图 8-4）。

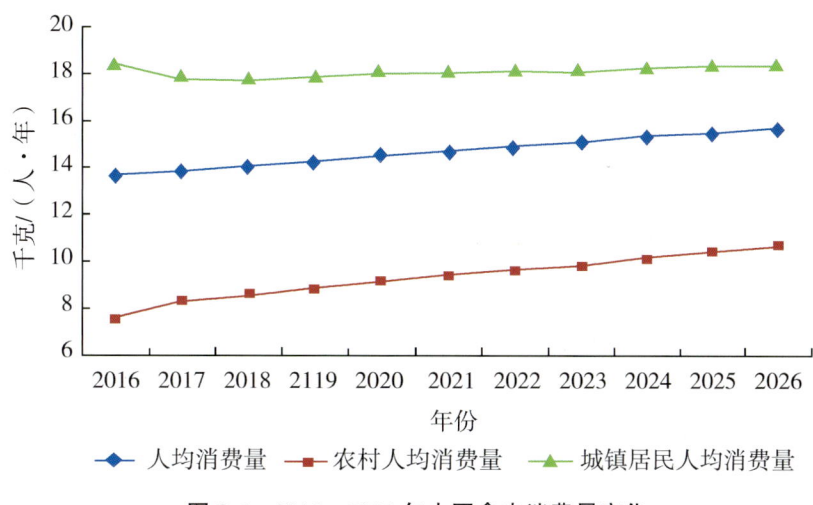

图 8-4　2016—2026 年中国禽肉消费量变化

数据来源：2017—2026 年数据为中国农业科学院农业信息研究所 CAMES 预测

注：国内人均消费量是根据（产量＋进口－出口＋库存变化）除以人口计算得出

2.2.4　贸易展望

展望期内，受国际经济形势、贸易政策等因素影响，禽肉贸易基本保持稳定。中国作为世界第二大禽肉生产国，贸易量占世界的比重较小。未来中国禽肉贸易占世界贸易量的比重仍将保持在 5% 左右。在进口市场方面，中国进口主要来自美国、巴西、智利和阿根廷等美洲国家。预计巴西和美国的竞争将加剧，波兰、俄罗斯等国家正在瞄准中国市场，禽肉进口市场将更加多元化。出口方面，中国面临着美国、巴西和泰国的低价竞争，随着"一带一路"建设的推进，通过国际产能合作，将推动中国禽肉对东南亚、中亚、西亚、中东、非洲国家的出口贸易。展望后期，预计 2021—2026 年，禽肉出口规模将超过 50 万吨。

2017 年，由于全球禽流感疫情形势比较严峻，农业部、国家质量监督检验检疫总局先后公布禁止进口多个国家禽类产品，据估算，全球禽肉贸易将存在约 70 万吨的缺口。受此影响，预计中国禽肉进口稳中略减，进口量 55 万吨左右；受国际经济复苏进程缓慢以及对外贸易形势复杂的影响，预计出口量基本稳定在 47 万吨左右。

长期来看，由于国内外禽肉产品消费结构存在明显的互补性，随着人口增加带来的国内消费刚性需求增长，禽肉进口需求将长期存在。近年来，中国推进实施了贸易便利化措施，在内陆地区设立指定肉类进口口岸和查验场，一方面便利长期来看，禽肉产量将保持缓步增长态势。未来 10 年，禽肉产量年均增速为 1.7%，比过去 10 年的 3.3% 明显放缓。随着农业供给侧结构性改革的深入推进，肉禽产业将在资源节约、节本高效、环境友好、产品安全的发展道路上持续转型升级，将着重加快优势特色品种及养殖区域的发展。在消费需求增加的拉动下，禽肉产量将不断增加。预计到 2020 年产量将达到 2 045 万吨，比 2016 年增长 8.3%；到 2026 年产量将达到 2 235 万吨，比 2016 年增长 18.4%（图 8-3）。

图 8-3　2016—2026 年中国禽肉产量变动趋势

数据来源：2017—2026 年数据为中国农业科学院农业信息研究所 CAMES 预测

2.2.3　消费展望

展望期内，由于人口增长、居民收入水平和城镇化水平提高，将持续带动禽肉消费增加。随着居民饮食多元化发展，禽肉消费的形式更加多样，对高品质、生态、绿色产品的消费趋于增加，深加工产品消费的比例将提高至 7% 以上。

受 2017 年年初 H7N9 流感疫情的影响，居民消费信心受到一定冲击，特别是南方部分地区关闭活禽交易市场，活禽消费显著减少。大量活禽转移至屠宰场，导致屠宰压力加大，而黄羽肉鸡冰鲜消费的方式认可度尚不高，预计 2017 年禽肉消费小幅增加，人均消费量达到 13.9 千克，比 2016 年增长 0.7%，显著低于 2016 年 4.5% 的增幅。

长期来看，随着国内经济发展、人口增加、城乡居民收入水平提高，禽肉消费将稳步增加。未来 10 年，禽肉消费增速比过去 10 年明显放缓，年均增长 1.7%，放缓 1.5 个百分点；农村居民的消费增加比较快，年均增长 3.6%，城乡居民的禽居民消费稳步增加影响，预计2017年中国禽肉产量继续增加，达到1 920万吨，与2016年相比增长1.7%；到2020年预计产量将达到2 045万吨，比2016年增长8.3%。展望后期，中国禽肉产量将在需求拉动下继续增长，预计2026年产量将达到2 235万吨，比2016年增长18.4%。未来10年，禽肉产量年均增速为1.7%，与过去10年3.3%的增速相比，放缓1.6个百分点。

禽肉消费稳步增加。随着居民生活水平提高和饮食多元化，肉类消费结构发生变化，禽肉消费呈逐年增加趋势。预计2017年中国城乡居民禽肉消费继续增加，人均消费量达到13.9千克，其中农村居民人均消费量增至8.3千克；到2020年预计中国城乡居民人均禽肉消费量为14.5千克，比2016年增长5.1%。展望后期，中国禽肉消费大致以年均0.2千克/人的速度增加，预计2026年人均禽肉消费量将达到15.7千克，比2016年增长14.6%。未来10年，禽肉消费年均增长1.7%，比过去10年的年均增速放缓1.5个百分点。

禽肉进出口基本稳定。在贸易协定、技术壁垒、禽流感等的影响下，预计未来10年禽肉贸易规模变化不大。受国内外消费偏好不同和价差影响，预计2017年中国禽肉进口继续保持较高水平，进口量55万吨，与上年相比减少7.1%。展望后期，中国禽肉进口稳中有增，出口稳中略降，预计2020年禽肉进口44.1万吨，出口52.1万吨；2026年禽肉进口57.6万吨，出口51.6万吨。

禽肉价格波动上涨。在土地、劳动力、防疫、环保等多重因素影响下，禽肉生产成本刚性增加，推动价格总体上行。受市场供给充足、饲料价格低位、国际禽流感疫情形势严峻等影响，预计2017年中国禽肉价格偏弱，低于2016年的价格水平，全年均价在18元/千克左右。由于人工、环保等养殖成本上升趋势不可逆转，预计2020年禽肉价格比2016年上涨5%以上。展望后期，降本增效是产业发展的关键，预计中国禽肉价格将波动上行，总体较为平稳。

2.2.2 生产展望

展望期内，禽肉产量仍将保持增加趋势，但增速显著放缓。受消费需求发生改变的影响，肉禽生产结构将进一步调整优化；随着国家环保政策的实施，在资源环境约束下，禽肉生产进一步加快向规模化、高效率、高品质、品牌化的产业发展模式转变。

2017年禽肉产量继续增加，但增幅低于2016年。预计2017年禽肉产量1 920万吨，较2016年增长1.7%。自2015年以来白羽祖代引种量持续下降，行业内对白羽肉鸡的供应减少预期不断增强，导致养殖企业强制换羽增多，供应持续增加。黄羽肉鸡产能恢复，产量亦呈增加态势。但受环保政策影响，随着环保监督检查力度的加大，将导致部分中小养殖企业关停、散户退出，一定程度上抑制了禽肉产量的大幅增加。

2.1.3 禽肉消费稳步增加

2016年，中国禽肉消费继续保持增加趋势，人均消费量13.8千克，与上年相比增长4.5%，增幅较上年扩大1.4个百分点。从居民家庭消费来看，中国城乡居民家庭人均禽肉消费量已由2013年的7.2千克增至2015年的8.4千克，估计2016年接近9千克。消费增加的主要原因是年内未发生重大疫情，居民消费信心不断增强。与此同时，猪肉价格快速上涨导致禽肉替代消费增加。在经济发展进入新常态的背景下，禽肉消费出现新的特点：居民消费习惯逐渐回归，一些西式快餐的鸡肉消费量在减少；生长慢速型鸡、地方特色鸡、品牌鸡受到推崇，优质鸡消费增加。

2.1.4 禽肉价格稳中略涨

2016年，虽然饲料成本明显降低，但由于消费需求稳步恢复，中国禽肉价格稳中略涨。2016年活鸡和白条鸡年均价格分别为18.81元/千克和19.07元/千克，与上年相比分别上涨0.6%和0.9%，涨幅较上年缩小3个百分点。受猪肉价格大幅上涨的带动影响，年内禽肉价格总体波动趋缓，波幅较小。从月度价格变化来看，除2月和3月外，各月价格的涨跌幅度均在1.0%以内。2016年上半年各月的价格与上年同期相比上涨幅度呈扩大态势，自8月开始下跌，随后跌幅逐步收窄，10—12月活鸡价格继续下跌，白条鸡价格转为上涨。

2.1.5 禽肉贸易净进口格局

2016年，中国禽肉贸易比较活跃，进口增加明显，出口减少，禽肉贸易格局由上年的净出口转变为净进口。禽肉产品进口量59.29万吨，与上年相比增长45.1%，进口额13.14亿美元，与上年相比增长37.9%；出口量45.81万吨，与上年相比减少5.0%，出口额15.13亿美元，与上年相比减少8.3%。从产品结构来看，冰鲜、冷冻禽肉及杂碎进口占97.7%，主要来自巴西、智利、阿根廷和波兰；加工禽肉出口占63.6%，主要出口至日本、韩国以及荷兰、英国、德国等欧盟成员国；冰鲜、冷冻禽肉及杂碎出口占35.4%，主要出口至中国的香港和澳门地区、马来西亚、吉尔吉斯斯坦、巴林、阿富汗、蒙古国、格鲁吉亚、伊拉克和塔吉克斯坦10个国家和地区。

2.2 未来10年市场走势判断

2.2.1 总体判断

禽肉产量呈增长趋势。随着经济发展和人口增加，在消费需求增长的拉动下，禽肉产量将保持增长趋势。受2016年养殖效益较好，黄羽肉鸡产业恢复速度加快、

2 禽肉

禽肉消费占中国肉类总消费的20%以上。过去10年，中国禽肉产量以年均3.3%的速度增加。2016年，中国禽肉产量1 888万吨，与上年相比增长3.4%；进口量[①]59.29万吨，与上年相比增长45.1%；人均消费量13.8千克，与上年相比增长4.5%。在产量、进口、消费均增加的影响下，价格稳中略涨。展望未来，随着经济发展和人口增加，消费需求持续增长，在需求拉动下中国禽肉产量将继续增加，进出口平稳发展，价格受成本推动波动上涨。

受2016年养殖效益较好、产业扩张步伐加快影响，预计2017年禽肉产量继续小幅增加。由于近年宏观经济下行压力较大，禽肉消费增长动力较弱，预计2017年禽肉消费小幅增加。展望期内，禽肉供需总体基本平衡，预计到2020年产量将达到2 045万吨，消费量达到2 037万吨；2026年产量将达到2 235万吨，消费量达到2 241万吨，人均消费量为15.7千克。

2.1 2016年市场形势回顾

2.1.1 禽肉产量继续增加

2016年中国禽肉生产继续保持平稳发展，禽肉产量1 888万吨，与上年相比增长3.4%，在肉类生产中的占比提高至22.6%。肉禽产业内部生产形势呈现差异化特点。由于白羽肉鸡祖代引种量明显下降，养殖企业积极实施强制换羽，导致商品代肉鸡供应呈稳中有增态势。黄羽肉鸡受养殖行情持续向好的刺激，产能已经恢复至2013年H7N9暴发前的水平，出栏量明显增加。据初步估算，白羽肉鸡产量持平略增，黄羽肉鸡产量增加5%左右。随着产业布局的变化，禽肉产量构成发生变化，黄羽肉鸡和水禽份额均有所扩大。

2.1.2 肉禽养殖保持盈利

2016年，在饲料价格持续走低的利好因素支撑下，中国肉禽养殖效益总体较好。白羽肉鸡产业经历3年行情低迷后，受主动和被动调减产能的影响，全产业链各环节均实现盈利。2016年，白羽肉鸡棚前收购价曾一度涨至8.0元/千克以上，9月跌破8.0元/千克，随后价格呈下滑态势，养殖效益收窄；黄羽肉鸡价格维持高位稳定，养殖处于盈利水平，但9月起养殖利润开始变薄，基本保本或略有亏损，总体上养殖效益较2015年略有下降。

---

① 禽肉进口包括禽肉及杂碎、加工禽肉

1.3.2 科技水平的提高速度影响生猪产能增速

本报告基于目前的养殖效率测算未来的猪肉产量增长,养殖效率的提高速度将直接影响猪肉产量增速。未来中国生猪产业的规模化程度将不断提高,在激烈的竞争环境中,更多的企业将通过不断强化组织化和产业化水平来提高规模效益,依靠新技术、新方式改善养殖效率。中国的生猪出栏率只有150%左右,远低于发达国家170%的生猪出栏率;生猪出栏重约为110千克,也低于欧美国家130千克左右的出栏重。未来,通过规模养殖企业带动中小养殖户加速推广和应用畜牧业养殖技术和环保技术,通过提高饲料转化率等各种潜在手段缩短出栏时间、提高PSY,进而降低成本,提升生产效率,提高猪肉价格竞争力,生猪产能将加速恢复和增长,提前实现猪肉的数量和质量升级。

1.3.3 消费习惯转变影响产销区布局和规模化发展速度

猪肉消费观念的逐步改变将给生猪产业的产销格局带来深刻影响。尽管规模企业在东北和内蒙古等粮食主产区加速布局,但受当前以热鲜肉为主的消费方式、生猪屠宰政策和冷链物流技术的影响,长距离运输活猪不但会加大疾病传播风险,还导致运输成本的增加,进而影响猪肉销售价格。若中国消费者逐步改变热鲜肉的消费习惯,冷鲜肉和加工猪肉将成为未来的消费主流,这更有利于生猪的区域化布局和规模化发展,降低物流成本和猪肉销售价格,推动猪肉消费;若热鲜肉消费习惯难以改变,粮食主产区饲料成本优势难以充分发挥作用,高物流成本下生猪价格和猪肉价格将依旧高企,生猪产能的转移和释放速度将放缓。

1.3.4 畜产品国际贸易政策影响猪肉贸易

畜产品国际贸易政策和贸易环境的变化将影响猪肉贸易。尽管猪肉进口量占国内猪肉消费量的比重较低,但对国内市场的影响已逐步显现。猪肉价格高涨、国内外猪肉价差拉大将刺激中国猪肉进口,在价差持续存在的大环境下,猪肉贸易保持高进口量将会成为常态。目前,猪肉进口贸易调控政策仍然有待完善,过量进口猪肉或将导致国内市场猪肉价格下跌时间延长或上涨趋势逆转。反之,制定基于国内猪肉供需的猪肉贸易调控政策,能有效利用进口猪肉来调控国内猪肉市场,减缓国内生猪产业面临的来自国际市场的竞争压力。就国际市场来说,由于生猪生产周期较长,如果与主要猪肉贸易国出现贸易争端,将会影响短期内的猪肉供应,引起国内猪肉价格的暴涨。

2.3.4 贸易环境变化影响贸易规模

区域经济一体化进程加快、新的贸易摩擦和贸易壁垒以及贸易政策变化等因素都将给中国禽肉贸易带来不确定性影响。过去 10 年，中国禽肉出口总体呈稳步扩大趋势，但由于国内人工成本不断攀升，禽肉特别是加工禽肉在国际市场上的竞争力有所减弱。随着贸易环境的变化，禽肉出口结构发生改变，高附加值的加工禽肉出口量低于鲜冷冻禽肉的出口量。近年来，国际贸易保护主义抬头，给中国禽肉出口带来较大阻碍。行业内将不断优化国际贸易环境，缩小技术性壁垒，统筹利用国际市场，一方面优化国内禽肉产品供给结构，另一方面扩大传统优势禽肉产品的出口。但在国际贸易不确定因素增多的背景下，国际市场的开拓能力还有待观察。

3 牛羊肉

近 5 年来，中国牛羊产业快速发展，牛羊肉产量持续增加，年均增速已超过猪肉和禽肉，牛羊肉产量占肉类总产量的比重逐年提高，已达到 13.8%。2016 年，中国牛肉和羊肉产量分别为 717 万吨和 459 万吨，较上年分别增长 2.4% 和 4.2%，呈现稳步增长势头；牛肉价格稳定，羊肉价格走低；牛肉进口继续增加，羊肉进口略有减少。在市场拉动和政策引导下，草食畜牧业综合生产能力持续提升。2017 年，预计牛肉产量 735 万吨，与上年相比增长 2.6%；羊肉产量 466 万吨，与上年相比增长 1.5%。未来 10 年，中国将大力发展草食畜牧业，牛羊肉科技支撑力度不断加大，产量有望稳步增长，预计 2020 年牛肉和羊肉产量分别为 790 万吨和 498 万吨。展望后期，牛羊肉综合生产能力将继续提升，预计 2026 年牛肉和羊肉产量分别为 860 万吨和 580 万吨。牛羊肉消费增加仍然是大趋势，人们也更加注重品质的提升。受国内需求拉动、积极的贸易政策、屠宰用商品活牛进口及跨境生鲜电商贸易不断发展等影响，预计到 2026 年，牛肉进口继续增加，或将达到 107 万吨；羊肉进口则较为稳定，预计为 27 万吨。展望期内，牛羊肉价格将在波动调整中呈现略涨趋势。

3.1 2016 年市场形势回顾

3.1.1 产量保持平稳增长，规模化水平有所提升

2016 年，中国继续加大对草食畜牧业的支持力度，加快构建粮经饲三元结构。2016 年 7 月，农业部发布实施《全国草食畜牧业发展规划（2016—2020 年）》，积极引导草食畜牧业健康有序发展。在国家扶持政策的拉动下，牛羊产业继续保持良好发展势头，综合生产能力进一步提升。2016 年，牛肉产量 717 万吨，较上年增长

2.4%;羊肉产量459万吨,较上年增长4.2%;与上年相比,牛羊肉产量增速均明显加快,牛肉和羊肉产量增速较上年分别提升0.9个百分点和1.1个百分点。

随着中国持续加大对标准化规模养殖的支持,肉牛、肉羊的散户饲养比例逐年下降,规模化程度不断提升。根据中国农业部畜牧业司统计资料,肉牛年出栏1~9头,养殖户的比重由2010年的58.4%降至2015年的53.4%,肉羊年出栏1~29只,养殖户的比重由51.2%降至38.7%,分别减少了5个百分点和12.5个百分点;肉牛年出栏50头以上养殖户的比重由2010年的23.2%升至2015年的28.5%,肉羊年出栏100只以上养殖户的比重由22.9%升至36.7%,分别增加了5.3个百分点和13.8个百分点。

3.1.2 消费总量继续增加,地区间消费差异大

随着中国城乡居民收入的增加、生活水平的提高以及城镇化的带动,牛羊肉消费量呈现增长趋势。另外,随着西餐文化在中国餐饮习惯中的渗透,国内消费牛肉的群体也逐渐扩大,牛羊肉消费刚性增加的趋势不会发生改变。据测算,2016年牛肉和羊肉消费量分别为775万吨和481万吨,与上年相比分别增加3.8%和3.9%。

根据《中国统计年鉴》数据,2015年,全国居民人均牛肉消费量为1.6千克,其中,西藏[①]人均牛肉消费量为26.4千克,为全国最高水平,是全国平均水平的16.5倍,其次是新疆和青海,分别为4.6千克和4.5千克;全国居民人均羊肉消费量为1.2千克,其中,新疆人均羊肉消费量为13.2千克,是全国平均水平的11倍,其次是青海和西藏,分别为6.9千克和5.8千克。虽然牛羊肉消费群体不断扩大,但地区间消费差异性依然存在。据测算,加上在外就餐之类未统计的消费量,2015年全国牛肉和羊肉的人均消费量分别为5.22千克和3.24千克,2016年分别为5.39千克和3.34千克。

3.1.3 牛羊肉价格走势分化,牛肉稳定、羊肉走低

2016年,牛肉价格略有下滑,走势以稳为主,在成本的硬性支撑下,总体仍呈高位平稳运行态势;羊肉受规模化程度提高、供应增加以及进口冲击的影响,价格继续下跌,跌幅进一步扩大,呈持续走弱态势。2016年牛肉和羊肉平均集市价格分别为62.69元/千克和55.93元/千克,分别较上年下跌0.9%和8.7%。

从2016年走势看,2月牛肉价格全年最高,约为64.36元/千克,略低于上年同期,同比跌幅0.6%,3月开始牛肉价格连续6个月下跌,累计跌幅为3.9%,9月以后连续4个月小幅上涨,累计涨幅1.2%;1月羊肉价格延续上年持续下跌的

---

① 西藏为西藏自治区的简称,全书同

态势，跌至 57.66 元/千克，2 月略有回升，并达到全年最高，约为 58.35 元/千克，但仍比上年同期下跌 10.2%，3 月开始连续 8 个月下跌，累计跌幅为 6.9%，11 月止跌回升，12 月为 55.23 元/千克，环比上涨 1.2%，同比下跌 5.6%（图 8-6）。

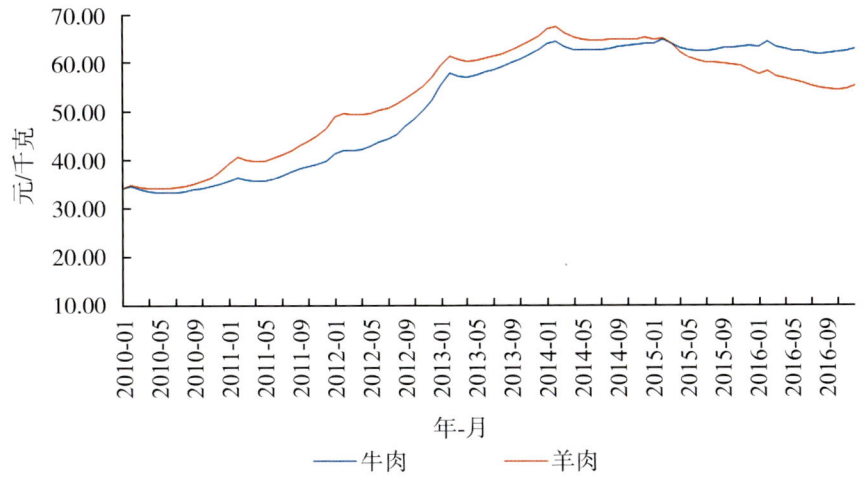

图 8-6　2010—2016 年中国牛羊肉月度集市价格

数据来源：中国农业部畜牧业司

3.1.4　牛肉进口持续增加，羊肉进口继续下降

受国内外牛肉价格倒挂和国内需求继续增长的影响，2016 年牛肉进口量连续第五年增长，全年进口量 57.98 万吨，与上年相比增长 22.4%（图 8-7）。从进口来源看，由于价格优势，中国从南美洲国家进口大幅增加。2016 年中国自巴西和乌拉圭的牛肉进口量均超过澳大利亚，分别占中国牛肉进口总量的 29.5% 和 26.8%，巴西和乌拉圭成为中国第一大和第二大牛肉进口来源国。牛肉出口量继续下降，2016 年为 4 143.31 吨，与上年相比减少 11.9%。主要出口至中国香港地区（对其出口量占出口总量的 48.1%）、吉尔吉斯斯坦（28.4%）和朝鲜（18.9%），其中出口至中国香港地区较上年增加 94.1%。

由于国内羊肉产量的增加以及羊肉价格持续走低，2016 年羊肉进口量继续下降，全年进口 22.01 万吨，与上年相比减少 1.3%（图 8-7）。从进口来源看，新西兰和澳大利亚仍为主要的进口来源国，自乌拉圭、智利和蒙古国的进口量相对较少。其中，自新西兰的进口量最大，占进口总量的 62.1%，澳大利亚为第二大进口来源国，占 36.3%。羊肉出口量增加，2016 年为 4 060.24 吨，与上年相比增长 8.0%。中国香港地区仍为最大的羊肉出口目的地，对其出口量占出口总量的 85.8%，以色列、阿联酋、科威特和约旦等中东国家也是中国重要的出口目的地。

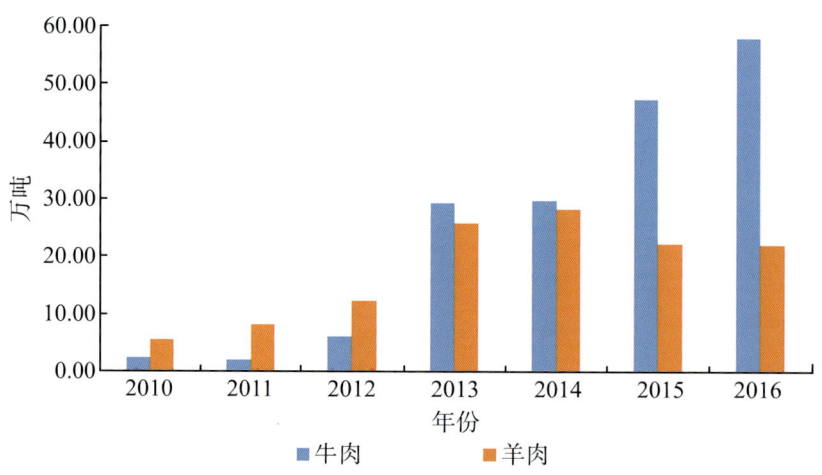

图 8-7　2010—2016 年中国牛羊肉进口量
数据来源：中国海关

3.2 未来 10 年市场走势判断

3.2.1 总体判断

区域布局优化，产量稳步增加。在市场拉动和政策引导下，草食畜牧业综合生产能力持续提升，生产方式加快转变，产业发展势头整体向好。预计 2017 年牛肉和羊肉产量分别为 735 万吨和 466 万吨，较 2016 年分别增长 2.6% 和 1.5%。展望期间，中国牛羊产业在科技创新和政策创新双轮驱动下，产业结构和区域布局将进一步优化，产量有望稳步增长，预计 2020 年牛肉和羊肉产量分别为 790 万吨和 498 万吨，较 2016 年分别增长 10.2% 和 8.5%。展望后期，随着草食畜牧业生产方式的加快转变，以及多种形式新型经营主体的进一步发展，中国牛肉和羊肉产量将继续稳步增长，预计 2026 年分别为 860 万吨和 580 万吨，较 2016 年分别增长 20.0% 和 26.3%。

消费刚性增加，品质要求提高。受人口增加、城镇化步伐加快、居民消费结构不断升级的影响，预计 2017 年牛肉消费量 797 万吨，较 2016 年增长 2.8%；羊肉消费量 488 万吨，较 2016 年增长 1.5%。展望期间，随着餐饮行业的调整及消费需求的理性回归，牛羊肉消费增加仍然是大趋势，高品质牛羊肉产品的供应也将逐渐满足居民需求的升级。到 2020 年，牛肉和羊肉消费量分别为 864 万吨和 522 万吨，较 2016 年分别增长 11.6% 和 8.7%；到 2026 年，牛肉和羊肉消费量分别为 967 万吨和 606 万吨，较 2016 年分别增长 24.8% 和 26.1%。

牛肉进口继续增加，羊肉进口趋稳。受国内外价格倒挂影响，预计 2017 年牛肉进口继续稳步增加，羊肉进口趋稳。"十三五"期间，牛羊肉的国内外价差继续存在，进口优势依旧明显，到 2020 年牛肉和羊肉进口量分别为 75 万吨和 25 万吨左右。受益于国内需求拉动和积极的贸易政策、屠宰用商品活牛进口及跨境生鲜电商贸易不断发展等，预计到 2026 年，牛肉进口量将达到 107 万吨。伴随着中国羊肉产业的发展，羊肉产量稳步增加，基本能够满足国内羊肉的需求，与此同时，国内羊肉企业也在不断提高产品质量、扩大销售渠道、提升产品竞争力，到 2026 年，中国羊肉进口量预计为 27 万吨，出口量将超过 1 万吨。

价格稳中略涨，波动幅度不大。受产业结构优化及国内外价差影响，牛羊肉价格，特别是羊肉价格在"十三五"前期将继续波动调整。部分地区羊肉（尤其是一些地方品种）价格依然存在上涨空间。随着畜牧业养殖方式的转变，牛羊饲养由传统的放养向集中圈养转变，势必会增加养殖成本，预计未来牛羊肉价格大幅下跌的可能性不大，未来也不会出现前几年牛羊肉价格同比涨幅超过 20%，有的年份甚至超过 40% 的状况。

3.2.2 生产展望

牛羊肉产量稳步增加。在市场拉动和政策引导下，草食畜牧业综合生产能力持续提升，生产方式加快转变，产业发展势头整体向好。预计 2017 年牛肉和羊肉产量分别为 735 万吨和 466 万吨，较 2016 年分别增长 2.6% 和 1.5%。2017 年中央一号文件进一步提出"加快品种改良，大力发展牛羊等草食畜牧业"；农业部《关于推进农业供给侧结构性改革的实施意见》（农发〔2017〕1 号）中提到：大力发展草食畜牧业，深入实施南方草地畜牧业推进行动，扩大优质肉牛肉羊生产。加快推进畜禽标准化规模养殖，指导养殖场（小区）进行升级改造。加快现代饲草料产业体系建设，逐步推进苜蓿等优质饲草国产化替代。到 2020 年，牛羊养殖的标准化、产业化和组织化程度将大幅提高，科技支撑作用进一步增强，综合生产能力将显著提升，预计牛肉和羊肉产量分别为 790 万吨和 498 万吨，较 2016 年分别增长 10.2% 和 8.5%，年均增长率分别为 2.5% 和 2.0%。预计 2026 年牛肉产量将达 860 万吨左右，比 2016 年增长 20.0%，年均增长 1.8%（图 8-8）；羊肉产量将达 580 万吨左右，比 2016 年增长 26.3%，年均增长 2.4%（图 8-9）。

展望期间，中国牛羊产业在科技创新和政策创新双轮驱动下，产业结构和区域布局将进一步优化，品种与牧草种业创新发展逐步加快，标准化规模养殖得到大力推进，粮经饲统筹、种养加一体、一二三产业融合发展得到全面推动。品种改良方面，既要加快优良品种培育进程，提升自主供种能力，也要加强原产地品种研发保护，推行生态循环种养模式；饲草料方面，以饲草饲料资源优势支撑牛羊产业发展，实现草畜一体化融合；疫病防控方面，加快推进牛羊种畜禽场主要垂直传播疫病监测净化，从源头控制动物疫病风险。与世界平均水平及畜牧业发达国家相比，2014 年中国的牛屠宰胴体重比世界平均水平低 72.6 千克（联合国粮

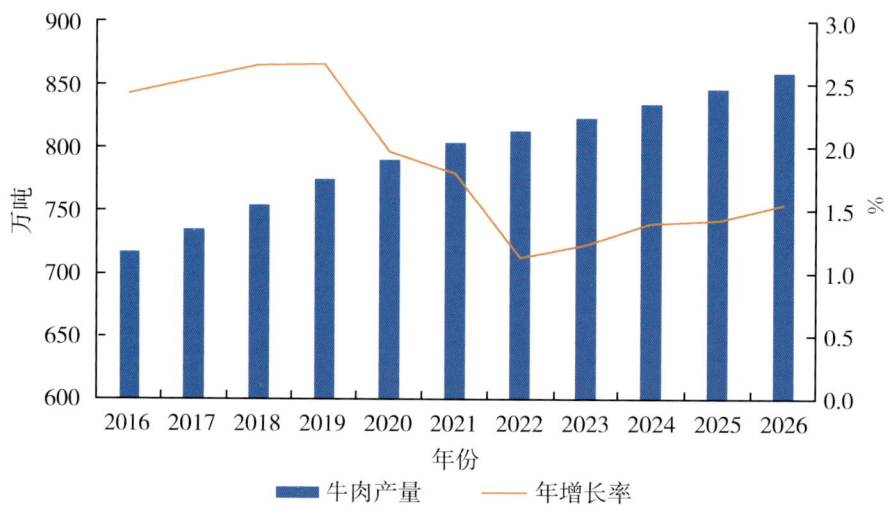

图 8-8　2016—2026 年中国牛肉产量及年增长率

数据来源：2016 年数据来源于中国国家统计局，2017—2026 年数据为中国农业科学院农业信息研究所 CAMES 预测

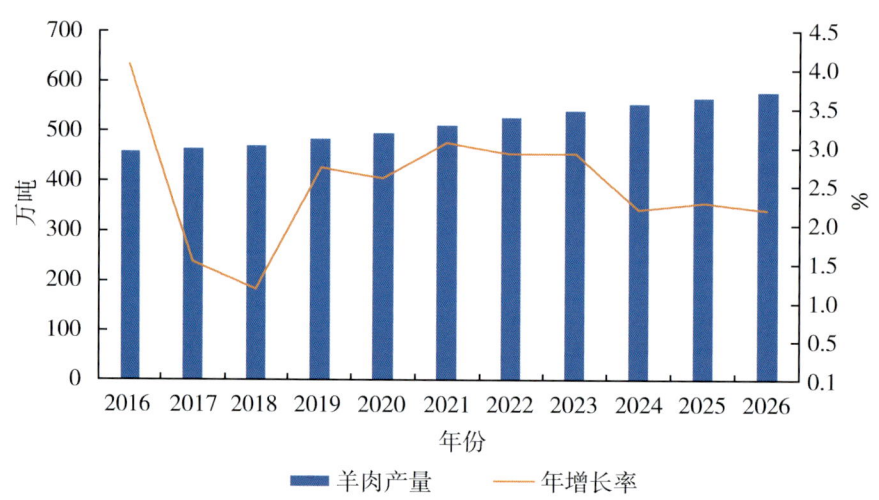

图 8-9　2016—2026 年中国羊肉产量及年增长率

数据来源：2016 年数据来源于中国国家统计局，2017—2026 年数据为中国农业科学院农业信息研究所 CAMES 预测

食及农业组织数据库），中国的羊屠宰胴体重比世界平均水平高 0.6 千克，比澳大利亚和新西兰分别低 7 千克和 4 千克，中国提高牛羊单产尚有潜力。

3.2.3　消费展望

牛羊肉消费量刚性增加。预计 2017 年中国牛肉消费量（包括直接消费、加工消费和其他消费）797 万吨，较 2016 年增长 2.8%，羊肉消费 488 万吨，较 2016 年增长1.5%。"十三五"期间，随着人口增加、城镇化步伐加快、居民消费结构不断升级，牛羊肉消费将继续稳步增加。牛羊肉属中高档肉类消费品，居民收入的持续增加以及居民消费结构的变化将会进一步促进未来牛羊肉消费需求增长。同时，城镇化步伐加快也将加剧这种需求，牛羊肉消费增加仍然是大趋势。到2020年牛肉和羊肉消费量分别为864万吨和522万吨，较2016年分别增长11.6%和8.7%，年均增长率分别为2.8%和2.1%；到2026年，牛肉和羊肉消费量分别为967万吨和606万吨，较2016年分别增长24.8%和26.1%。高品质牛羊肉产品的供应将逐渐满足居民需求的升级。

牛羊肉人均消费量继续增加。预计2017年人均牛肉消费量（包括家庭消费、在外消费和加工消费）为5.51千克，较2016年增加2.2%；人均羊肉消费量为3.38千克，较2016年增加1.0%。长期以来，除一些省（自治区）外，中国牛羊肉人均消费水平并不高，但随着居民收入水平的提高、人们对于牛羊肉营养价值的不断认识以及西式餐饮文化的影响，牛羊肉消费占肉类消费的比重逐年提高，人们在消费水平提高的同时更倾向于消费牛羊肉等中高档肉类食品。"十三五"期间，牛羊肉行业供给侧改革的重点主要是在供给方面为消费者提供健康优质的牛羊肉产品，尽量减少同质化低端供给，扩大优质化高端供给，促进牛羊肉供给体系更好适应需求结构变化。预计到2020年，人均牛肉和羊肉消费量分别为5.88千克和3.55千克，较2016年分别增加9.2%和6.2%；到2026年，人均牛肉和羊肉消费量分别为6.45千克和4.03千克，较2016年分别增加19.7%和20.7%。

3.2.4 贸易展望

牛肉进口继续增加。2017年预计中国牛肉进口继续稳步增加，将达到62万吨，出口为0.5万吨。随着中国牛肉消费需求的不断增加，牛肉进口来源国正在不断扩展，南美洲国家凭借其价格优势迅速占领中国市场。2016年，中国自巴西和乌拉圭的牛肉进口量均超过澳大利亚，自巴西的进口量较上年增2.0倍，自澳大利亚进口量较上年减29.0%。"十三五"期间，牛肉的国内外价差继续存在，进口优势依旧明显。根据《中华人民共和国政府和澳大利亚政府自由贸易协定》和《中华人民共和国政府和新西兰政府自由贸易协定》，将从整体上不断降低国内贸易商对澳大利亚和新西兰牛羊肉的采购成本。预计2020年，中国牛肉进口将达到75万吨，中国牛肉由于生产成本高、养殖屠宰加工水平较低等因素在国际市场上不具竞争力，出口量0.7万吨。受益于国内需求拉动和积极的贸易政策、屠宰用商品活牛进口及跨境生鲜电商贸易的不断发展等，预计到2026年，牛肉进口将超过100万吨。在环境、资源条件允许的情况下，养殖模式的创新和牛肉品质的提高，将有效提升国内牛肉竞争力，预计到2026年牛肉出口将超过1万吨。

羊肉进口趋稳。预计2017年，中国羊肉进口量为23万吨，出口量为0.6万吨。

与牛肉进口持续增加相比，中国羊肉进口趋稳。一方面是由于全球羊肉产量的增加幅度不会很大，贸易量也非常有限；另一方面受消费习惯影响，进口冷冻羊肉新鲜度不如国产羊肉，消费者更偏向本地羊肉。但国内外羊肉价差继续存在，进口优势还将继续。预计2020年，中国羊肉进口将达到25万吨，而出口略增至0.8万吨。伴随着中国肉羊产业的发展，羊肉产量稳步增加，基本能够满足国内羊肉的需求，与此同时，国内羊肉企业也在不断提高产品质量、扩大销售渠道、提升产品竞争力，到2026年，中国羊肉进口量预计为27万吨，出口量将超过1万吨。

3.2.5 价格展望

2017年中国牛肉价格以稳为主，羊肉价格波动调整。2017年牛羊肉价格继续呈现季节性特征，一季度受春节、元宵节等节日消费需求拉动，牛羊肉价格将继续上涨；二季度和三季度肉类消费整体略有下降，同时，进入出栏淡季，肉类需求降幅大于出栏降幅，价格下调但幅度不大。就价格变化幅度来看，2017年牛羊肉价格波动幅度不会太大，牛肉价格基本与上年持平，羊肉价格还将继续调整，部分地区羊肉（尤其是一些地方品种）价格依然存在上涨空间。

长期来看，牛羊肉价格以稳中略涨为主。受产业结构优化及国内外价差影响，牛羊肉价格，特别是羊肉价格在"十三五"前期将继续波动调整，后期牛羊肉价格受供需影响和成本支撑呈现稳中略涨趋势。一方面，国内外供需均偏紧。虽然近年来牛羊规模化养殖程度都有不同程度的提高，供应趋紧态势有所缓解，但随着世界经济一体化和全球化发展，国际市场对国内市场的影响将逐渐加大。未来几年国际市场牛羊肉生产将保持低速增长，牛羊主产国，包括大洋洲的澳大利亚、新西兰和南美洲的巴西，由于干旱正处在恢复期，供给将维持紧平衡状态。另一方面，国内高成本支撑。随着畜牧业养殖方式的转变，牛羊饲养由传统的放养向集中圈养转变，势必会增加养殖成本，饲料价格、劳动力成本、设施的维护费用等居高不下，一定程度上支撑着价格高位，预计未来牛羊肉价格大幅下跌的可能性不大。未来也不会出现前几年牛羊肉价格同比涨幅超过20%，有的年份甚至超过40%的状况。

3.3 不确定性分析

对牛羊肉市场的展望预测是基于目前所处的环境进行的，包括国家宏观经济环境、科技发展水平、牛羊产业支持力度、相关贸易领域政策以及自然灾害与疾病、资源环境约束等。未来10年是牛羊产业高速发展、充满变数的阶段，一旦这些因素发生变化，将对展望预测结果产生影响。

3.3.1 自然灾害与疾病的影响

自然灾害与疾病是长期困扰牛羊产业发展的因素之一。随着气候变化加剧，极端异常天气增多，特别是在草原牧区，干旱、低温冷害、寒潮、暴风雪等灾害性天气多发，往往会影响牛羊肉正常生产。同时，灾害天气也往往伴随疾病流行，导致养殖遭受巨大的损失。随着养殖规模化水平的提高，异地运输的增加，动物疾病防控压力将不断加大。目前，国家对牲畜疾病防治高度重视，牛羊多发疾病中的口蹄疫、小反刍、布病已经归入优先防治和重点防范的动物疾病。未来建立和健全气象预警机制、灾害风险保险体系，提高养殖风险防御能力将是保证牛羊肉稳定生产的关键性因素。

3.3.2　资源环境的约束

由于资源与环境的约束，国家对畜牧业发展提出了更高的要求。目前，农业部已经提出了"一控两减三基本"策略，通过种养结合、农牧结合，实现畜牧业在土地和消纳能力方面的平衡。近年来，随着肉牛肉羊生产能力稳步提升和草原生态保护补助奖励机制的实施，饲草料供给压力也在不断加大。同时，受饲草料种植比较效益低、水资源短缺、地块相对分散等因素限制，优质饲草供给不足、饲草来源不稳定将困扰牛羊产业的可持续发展，对牛羊产业的转型升级和绿色发展都会产生不利影响。

3.3.3　国际贸易因素

随着中国与他国自贸协定的签订和实施、牛羊肉进口来源国的恢复和扩展，未来进口产品可能会更加便利地进入中国市场。如果国内供给趋紧状况仍未改变，国内外价差持续存在的情况下，进口将很可能达到较高水平，势必在一定程度上影响国内市场。反之，随着中国产业的转型升级，国内市场供给能力不断增强，牛羊肉进口也会受到一定的抑制。另外，进口来源地和出口目的地其产品的标准和政策的变化也将会对中国进出口产生影响。

3.3.4　其他草食畜产品的影响

未来其他节粮型畜牧业的发展在一定程度上也会影响牛羊肉的供需情况。为了保障畜产品有效供给和缓解粮食供求矛盾，国家鼓励节粮型畜牧业发展。《全国草食畜牧业发展规划（2016—2020年）》中提到，未来5年兔肉、鹅肉产量的年均增速将分别达到3.8%、8.6%，这些产品将对牛羊肉的供给和消费产生影响。一方面，其他草食畜牧业生产将与牛羊争夺饲草饲料资源，其产品也会对牛羊肉有一定的替代作用；另一方面，其他品种的发展对牛羊产业也有有利的一面，例如，奶公犊、淘汰奶牛的增加也会成为牛肉供给的积极补充。

参考文献

[1] 董国新,陆文聪.中国居民食品消费的 AIDS 模型分析——以西部城镇地区为例 [J].统计与信息论坛,2009,24(9):76-80.

[2] 董国新.西部地区农村居民食品消费的实证研究——基于修正的 AIDS 模型 [J].安徽农业科学,2009,37(4):1 815-1 817.

[3] 胡向东,王明利,石自忠.基于市场模型的中国猪肉供需分析 [J].中国农村经济,2015(4):14-28.

[4] 刘华,钟甫宁.食物消费与需求弹性——基于城镇居民微观数据的实证研究 [J].南京农业大学学报(社会科学版),2009,9(3):36-43.

[5] 张玉梅,王东杰,吴建寨,等.收入和价格对农户消费需求的影响——基于全国农村住户调查的实证分析 [J].系统科学与数学,2013,33(1):118-125.

[6] 陈冲.人口结构变动与农村居民消费——基于生命周期假说理论 [J].农业技术经济,2011(4):25-32.

[7] 中商情报网.2016 年中国猪肉市场现状及前景预测:冷鲜肉占比将不断增加 [EB/OL].(2016-12-21) [2017-03-08].http://www.askci.com/news/chanye/20161221/14513684096.shtml.

[8] 猪肉消费增速放缓但仍有空间 [EB/OL].[2017-03-08].http://12582.10086.cn/main/News/Detail/11848127.

[9] 农产品期货网.《中国公众猪肉消费意愿调查报告》发布 [EB/OL].[2017-03-08].http://www.ncpqh.com/news/getDetail?newsclass=1&id=373011.

[10] 华成,杨新元.生猪产业链的经营组织模式优化 [J].生态经济,2008(1):96-98.

[11] 养猪增效益 要迈五道槛.(2013-09-17)[2017-03-08].http://www.chinabaike.com/t/30012/2013/0917/1563547.html.

[12] 国家统计局.2016 年国民经济和社会发展统计公报 [R].2017-02-28.

[13] 中国农业部.全国草食畜牧业发展规划(2016—2020 年).2016.

[14] OECD/Food and Agriculture Organization of the United Nations(2015),OECD-FAO Agricultural Outlook 2015 [M].Paris:OECD Publishing,2016.

[15] 李金祥.科技+政策双轮驱动畜牧业供给侧结构性改革 [EB/OL].(2016-09-21) [2017-03-08].http://www.caas.net.cn/.

[16] 曹兵海.2017 年肉牛牦牛产业发展趋势与政策建议 [EB/OL].(2016-12-27) [2017-03-08].http://www.beefsys.com/.

[17] 曲春红,司智陟."十二五"国内牛羊肉市场回顾及"十三五"展望 [J].农业展望,2016(11):12-15.

[18] 陈甜,肖海峰.中国羊肉消费状况及影响因素研究 [J].中国畜牧杂志,2016(12):15-20.

[19] 王明利,等.中国肉牛产业发展规律及政策研究 [M].北京:中国农业出版社,2016.

[20] 中国农业部.2017年畜牧业工作要点［EB/OL］.(2017-02-06)［2017-03-08］.http://www.moa.gov.cn/.

[21] 中国畜牧业协会牛业分会.2016年牛业发展报告［EB/OL］.(2016-08-19)［2017-03-08］.http://www.caaa.cn/.

[22] 宫桂芬.我国黄羽肉鸡业生产形势特点与前景展望.［EB/OL］中国畜牧业信息网.2017-2-17.

[23] 张莉.中国禽肉展望报告（2016—2025年）［M］.北京：中国农产品展望报告，2016.4：124-131.

[24] 王济民.2017年我国肉鸡生产将呈现微幅增长［J］.中国畜牧兽医报，2017-3-1.

[25] 张莉.未来5年中国禽肉市场形势展望［J］.农业展望，2014（7）23-27.

[26] 张莉.2016年中国禽肉市场形势及未来展望［J］.农业展望，2016（10）12-16.

[27] 肉鸡产业鸡年面临环保大考［EB/OL］.国际畜牧网.2017-2-14.

[28] 张瑞荣,王济民,申向明.肉鸡产品价格预测模型分析［J］.农业技术经济，2013（08）：23-31.

[29] 辛翔飞,张怡,王济民.中国肉鸡产业经济问题研究综述［J］.世界农业，2016（2）：174-178.

[30] 盛瑜,周虹妤,史伯春,等.畜禽养殖污染防治工作存在的问题及对策分析［J］.中国畜牧杂志，2016（6）：68-70，80.

第九章

禽 蛋

禽蛋是人类重要的营养源，是中国居民重要的菜篮子产品。2016年上半年禽蛋养殖效益利好、风险管控较好，蛋禽存栏量明显增加，全年禽蛋产量大幅增加，为3 095万吨，与上年相比增长3.2%；市场供给宽松，消费增加明显，全年消费量为3 080万吨，与上年相比增长3.2%；零售均价9.36元/千克，与上年相比下跌5.9%，主产省批发均价7.70元/千克，与上年相比下跌6.6%；蛋价、饲料价格均下跌，蛋鸡养殖小幅盈利；贸易顺差明显。未来10年，随着禽蛋规模化发展以及养殖水平的提升，中国禽蛋生产继续保持稳步增长，2026年产量将达到3 302万吨，相比2016年增长6.7%；养殖成本上涨、环保政策实施力度加大、小规模养殖户加速退出，禽蛋产量增速逐渐放缓，10年间年均增速0.6%。伴随城镇化水平的提升、消费能力增加、人口增长等因素推动，禽蛋消费将稳定增长，2026年消费量将达到3 291万吨，较2016年增长6.9%。展望期内，畜禽养殖资源环境约束加剧、人工成本增加，禽蛋生产成本不断走高，禽蛋价格波动上涨，季节性特征明显。

1 2016年市场形势回顾

1.1 蛋鸡补栏积极，禽蛋产量持续增长

蛋雏鸡补栏积极，产蛋鸡存栏充足。2016年，在上年蛋鸡饲料价格走低、疫病防控较好、养殖效益尚可等利好因素影响下，养殖户蛋鸡补栏积极，全年产蛋鸡存栏量充足。据有关统计数据显示，截至2016年年底，蛋鸡存栏达到13.6亿只，比2015年同期增长19.8%，特别是云南、福建等非蛋鸡传统养殖区补栏更加活跃。

禽蛋产量增长明显，增幅较高。2016年，在产蛋鸡存栏充足、规模化养殖带动单产水平提高等因素影响下，全年鸡蛋产量明显增长，增幅较高。据国家统计局数据，2016年全国禽蛋产量达3 095万吨，与上年相比增长3.2%，增速仅次于2015年的3.6%，为近5年来较高增长水平（图9-1）。

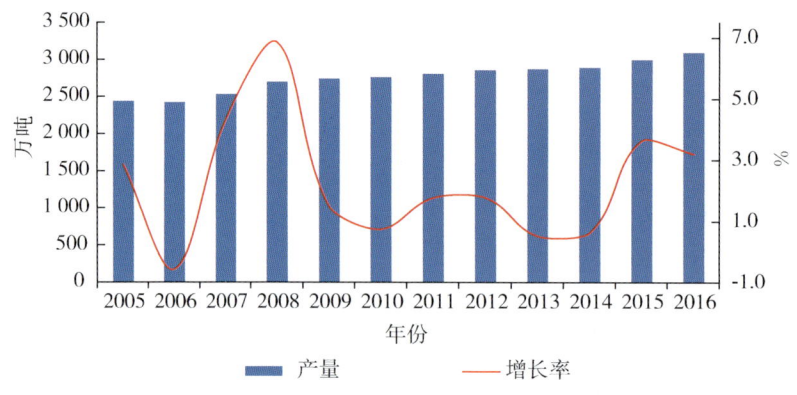

图9-1　2005—2016年中国禽蛋产量

数据来源：中国国家统计局

1.2 禽蛋消费稳步增长

禽蛋消费稳步增长，食用消费增速较快。在二孩政策带动人口增加、猪肉价格上涨导致鸡蛋对肉类产品替代增加、蛋价下跌等刺激禽蛋消费需求增加的影响下，禽蛋消费稳步增加。2016年禽蛋消费继续保持稳步增长，全年消费量约3 080万吨，与上年相比增长3.2%。其中，鲜食消费2 361万吨，与上年相比增长3.6%；蛋品加工消费467万吨，与上年相比增长1.9%。

1.3 价格震荡下跌

禽蛋价格震荡运行，季节性特征明显。2016年，在禽蛋供给宽松、蛋鸡饲料价格走低的综合影响下，全年蛋价明显下跌，零售均价9.36元/千克，与上年相比下跌5.9%；主产省批发均价7.70元/千克，与上年相比下跌6.6%。分月度来看，蛋价呈左高右低的"M"形走势，整体以跌为主。其中，在元旦和春节双节消费效应的提振下，自1月开始蛋价连续两个月上涨，2月达到全年最高点，为10.31元/千克，累计涨幅4.6%；3月开始，随着鸡蛋产量增加和消费需求回落，蛋价连续5个月下跌，7月跌至8.79元/千克的年度最低点，累计跌幅14.7%；8月开始，在中秋、国庆双节的刺激下，蛋价季节性走高，出现了连续两个月的大幅上涨，9月达到9.76元/千克，环比上涨7.9%；四季度蛋价下跌明显，3个月累计下跌6.5%，到12月为9.13元/千克（图9-2）。

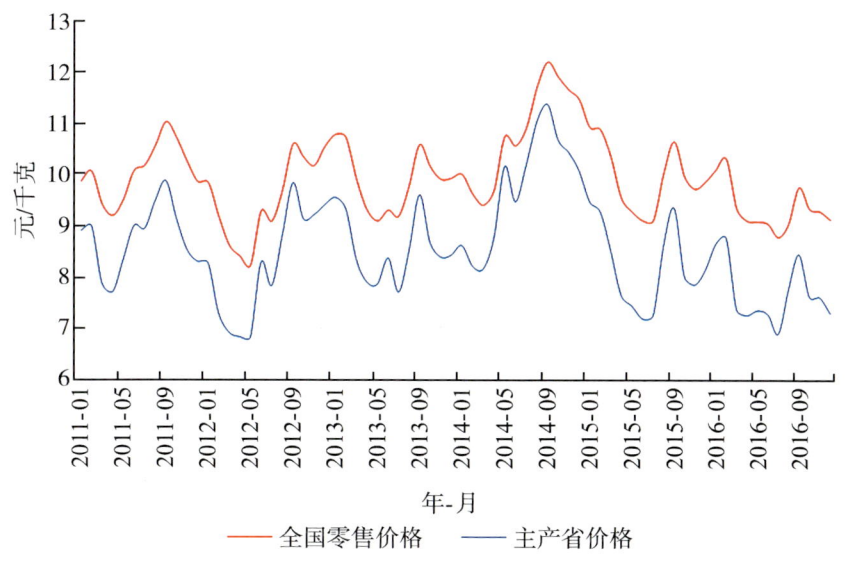

图 9-2　2011—2016 年中国鸡蛋零售价格走势

数据来源：中国农业部畜牧业司

1.4 养殖小幅盈利

养殖利润波动下降，整体处于小幅盈利状态。2016年，尽管蛋价震荡下跌，但随着玉米等蛋鸡饲料原料价格的下跌，蛋鸡养殖成本下降，全年蛋料比价平均为3.29∶1，蛋鸡养殖处于小幅盈利状态。据农业部监测，2016年春节前蛋鸡养殖效益较好，1月和2月蛋料比价分别为3.51∶1和3.58∶1；3月开始，受鸡蛋价格下跌影响，养殖效益逐渐收窄，7月接近盈亏平衡点，仅为3.04∶1，蛋鸡养殖基本处于保本状态，之后有所提升，但整体仍处于小幅盈利状态（图9-3）。

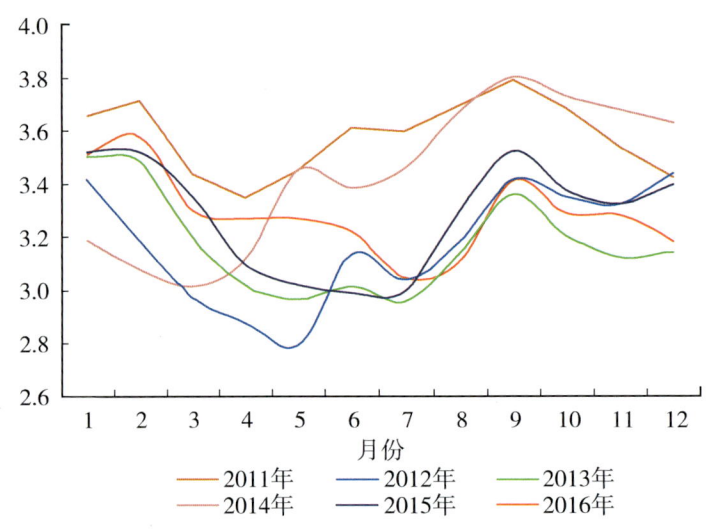

图9-3 2011—2016年中国蛋料比价走势

数据来源：根据中国农业部畜牧业司监测数据测算

1.5 出口量稳中有增，净出口稳定

禽蛋贸易整体趋于稳定。2016年，在国内无重大畜禽疫情发生、价格波动走低等因素影响下，中国禽蛋出口量稳中有增，但由于出口价格的下跌，出口额稳中略降。据中国海关统计，2016年中国禽蛋出口量为10.30万吨，与上年相比增长5.7%；出口额1.84亿美元，与上年相比减少3.7%。中国禽蛋进口主要以种用蛋为主，由于受国际禽流感影响，2016年中国禽蛋进口大幅减少，全年进口量、进口额分别为0.03吨、0.09万美元；贸易顺差1.84亿美元，与上年相比减少3.7%，保持净出口格局（表9-1）。

表 9-1　2011—2016 年中国禽蛋贸易情况

年份	出口量（吨）	出口额（万美元）	进口量（吨）	进口额（万美元）
2011	104 405.30	17 343.56	68.35	120.41
2012	102 490.96	17 711.99	25.99	66.85
2013	93 284.39	17 667.39	18.62	57.40
2014	94 582.73	19 198.35	16.29	79.31
2015	97 640.89	19 156.76	2.52	4.90
2016	103 226.34	18 448.24	0.03	0.09

数据来源：中国海关

2　未来 10 年市场走势判断

2.1　总体判断

禽蛋产量继续增加，增速逐渐放缓。展望期内，中国禽蛋生产将继续增长。预计 2017 年禽蛋产量将达到 3 120 万吨，比 2016 年增长 0.8%；2020 年为 3 185 万吨，比 2016 年增长 2.9%；2026 年为 3 302 万吨，比 2016 年增长 6.7%。未来 10 年，中国禽蛋产业在养殖成本上涨、环境约束加剧、小规模养殖户加速退出等因素的影响下，将由过去 10 年的中高速增长进入低速增长的转型期，展望期间年均增长 0.6%。

消费量保持稳步增长，加工消费增长较快。展望期内，禽蛋消费将稳步增长。预计 2017 年禽蛋消费量 3 111 万吨，比 2016 年增长 1.0%；2020 年将达到 3 175 万吨，比 2016 年增长 3.1%；2026 年将达到 3 291 万吨，比 2016 年增长 6.9%。未来 10 年，居民对即食性蛋品及深加工高品质蛋品消费需求增加，将会促进禽蛋加工业发展，展望期内年均增长 1.3%，明显快于产量、消费量的增速。

禽蛋贸易规模保持稳定，贸易顺差格局延续。中国禽蛋贸易主要以出口为主，进口主要以种用蛋为主，规模十分有限。展望期内，在不发生重大疫情的前提下，中国禽蛋贸易规模有望基本保持稳定，出口仍以带壳鲜食禽蛋为主，去壳蛋制品出口量有所增加，但占比仍然较少。预计展望期内，中国禽蛋出口将基本保持在 10 万吨左右。随着国内蛋禽育种技术发展和品种改良，中国禽蛋进口仍有可能进一步缩减，继续保持贸易顺差格局。

禽蛋价格季节性波动上涨。2017 年，禽蛋市场供需宽松的格局将在 2 季度后逐渐缓解，禽蛋价格上半年将保持低位运行，下半年有望复苏，全年平均价格预计将维持在 10 元/千克左右。展望期内，随着畜禽养殖的资源环境约束加剧、人工成本增加，禽蛋生产成本不断走高，中国禽蛋价格在成本的推动下将呈现波动上涨的态势，同时禽蛋消费受节日需求影响较大，禽蛋价格波动仍表现出明显的季节性特征。

2.2 生产展望

禽蛋产量继续增加。2017年上半年蛋鸡存栏高企,市场供需宽松的局面仍将持续,蛋鸡养殖效益难以好转,蛋鸡淘汰加速,下半年在产蛋鸡存栏有望回归正常水平,预计全年禽蛋产量将小幅增长至3 120万吨,与上年相比增长0.8%。展望期内,随着蛋鸡生产规模化水平上升以及养殖管理水平的提升,中国禽蛋生产继续保持稳步增长。到2020年禽蛋产量将达到3 185万吨,较2016年增长2.9%;到2026年产量将达到3 302万吨,较2016年增长6.7%(图9-4)。

产量增速逐渐放缓。展望期内,受政策扶持、产业升级等因素带动,禽蛋产量持续增加,但在养殖成本上涨、环境制约加剧、小规模养殖户加速退出等因素影响下,中国禽蛋产业由过去10年的中高速增长进入低速增长的转型期。展望期内禽蛋产量增速逐渐放缓,10年间年均增速0.6%。其中,"十三五"期间年均增速0.72%,"十四五"期间年均增速0.60%,增速呈逐年放缓的趋势(图9-4)。

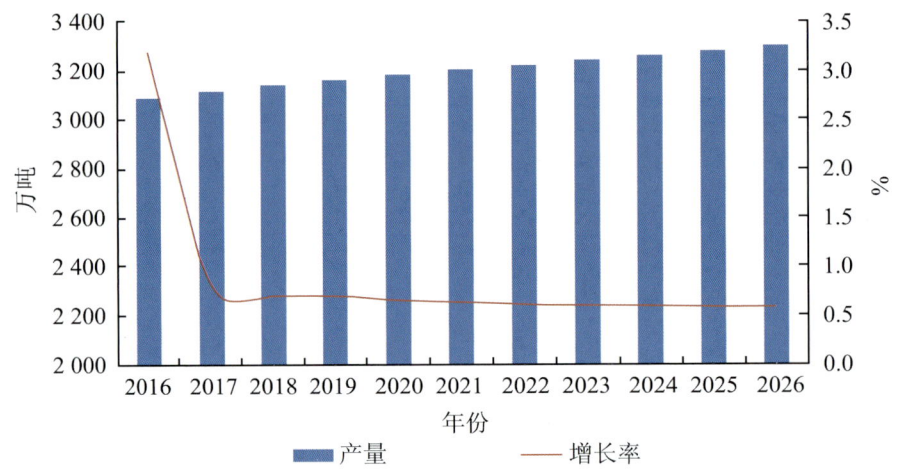

图9-4　2016—2026年中国禽蛋产量及增长率预测

数据来源:中国农业科学院农业信息研究所CAMES预测

2.3 消费展望

消费量保持稳步增长,人均增长缓慢。2017年,在禽蛋产量增速放缓、价格有望触底反弹的预期下,禽蛋消费量小幅增长,预计全年禽蛋消费量3 111万吨,较2016年增长1.0%。展望期内,在城镇化水平明显提升、居民收入增长、二孩政策带动人口增加等因素的拉动下,禽蛋消费将稳定增长,预计到2020年禽蛋消费量将达到3 175万吨,较2016年增长3.1%;到2026年消费量将达到3 291万吨,较2016年增长6.9%;展望期内年均增速为0.7%。从人均消费来看,展望期内城乡居民禽蛋人均消费量增长依旧较为缓慢,到2026年将保持在17.1千克/(人·年),

其中，城镇居民人均禽蛋消费量保持在19.7千克/(人·年)左右，农村居民人均禽蛋消费量达到12.6千克/(人·年)，城乡居民人均禽蛋消费仍存在一定差距（图9-5）。

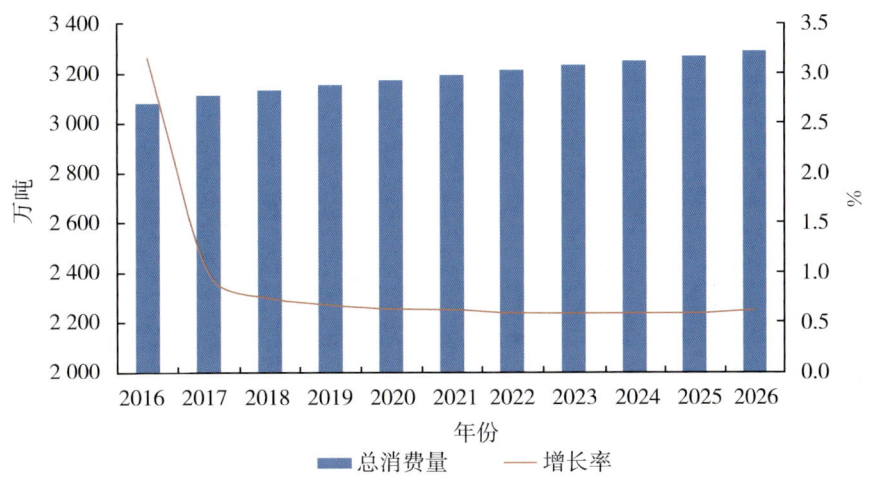

图9-5　2016—2026年中国禽蛋消费量及增长率预测

数据来源：中国农业科学院农业信息研究所CAMES预测

加工消费增速高于鲜食消费。2017年，在禽蛋市场供给依旧比较充足、价格整体处于低位的预期下，禽蛋加工消费473万吨，较2016年增长1.4%，高于鲜食消费的增长速度。展望期内，居民对即食性蛋品及深加工高品质蛋品消费需求增加，将会促进禽蛋加工业发展。预计到2020年禽蛋加工消费量将达到489万吨，较2016年增长4.8%，年均增速1.2%；到2026年将达到532万吨，较2016年增长14.0%，年均增速1.3%，明显快于产量、消费量的增速（图9-6）。

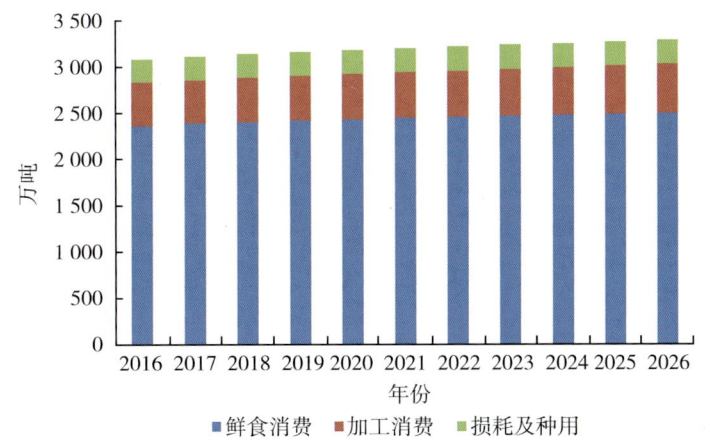

图9-6　2016—2026年中国禽蛋消费结构预测

数据来源：中国农业科学院农业信息研究所CAMES预测

2.4 贸易展望

禽蛋贸易规模保持稳定，贸易顺差格局延续。中国禽蛋贸易主要以出口为主，进口以种用蛋为主，规模十分有限。展望期内，在不发生重大疫情的前提下，中国禽蛋贸易规模有望基本保持稳定，出口仍以带壳鲜食禽蛋为主，去壳蛋制品出口量有所增加但占比仍然较少。预计展望期内，中国禽蛋出口将基本保持在10万吨左右。随着国内蛋禽育种技术发展和品种改良，中国禽蛋进口仍有可能进一步缩减，保持贸易顺差格局。

2.5 价格展望

禽蛋价格波动上涨，季节性特征明显。2017年，禽蛋市场供需宽松的格局将在二季度后逐渐缓解，禽蛋价格上半年将保持低位运行，下半年有望复苏，全年平均价格预计将在10元/千克左右。展望期内，随着畜禽养殖的资源环境约束加剧、人工成本增加，禽蛋生产成本不断走高，中国禽蛋价格在成本的推动下将呈现波动上涨的态势，同时禽蛋消费受节日需求影响较大，禽蛋价格波动仍表现出明显的季节性特征。

3 不确定性分析

本报告是基于稳定的经济和政策环境等条件假设进行。未来，若畜禽疾病、环保政策、成本等不确定性因素发生变化，均可能对中国禽蛋产业产生深远影响，也将对禽蛋生产、消费、贸易、价格等方面的预测结果带来显著影响。

3.1 畜禽疾病发生的不确定性直接影响禽蛋生产消费

畜禽疾病是养殖行业主要风险因素之一。畜禽疾病因其发生时间的不确定性、发生地点的不确定性、发生规模的不确定性，由其引发的市场波动也往往存在较大的不确定性，影响畜禽业的健康发展和消费者的消费行为。未来10年，禽蛋产业链间将积极尝试建立持续、健康的产业发展机制，动物防疫支持政策将会全面调整完善，但畜禽养殖具有高风险特征，能否有效防控畜禽疾病将对禽蛋生产、消费、贸易、价格产生影响。

3.2 环保政策实施效果的不确定性影响蛋禽养殖规模

环保是畜禽养殖业的主要制约因素。近年来，在中国畜禽养殖快速发展的同时，畜禽养殖业环境问题日益突出，引起了社会各界的广泛关注。目前，各级政府部门相继出台了系列畜禽养殖的污染防治政策，并已开始在部分地区实施，未来10年，实施范围将扩大，但其实施成本和养殖规模之间仍存在一定博弈，将给蛋鸡乃至整个家禽养殖规模带来一定的不确定性，对禽蛋生产造成影响。

3.3　养殖效益的不确定性直接影响蛋禽产业稳定

饲料、人工成本是影响家禽养殖效益的重要因素，其波动将直接影响蛋禽产业稳定。随着中国农产品供给侧结构性改革的深入推进、农产品价格形成机制的完善，玉米等蛋禽饲料原料价格有望逐步回归市场。"镰刀弯"地区玉米结构调整，将会影响玉米、大豆等饲料原料的市场供给，导致禽蛋饲料成本变化。此外，随着城镇化水平的提高，越来越多的农村劳动力逐渐向城镇迁移，从事禽畜养殖的青壮年劳动力越来越少，禽畜养殖规模化、机械化、智能化的发展趋势，将给蛋禽养殖的人工成本带来一定的不确定性。

参考文献

[1] 国家统计局.2016年中国国民经济和社会发展统计公报［R］.2017-2-28.

[2] 申秋红，王济民.中国家禽产业经济分析［M］.北京：中国农业出版社，2012.

[3] 朱宁，秦富.蛋鸡产业发展的国际趋势及中国展望［J］.中国家禽，2016，38（20）：1-5.

[4] 侯国庆，马骥.农户蛋鸡规模化养殖意愿与行为偏离的影响因素分析［J］.中国家禽，2016，38（23）：36-40.

[5] 农业部市场预警专家委员会.中国农业展望报告（2016—2025）［M］.北京：中国农业科学技术出版社，2016.

[6] 周荣柱，秦富.蛋鸡生产与鸡蛋价格动态变化关系［J］.中国农业大学学报，2016，21（10）：145-154.

[7] 王兰，李华.北京市品牌鸡蛋消费分析［J］.农业展望，2016（12）：93-98.

[8] 梁勇，赵军华.2016年上半年农产品贸易形势及下半年展望［J］.农业展望，2016（8）：58-62.

第十章

奶制品

在世界奶业格局中，中国作为生产国和消费国的地位日益重要。2016年，中国奶类产量将达到3 752万吨，与上年相比下降3.5%；奶制品加工量2 993.20万吨，与上年相比增长7.7%；奶制品进口量195.56万吨（折合原料奶1 269万吨），与上年相比增长15.3%，原料奶收购价格走势呈"U"形，奶制品零售价格保持平稳。展望期间，中国奶业生产将进入平稳增长期，消费需求呈现刚性增长，价格在波动调整中上行，进口总量将继续增加。预计2017年，奶类产量3 757万吨，与上年相比增长0.2%；消费量5 167万吨，比2016年增长2.9%；奶制品进口量（折合原料奶）1 420万吨，比2016年增长11.0%。到2020年，奶类产量预计达到4 104万吨，比2016年增长9.4%；消费量5 667万吨，比2016年增长12.9%；奶制品进口量（折合原料奶）1 575万吨，比2016年增长24.6%。到2026年，奶类产量将达到4 465万吨，较2016年增长19.0%；消费量6 381万吨，较2016年增长27.1%；奶制品进口量（折合原料奶）1 931万吨，比2016年增长50.9%。

1 2016年市场形势回顾

1.1 原料奶产量与上年相比下降，奶制品产销率高于上年

2016年，受近年来国产奶制品消费需求疲软、国内养殖成本上升、国际市场低价等影响，奶业生产形势依然较为严峻。据国家统计局统计，2016年中国牛奶产量3 602万吨，与上年相比下降4.1%，奶类产量大约为3 752万吨[①]，与上年相比下降3.5%。由于缺乏竞争力，散户和小规模养殖户继续大量退出，养殖结构进一步调整，规模化比重继续提高。据农业部监测，2016年100头以上的奶牛规模养殖比重第一次突破50%，达到了52%。

尽管原料奶产量与上年相比下降，但由于进口量的增加，2016年奶制品加工量仍然表现为增长。据国家统计局统计，2016年奶制品累计加工量为2 993.20万吨，与上年相比增长7.7%，其中液体乳加工量为2 737.17万吨，与上年相比增长8.6%。整体看，国内奶制品消费有所增长。据国家统计局统计，截至2016年四季度，全国奶制品销售量累计为2 975.40万吨，产销率累计为99.3%，比上年同期高0.4个百分点。

1.2 原料奶收购价格与上年相比上涨，奶制品零售价格相对平稳

2016年，在国内供给出现波动、国际市场价格调整的共同作用下，国内原料奶收购价格与上年相比略增，呈现"U"形走势。据农业部监测，2016年全国10个主产省（直辖市、自治区）的原料奶收购价格为3.47元/千克，与上年相比略涨0.6%，但较2014年仍下降14.3%。从全年走势看，受供给相对过剩

---

① 中国国家统计局正式数据尚未发布，目前为估计值

影响，上半年原料奶收购价格延续了 2015 年以来的下跌趋势，由 1 月的 3.56 元/千克降至 7 月的 3.40 元/千克，累计下跌 4.5%；下半年随着国际市场出现回暖迹象，8 月维持在 3.40 元/千克，9 月开始出现连续上涨，12 月涨至 3.51 元/千克，累计上涨 3.2%（图 10-1）。

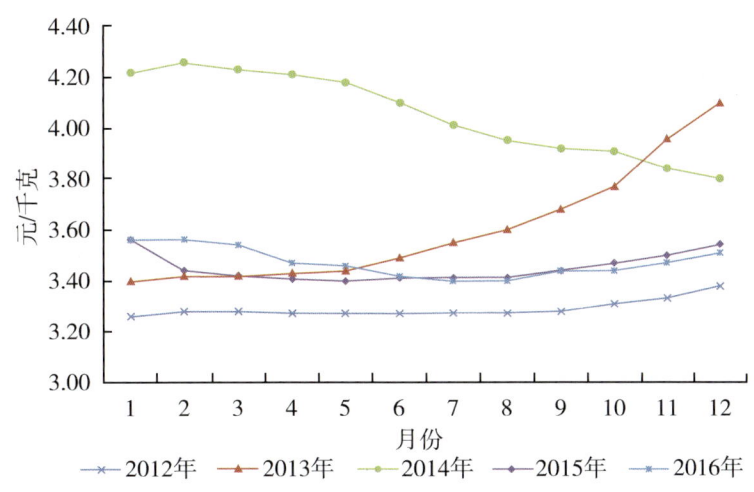

图 10-1　2012—2016 年国内主产省原料奶月度价格走势

数据来源：中国农业部畜牧业司

相较原料奶收购价格的波动，鲜奶、奶粉等奶制品的零售价格走势相对平稳。据中国价格信息网监测，2016 年，全国监测城市鲜奶平均零售价格为 10.54 元/千克，与上年相比下跌 0.1%，其中，袋装鲜奶 9.60 元/千克，与上年相比上涨 0.1%，盒装鲜奶 11.48 元/千克，与上年相比下跌 0.2%；监测城市三段幼儿配方牛奶粉平均零售价格为 188.02 元/千克，与上年相比上涨 0.3%，其中，进口三段幼儿配方牛奶粉为 216.62 元/千克，与上年相比上涨 0.1%，国产三段幼儿配方牛奶粉为 159.40 元/千克，与上年相比上涨 0.6%。从全年走势看，由于国内生产成本的持续增加，国产奶粉价格呈现稳定上行趋势，进口奶粉价格在波动中走高。

1.3　奶制品进口与上年相比增加，液态奶进口增长依然强劲

由于国际市场奶制品价格的持续低迷，奶制品进口与上年相比增加，出口量与上年相比减少。据中国海关统计，2016 年，中国奶制品进口量 195.56 万吨（折合原料奶 1 269 万吨），与上年相比增长 15.3%，进口额 33.71 亿美元，与上年相比增长 6.1%；奶制品出口量 3.09 万吨（折合原料奶 7.65 万吨），与上年相比减少 7.2%，出口额 0.48 亿美元，与上年相比增长 6.7%。由于进口量与出口量的反方向变动，全年奶制品贸易逆差为 33.24 亿美元，比上年增加了 2.15 亿美元。

液态奶进口继续快速增长，奶粉进口增幅有所放缓。2016 年，中国进口液态

奶 65.51 万吨，与上年相比增长 39.4%，其中，鲜奶进口 63.41 吨，酸奶进口 2.10 万吨，与上年相比分别增长 38.0% 和 104.3%；乳清粉进口 49.72 万吨，与上年相比增长 14.1%；奶油进口 8.19 万吨，与上年相比增长 14.9%；乳酪进口 9.72 万吨，与上年相比增长 28.6%；奶粉进口 60.42 万吨[①]，与上年相比增长 10.4%，其中，从新西兰进口奶粉 50.36 万吨，与上年相比增长 12.5%，从新西兰进口奶粉占中国奶粉总进口量的比重为 83.3%（表 10-1）。

表 10-1 2016 年中国主要乳品进口情况　　　　　　　　　　　单位：万吨

类别	液态奶	鲜奶	酸奶	乳清	奶油	乳酪	奶粉
2016 年	65.51	63.41	2.10	49.72	8.19	9.72	60.42
2015 年	46.98	45.96	1.03	43.58	7.13	7.56	54.73
同比（%）	39.40	38.00	104.30	14.10	14.90	28.60	10.40

数据来源：中国海关

1.4 奶制品到岸价与上年相比下降，下半年奶粉价差有所缩小

受上半年国际市场奶制品价格低迷影响，除乳酪和鲜奶外，2016 年中国进口的其他主要奶制品到岸价格继续呈现不同程度的下跌，其中乳清粉和奶油的降幅较大。具体看，乳清粉到岸价格为 6 065 元/吨，与上年相比下跌 21.8%；奶油到岸价格为 25 086 元/吨，与上年相比下跌 20.1%；奶粉到岸价格为 16 410 元/吨，与上年相比下跌 3.5%；液态奶到岸价格为 6 746 元/吨，与上年相比下跌 3.0%；酸奶到岸价格为 13 589 元/吨，与上年相比下跌 4.2%。

与进口奶制品到岸价格的走势不同，由于国内原料奶收购价格整体仍表现为上涨，国产奶粉价格与上年相比也略有上涨，导致奶粉国内外价差整体上继续略有扩大。2016 年奶粉国内外价差平均为 11 370 元/吨，比 2015 年提高了 776 元/吨，与上年相比上涨 7.3%。但是从月度价格走势看，随着国际市场奶制品价格的逐渐恢复，下半年奶粉价格的国内外差距有所缩小，12 月奶粉国内外价差为 9 254 元/吨，比 1 月下降了 4 171 元/吨，降幅高达 31.1%。

2 未来 10 年市场走势判断

2.1 总体判断

生产逐渐步入稳定发展期。2017 年，由于国家一系列振兴奶业政策的推动，奶类产量将呈现恢复性增长，预计为 3 757 万吨，比 2016 年增长 0.2%。展望中

---

① 不含婴幼儿奶粉数据

期，奶业发展将由徘徊调整期进入平稳增长期，2020年预计将达到4 104万吨，比2016年增长9.4%。展望后期，奶业综合生产能力将继续增强，预计2026年奶类产量将达到4 465万吨，较2016年增长19.0%。奶牛养殖的规模化水平将进一步提升，养殖方式将得到改变。

消费有望突破低位徘徊的现状。2017年，在"中国小康牛奶行动"、奶业20强企业牛奶助学公益计划等系列活动的助推下，奶类消费量将继续增加，预计达到5 167万吨，比2016年增长2.9%。这些活动的影响将延伸至整个展望期间，有可能打破近年来国产奶消费一直在低位徘徊的现象，预计2020年奶制品消费量将达到5 667万吨，比2016年增长12.9%。随着消费者饮食结构升级加快，预计2026年奶制品的消费量将达到6 381万吨，较2016年增长27.1%。

进口增长逐步趋于理性。2017年，在国内供求关系有所改善的背景下，预计奶制品进口量（折合原料奶）为1 420万吨，比2016年增长11.0%。展望期间，由于国产奶粉缺乏竞争力、国内需求刚性提升以及国内外价差长期存在等诸多因素驱动，奶制品进口将继续表现为增长的趋势，2020年将达到1 575万吨，比2016年增长24.6%；2026年达到1 931万吨，比2016年增长50.9%。从年均增速看，奶粉进口将放缓，液态奶进口继续快速增长。

价格波动上行趋势不可逆转。2017年，受上年供给减少的影响，上半年国内原料奶收购价格将会呈现稳中略增的态势，随着国内外奶业生产的逐渐向好，下半年原料奶收购价格将保持平稳运行，奶制品零售价格也将继续保持稳定。展望中后期，供需关系略偏紧、成本刚性上升、国际市场走高预期均将对奶业长期价格上行形成基础支撑，预计展望期末，中国原料奶收购价格约是全球原料奶平均收购价格的1.2倍，奶制品零售价格仍将高于世界平均水平。

2.2 生产展望

奶类产量将保持平稳增长。受2016年下半年以来原料奶收购价格恢复性增长的推动，以及2017年中央一号文件中提出的"全面振兴奶业，重点支持适度规模的家庭牧场"的政策促进，2017年原料奶产量或将恢复性增长，预计产量为3 757万吨，比2016年增加0.2%；随着全国农牧业结构调整进程的加快，奶业发展也将由徘徊调整期进入平稳增长期，预计2020年奶类产量将达到4 104万吨，比2016年增长9.4%；展望期末，中国奶业综合生产能力将得到进一步巩固，预计2026年奶类产量将达到4 465万吨，较2016年增长19.0%。展望期间奶类产量的年均增速将略低于过去10年，由1.3%降至1.0%（图10-2）。

饲养方式逐步实现现代化。2017年，由于散户、养殖小区、小规模养殖户转型升级步伐的加快，奶牛养殖规模化率将进一步提高，存栏100头以上奶牛规模化养殖比重预计达到54%，比2016年高出两个百分点。规模化水平的提升将直接推

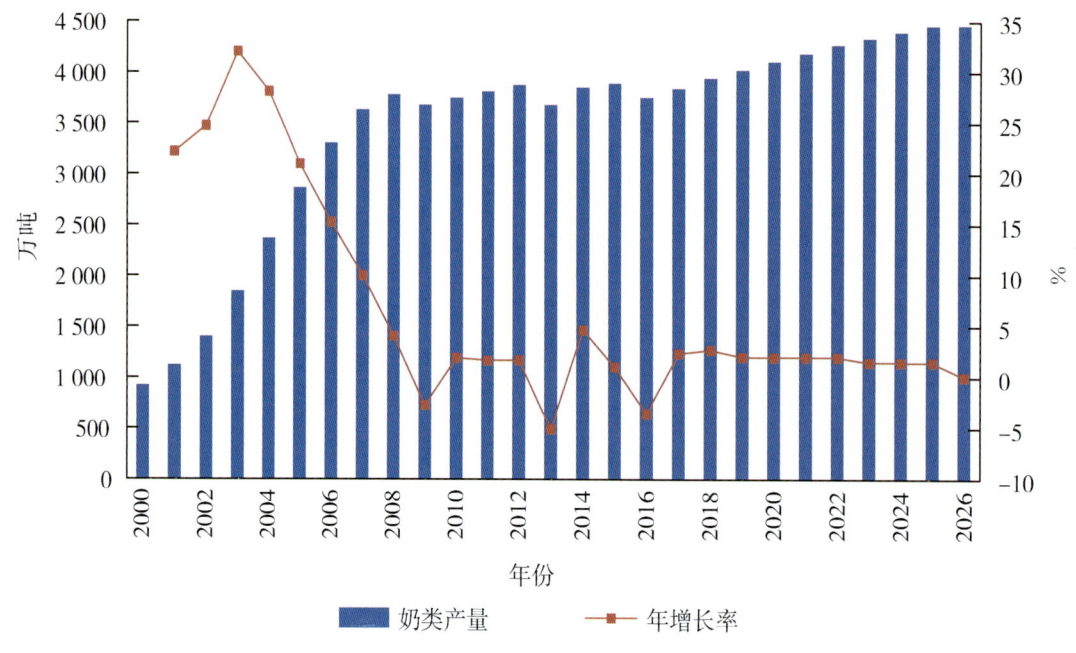

图 10-2　2000—2026 年中国奶类产量及展望

数据来源：2000—2015 年数据来源于《中国统计年鉴》，2016—2026 年数据为中国农业科学院农业信息研究所 CAMES 预测

动奶业生产方式的改变，饲喂、挤奶、清粪等过程中机械化使用比例将得到显著提升，奶牛单产水平有望稳定在 6.30 吨左右。2020 年，奶牛规模化养殖比重有望突破 60%，饲养方式将逐渐实现由传统向现代化转变，奶牛养殖水平和效率将较快提升，奶牛单产水平预计达到 6.50 吨。2026 年，奶牛规模化养殖比重将达到 68%，品种资源、饲喂技术、管理水平等的改善将继续支撑奶牛单产水平的提高，每头奶牛年产奶量预计达到 6.80 吨（图 10-3）。

2.3　消费展望

消费总量将保持稳定增长。2017 年，在"中国小康牛奶行动"、奶业 20 强企业牛奶助学公益计划等系列活动实施的背景下，消费者的消费信心有望得到进一步提升，国产奶制品消费需求将有所增加，预计奶制品消费量将达到 5 167 万吨，比 2016 年增长 2.9%。展望期间，城镇化推进中大量农村人口进城落户和人口老龄化带来的消费需求提升，尤其全面二孩政策放开后新增人口直接奶粉需求增加，奶制品消费或将有所突破，打破近年来一直低位徘徊的现象，消费总量将呈现刚性增长，预计 2020 年达到 5 667 万吨，比 2016 年增长 12.9%；2026 年将达到 6 381 万吨，较 2016 年增长 27.1%（图 10-4）。

人均消费量稳中有升。过去 10 年，国内消费者对奶制品安全缺乏信心，奶制品消费一直在低位徘徊。2017 年中央一号文件提出要"引导扩大生鲜乳消费"，在

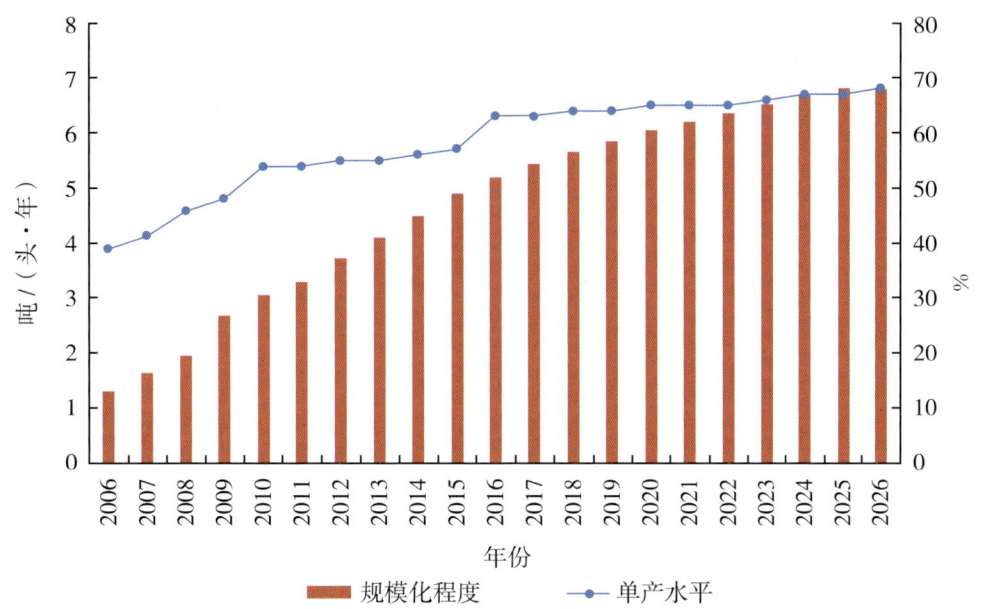

图 10-3 2006—2026 年中国奶牛单产水平和规模化长期趋势

数据来源：2002—2016 数据来源于《中国奶业年鉴》，2017—2025 年数据为中国农业科学院农业信息研究所 CAMES 预测

注：规模化程度是指年存栏 100 头以上的规模化养殖场存栏数量占全国总存栏数的比重

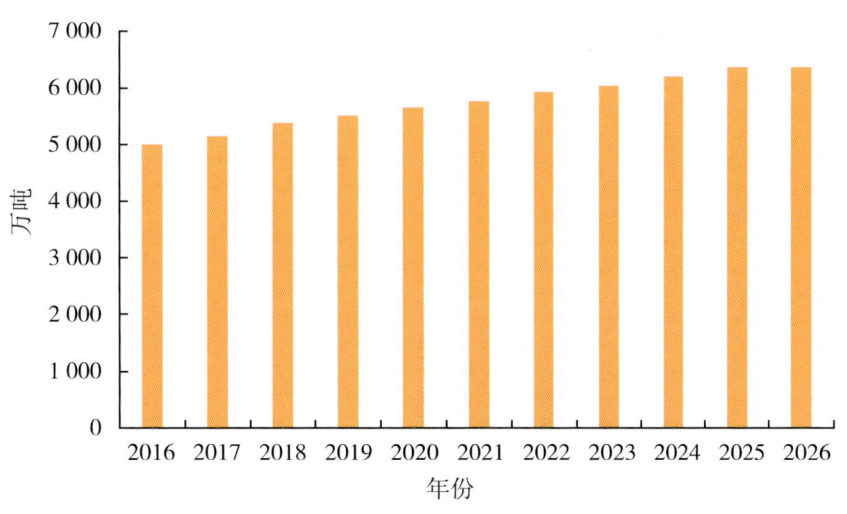

图 10-4 2016—2026 年中国奶制品消费需求趋势

数据来源：中国农业科学院农业信息研究所 CAMES 预测

此基础上，2017 年 2 月农业部与中国奶业协会联合开展了"中国小康牛奶行动"，目标是提振城乡居民的奶制品消费信心，提升国产奶制品消费量。在此背景下，2017 年中国城乡居民人均奶制品消费量（含乳饮料、冰淇淋、蛋糕等食品中奶制

品消费量,下同)将有所增长,预计将达到 33.46 千克,与上年相比增长 2.6%,2020 年有望达到 36.18 千克,2026 年或将达到 40.22 千克。其中,2026 年城镇居民人均奶制品消费量预计为 46.95 千克,农村居民为 27.56 千克。

消费将体现多样化和国际化。展望期间,随着营养知识普及、加工工艺进步及冷链物流的快速发展,中国城乡居民对奶制品消费需求增加的同时,对奶制品的种类、营养、风味、包装等也提出了越来越高的要求,城镇居民奶制品消费将不再局限于鲜奶和酸奶,奶酪和黄油的消费量将有显著提升;农村居民奶制品消费将不再局限于奶粉,鲜奶和酸奶的消费量将会明显增加。与此同时,随着亚马逊、易贝、阿里巴巴等外贸跨境电商平台的迅猛发展,全球奶制品市场一体化进程加快,世界各国的奶制品能快速送到中国消费者的手中;同时代购群体的广泛存在,也使得大量的奶粉尤其是婴幼儿配方奶粉能在较短的时间内到达国内。

2.4 贸易展望

进口总量将继续增加。短期来看,2016 年国内奶业刚刚经历产能调整,原料奶产量有所下降,乳品加工企业库存得到一定消化,国内奶制品的供求关系有所改善。在此背景下,预计 2017 年奶制品进口总量(折合原料奶)预计达到 1 420 万吨,比 2016 年增长 11.0%。展望期间,受需求提升和国内外价差的双重驱动,中国奶制品进口仍将增加,2020 年将达到 1 575 万吨,比 2016 年增长 24.6%;2026 年达到 1 931 万吨,比 2016 年增长 50.9%。2017—2026 年奶制品进口量年均增长率预计为 4.2%,将明显小于过去 10 年 14.0% 的水平(图 10-5)。

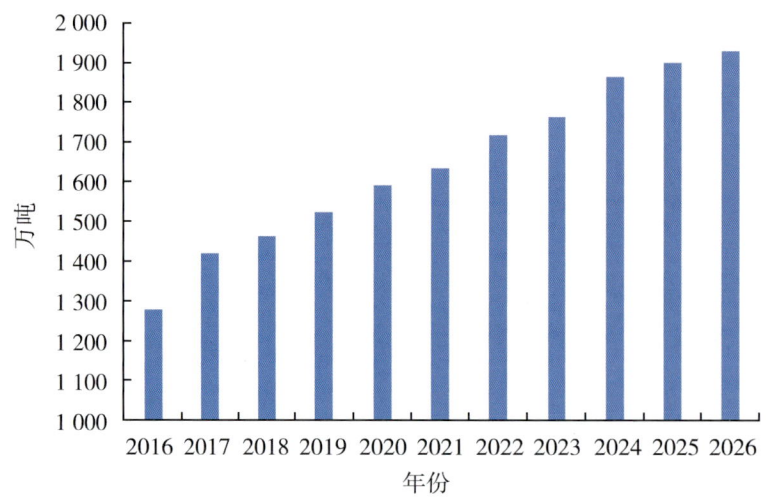

图 10-5 2016—2026 年中国奶制品(折鲜量)进口量

数据来源:中国农业科学院农业信息研究所 CAMES 预测

奶粉进口得到一定抑制。2017 年中央一号文件提出"严格执行复原乳标识制度，培育国产优质品牌"，随着相应配套政策的进一步落地，受此影响未来一段时间奶粉进口需求可能会得到抑制。预计2017年奶粉进口将继续呈现恢复性增长，奶粉[①]进口量虽然会回升至70万吨以上，但仍明显低于2013—2014年的水平。展望期间，由于生育政策调整的后续效应，以及老年人口数量的迅速增加，奶粉、液态奶的消费需求将有所提升，预计2020年奶粉进口量将稳定在80万吨以上，折合原料奶640万吨；2026年奶粉进口量或将突破110万吨，折合原料奶880万吨。

液态奶进口继续领跑增长。一方面，展望期间复原乳标识制度的实施，在抑制奶粉进口的同时，也促进了液态奶进口需求的增加，进口液态奶会在一定程度上替代原有的复原乳市场。另一方面，随着中国—新西兰自由贸易区和中国—澳大利亚自由贸易区中奶制品（含液态奶）进口关税的逐步降低，澳大利亚、新西兰的液态奶价格优势将更加明显，由于国内消费者对进口奶制品的消费偏好，国内对进口液态奶的需求也将逐步增加，液态奶进口有望继续保持强劲增长势头。2017年液态奶进口量预计超过80万吨，2020年有望突破100万吨，到2026年或将超过120万吨，成为未来10年进口增长最快的奶制品。

2.5 价格展望

短期内价格将在相对高位平稳运行。尽管2016年上半年原料奶收购价格的持续走低，倒逼大量散户和小规模养殖户从行业中进一步退出，原料奶产量与上年相比出现下降，使得原料奶收购价格下半年出现了连续性上涨。但是随着国家振兴奶业发展一系列政策的出台与有效落地，预计2017年中国奶业将逐步企稳向好，受2016年供给减少影响，上半年国内原料奶收购价格可能会稳中略增，增长幅度取决于国际市场和国内生产的恢复情况，但不太可能出现大幅度上涨的局面，下半年原料奶收购价格会在一个相对高位保持平稳运行；与国际市场奶制品零售价格和国内原料奶收购价格相比，国内奶制品零售价格已经处于相对高位，因此奶粉、鲜奶、酸奶等奶制品零售价格不会出现大幅度上涨，总体看仍将继续平稳运行，不会出现大幅波动。

长期看多重因素将助推价格上行。展望期间，国内奶业生产成本刚性上升、市场供需关系偏紧以及国际市场价格上涨诸多因素将推动价格上涨。一方面，国内畜牧业着力推进绿色发展，未来规模化牧场粪污处理等环境成本将大幅度提高，同时奶业生产的饲料成本、人工成本、防疫成本、固定资产成本等也将居高不下，生产成本的不断上升将对长期价格上行形成基础支撑。同时，未来10年中国奶制品需求将保持稳定增长，偏紧的供需关系将在一定程度上助推奶价继续上涨。另一方面，随着进口的逐年增加，国内外市场的整合程度进一步提高，国际市场价

---

① 不含婴幼儿配方奶粉进口数量

格继续上行将推动国内价格走高。据预测，2021/22年度世界奶制品平均价格将比2016/17年度高出2%~7%，主要是全脂奶粉价格和黄油价格的上涨。预计展望期末，中国原料奶收购价格大约是全球原料奶平均收购价格的1.2倍，奶制品零售价格也将高于世界平均价格。

3 不确定性分析

3.1 畜禽疾病影响国内生产稳定

牛奶养殖中疾病的发生依然是影响奶业发展的因素之一。奶牛乳房炎、结核等的发生，将会降低奶产量和奶牛养殖的经济效益，也将相应加剧市场价格的波动。展望期末，奶牛养殖规模化率将提升至68%，规模化水平提高在巩固奶业产能的同时，也加大了奶牛疾病发生和传播的风险。尽管国家动物重大疫病防控体系和防治机制不断完善，但因畜禽疾病发生的时间、地点和规模的不确定性，未来奶业生产受疾病的影响依然存在不确定性。

3.2 国内产业政策调整的提振效果值得关注

2017年中央一号文件提出"全面振兴奶业，重点支持适度规模的家庭牧场，引导扩大生鲜乳消费，严格执行复原乳标识制度，培育国产优质品牌"，这一宏观政策的调整给生产者传递了积极的信号，为展望期间中国奶业发展提供了良好的外部环境，未来一段时期将助推奶类产量的增长。同时，2017年中国将开始实施"五大行动"推进现代奶业建设，2月农业部与中国奶业协会联合启动了"中国小康牛奶行动"，旨在扩大国产乳品品牌影响力，培育新的消费群体，提升奶制品消费，一系列行动的启动无疑将进一步提升消费者的消费信心，扩大国产奶制品的消费需求。但是产业政策调整对展望期间奶业生产和消费的具体推动作用具有不确定性，对奶业生产和消费的短期和长期提振效果值得关注。

3.3 国际市场价格走势不明朗影响国内进口预期

近年来，国际市场主要乳品价格波动加剧，走势判断难度加大。尽管2016年下半年以来国际市场价格呈恢复态势，但随着全球奶业市场进入北半球牛奶季节性增产阶段，市场价格预期有所降低。短期来看，根据全球乳制品贸易平台（GDT）的拍卖价格，2017年4—9月脱脂奶粉、全脂奶粉、切达干酪的平均中标价均低于当前的现货价格，即国际市场价格有再次走低的可能，国内外价差可能会进一步拉大，从而推动进口需求的增加。长期来看，随着俄罗斯、亚洲和非洲需求的恢复，世界主要奶制品价格将继续上涨，未来5年奶制品价格整体预计上涨2%~7%，但是干酪和脱脂奶粉价格会下降。展望期间，国际市场价格动态尤其国内外价差需要密切关注。

参考文献

[1] 中国农产品加工信息网.农业部：中国奶牛规模养殖比重去年首次超50%［EB/OL］.(2017-02-24)［2017-03-08］.http://service.ncpjg.org.cn/Html/2017_02_24/2_6268_2017_02_24_12041.html.

[2] 荷斯坦奶农俱乐部.农业部启动"小康牛奶行动"提振消费信心［EB/OL］.(2017-02-21)［2017-03-08］.http://www.hesitan.com/nnyw_hzbd/2017-02-21/197772.chtml.

[3] 李胜利，曹志军，刘玉满，等.2014年中国奶业回顾与展望［J］.中国畜牧杂志，2015(2)：22-28.

[4] Australian Bureau of Agricultural and Resource Economics and Science (ABARES). Agricultural commodities：March quarter 2017.CC BY 3.0.

[5] 新华网.农业部副部长于康震：实施"五大行动"振兴奶业［EB/OL］.(2017-02-21)［2017-03-08］.http://news.xinhuanet.com/live/2017/02/21/c_1120503209.htm.

[6] 王东杰，董晓霞，张永恩.2016年上半年国内外奶业市场与贸易形势及展望［J］.农业展望，2016(8)：15-18.

[7] 罗小红，何忠伟，刘芳.中国奶业区域布局及发展研究［J］.农业展望，2016(2)：45-53.

[8] 韩啸，余洁，刘芳，等.中国奶粉进口市场势力分析［J］.农业展望，2016(9)：65-70.

第十一章

水产品

中国渔业为保障中国粮食安全、促进农民增收、维护海洋权益和促进生态文明建设等作出了重要贡献。中国的水产品产量连续26年世界第一，占全球水产品产量的1/3以上。2016年中国渔业继续保持良好发展态势，水产品产量6 900万吨，与上年相比增长3.0%，批发价格上涨5.3%；进出口总额301.12亿美元，与上年相比增长2.6%。展望未来10年，随着中国政府海洋渔船"双控"管理、伏季休渔等制度的完善和海洋渔业资源总量管理制度的出台，以及减量增收目标的确立和实现，水产品产量增速将显著下滑。2017年水产品产量预计为6 819万吨，2020年降至6 685万吨，2026年达到7 008万吨。2017年水产品消费量预计为6 849万吨，2020年为6 858万吨，2026年为7 155万吨。未来10年，水产品价格年均涨幅约4%。水产品出口基本稳定，进口显著增加。预计2017年水产品出口量411万吨，2020年为385万吨，2026年为419万吨；2017年进口量441万吨，2020年为558万吨，2026年达到566万吨。

1　2016年市场形势回顾

1.1　产量继续保持增长

"十三五"期间，中国渔业开局良好，转方式调结构取得初步成效。在全国大部分地区出现寒潮、雨雪以及暴雨、洪涝等极端天气的情况下，中国渔业生产仍然实现了稳步增长。2016年水产品总产量6 900万吨，与上年相比增长3%，增幅有所回落。其中，养殖水产品产量5 156万吨，与上年相比增长4.4%；捕捞水产品产量1 744万吨，与上年相比下降1.0%。2016年渔民人均年纯收入约16 900元，与上年相比增长8.4%。

1.2　消费层次递进、转型需求强烈

随着居民收入提高和人们对水产品价值认可度的上升，水产品消费需求层次不断递进。水产品电商消费、团餐消费等新的消费形态发展迅速，年轻消费者、餐饮业年轻从业人员对食材便利性的要求促进水产品向快速消费转型，并对水产品流通加工方式提出新的挑战。大量的O2O餐饮以及产地直供模式逐步吸引着中高收入消费群体，日益细分的水产品类潜藏着巨大的市场潜力。2016年中国水产品人均占有量达到49.90千克，水产品消费量6 880万吨，其中，直接食用消费2 741万吨，加工消费2 414万吨，损耗及其他消费1 725万吨。经过2015年的行业"洗牌"，国内过剩的加工能力得到一定释放，2016年水产品加工业状况好于上年。随着水产品消费转型，各类水产经营主体也在调整销售方式，由大众化的水产批发市场辐射分销模式向商超冻鲜、冷冻专柜、专卖店销售以及电子商务转变。

1.3 批发价止跌反弹

受国际国内经济下行和大宗商品价格低迷双重影响，自 2012 年以来，水产品价格持续低位运行。自 2015 年 10 月以来，水产品综合平均价格止跌企稳，连续 15 个月同比上涨，水产品市场出现近几年来少有的回暖现象。据对全国 80 家水产批发市场成交价格统计，2016 年全国水产批发市场综合平均价格与上年相比提高 5.3%。其中，海水产品综合平均价格增幅较大，上涨 7.4%，对拉动全年水产品价格上涨起主要推动作用；淡水产品价格扭转了连续下跌的局面，上涨 2.7%。分类别看，与上年相比，淡水鱼类、淡水甲壳类和淡水其他类价格分别上涨 2.7%、3.5%和 0.6%；海水鱼类、海水甲壳类、海水贝类和海水头足类分别上涨 6.1%、9.4%、8.4%和 4.4%。

1.4 进出口贸易回暖增长

2016 年第二季度以来，受益于国内宽松货币政策、"一带一路"政策引导以及人民币对美元持续贬值，水产加工企业出口订单显著增长，贸易呈现回暖迹象。据中国海关统计，2016 年中国水产品进出口总额 301.12 亿美元，与上年相比增长 2.7%。其中，进口 404.13 万吨，与上年相比下降 1.0%，进口额 93.74 亿美元，与上年相比增长 4.4%，主要进口来源国家和地区为俄罗斯、东盟成员国、美国、秘鲁、加拿大、智利等；出口 423.76 万吨，与上年相比增长 4.4%，出口额 207.38 亿美元，与上年相比增长 2.0%，主要出口国家和地区为日本、美国、东盟成员国、欧盟成员国、中国香港、中国台湾、韩国等；贸易顺差 113.64 亿美元，与上年相比增长 0.1%。

水产品进出口市场集中度较高。其中，中国对日本、美国、东盟成员国、欧盟成员国和韩国的出口量占水产品出口总量的 67.8%；自俄罗斯、东盟成员国、美国、秘鲁和加拿大的进口量占进口总量的 66.4%。水产品出口均价 4.89 美元/千克，与上年相比下降 2.3%；进口均价 2.32 美元/千克，与上年相比上涨 5.4%，仍然延续出口价格下降而进口价格上升的状况。

2 未来 10 年市场走势判断

2.1 总体判断

产量保持微幅增长。随着农业部对渔业生产"减量增收"目标的确立，以及结构调整、生态保护政策的推行，预计未来 10 年，水产品产量增长速度将显著放缓。展望期间，产量年均增速预计为 0.2%，与过去 10 年 4.2%的年均增长速度相比明显放缓。2017 年水产品产量预计 6 819万吨，2020 年降至 6 685万吨，2026 年复苏至 7 008 万吨。2026 年养殖产量占比将超过 80%，水产养殖业在未来中国水产品供应中将发挥更加重要的作用。

食用和加工消费比例提高，损耗率下降。2017 年中国水产品总消费量预计为 6 849 万吨，2020 年为 6 858 万吨，2026 年为 7 155 万吨，以年均 0.4% 的速率增长。2026 年加工消费比例预计增至 37%，食用消费比例上升至 45.5%，损耗比例将比 2016 年下降 7.6 个百分点。

出口总体稳定，进口增长迅速。未来 10 年，进出口贸易走势分化。出口总体平稳，2026 年出口量为 419 万吨。水产品进口需求增加，进口量增长迅速，2017 年为 441 万吨，2020 年达到 558 万吨，2026 年为 566 万吨，展望期间年均增长 3.4% 左右。进口产品价格上涨速度预计仍快于出口。

水产品价格水平有望进一步上升。随着生产资料价格上涨，劳动力成本刚性增加，以及捕捞产量压减、养殖面积调减，未来中国水产品的价格水平将保持上升态势。未来 10 年，水产品价格预计保持约 4% 的年均涨幅。

2.2 生产展望

2.2.1 产量总体平稳，呈先减后增态势

2016 年中国农业部确立了"调优养殖布局、调减捕捞产能"的目标，并明确压减捕捞产量和发展大水面增殖及不投饵滤食类、草食类网箱网围养殖，保持现有养殖池塘面积，大力发展稻田综合种养和低洼盐碱地养殖。在池塘面积不增长的前提下，稳定和提高养殖能力的关键是改进现有养殖设施条件。展望期间，中国政府将重点发展依靠科技创新、维护资源环境的生态健康养殖方式，渔业可持续发展能力将有较大跃升。未来 10 年，预计水产品总产量保持微增长状态，2017 年产量为 6 819 万吨，2020 年减至 6 685 万吨，2026 年回升至 7 008 万吨，与 2016 年相比，增加 108 万吨，年均增速为 0.2%（图 11-1），远低于过去 10 年 4.2% 的年均增速。分阶段来看，2017—2020 年产量为负增长，年均递减 0.8%；2021—2026 年产量逐步回升，年均递增 0.8%。

2.2.2 捕捞产量下行

展望期间，中国政府将实行渔船投入和渔获产出双向控制。到 2020 年压减海洋捕捞机动渔船 2 万艘、功率 150 万千瓦，除淘汰旧船再建造和更新改造外，不新造、进口在中国管辖水域生产的渔船。2017 年起，各海区休渔类型统一和扩大，休渔时间延长，长江流域水生生物保护区将实行全面禁捕。未来长江干流和重要支流也会逐步全面禁捕，通江湖泊和其他重要水域将逐步实行限额捕捞制度。这些政策对渔业持续健康发展提供了有利条件，但也对捕捞渔业产量形成了制约。

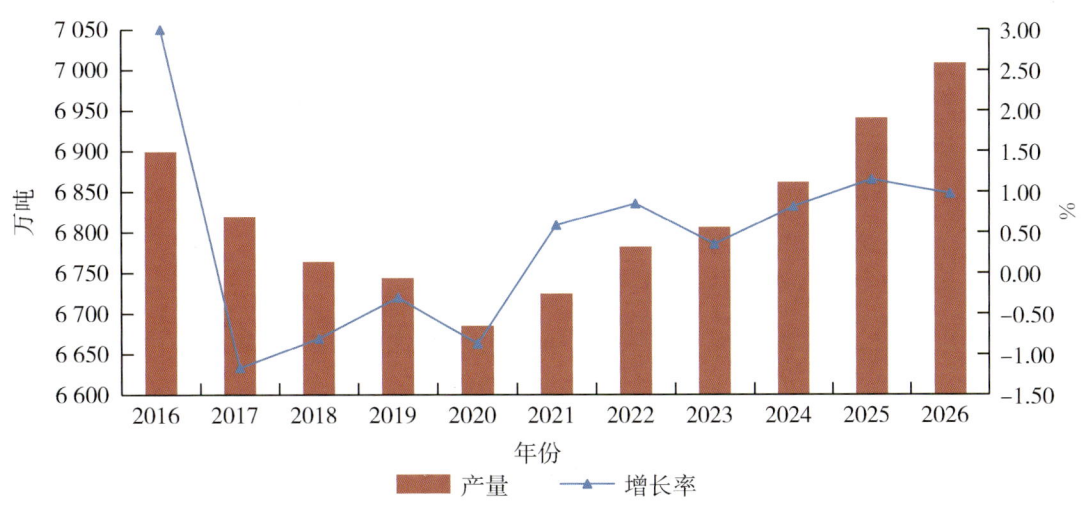

图 11-1　2016—2026 年水产品产量及增长率

数据来源：2017—2026 年数据来自中国农业科学院农业信息研究所 CAMES 预测

受此影响，未来 10 年，捕捞产量将以年均 3.6% 的速率下降，2017 年产量下降至 1 567 万吨，2020 年减至 1 294 万吨，2026 年进一步下降至 1 206 万吨（图 11-2）。

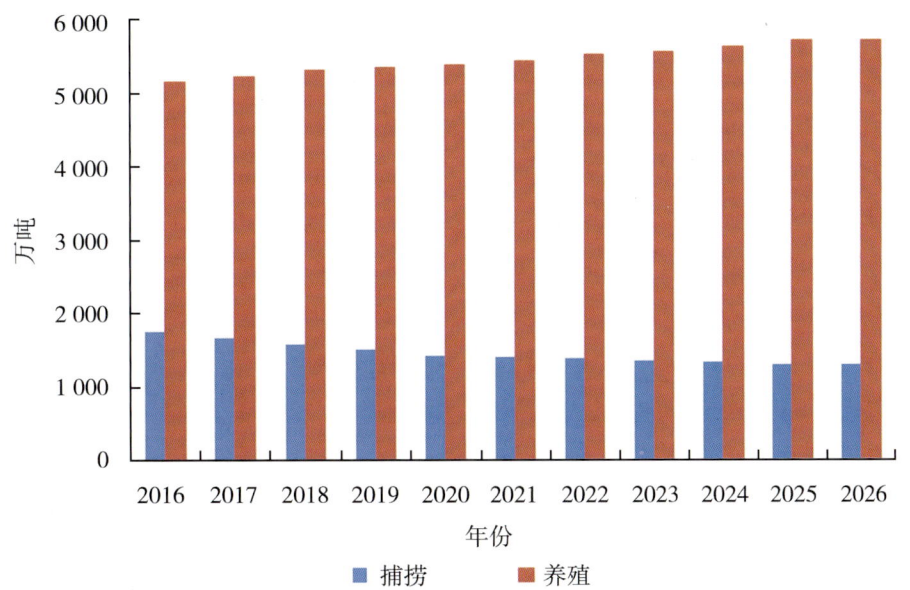

图 11-2　2016—2026 年水产品捕捞和养殖产量

数据来源：2017—2026 年数据来自中国农业科学院农业信息研究所 CAMES 预测

2.2.3　水产养殖在渔业供给中的支撑作用更加凸显

在可捕资源量有限、渔业生态恢复艰难的现阶段，水产养殖将有更加广阔的发展空间。目前中国淡水养殖产品的不投饵率为 35.7%，海水养殖产品为 83.0%。

随着绿色、可持续养殖模式的推广，未来水产养殖业将为保障国家食物安全、促进生态文明建设作出更大的贡献。2017年水产养殖产量预计达到5 252万吨，2020年增至5 391万吨，2026年将达到5 803万吨。展望期间，水产养殖业将迎来品种结构调整和养殖方式转型的重要时期。一方面，水产养殖面积调控性减少。随着养殖水域滩涂规划逐步完善，限养区、禁养区进一步明确，养殖总面积或有一定减少，但池塘养殖面积将基本保持现有水平。另一方面，养殖品种结构将向低消耗、低排放、高效益品种转变。大水面生态增养殖、工厂化循环水养殖、池塘工程化循环水养殖、种养结合稻田养殖、海洋牧场立体养殖、外海深水网箱养殖等健康养殖模式将得到快速发展。展望期间，随着稻田、盐碱地和冷水资源综合开发，以及品种改良、中低产池塘改造，水产养殖单产水平将有进一步提高，但受面积控制影响，水产养殖增长速度放缓。2026年水产养殖产量较2016年增加647万吨，年均增长1.2%，低于过去10年5.2%的年均增速。2026年养殖产量占水产品总产量的比重预计达到82.8%，较2016年提高8.1个百分点。

2.3 消费展望

食用和加工消费比例上升，损耗下降。随着居民膳食结构调整和水产品营养价值日益得到认可，国内居民对水产品的需求仍会保持增长。2017年中国水产品总消费量预计为6 849万吨，2020年为6 858万吨，2026年为7 155万吨，以年均0.4%的速率增长。随着消费者对水产冻品的逐步接纳，对即食休闲产品需求的逐步增加，水产品加工比例将进一步提高。2026年，直接食用消费量3 255万吨，约占总消费量的45.5%，较2016年提高约5.6个百分点，以年均1.7%的速率增长；加工消费量（包含饲料消费）2 647万吨，占37.0%，较2016年提高约1.9个百分点，以年均0.9%的速率增长；损耗及其他1 253万吨，占17.5%，较2016年下降7.6个百分点，以年均3.1%的速率下降。食用消费比例呈上升趋势，加工消费比例小幅增加，损耗率下降（图11-3）。

2.4 贸易展望

2.4.1 出口总体平稳

预计2017年水产品出口总量411万吨，2020年为385万吨，2026年为419万吨，出口贸易总量基本平稳。2016年水产品出口由降转增，但由于世界经济复苏乏力，外部需求难有明显回升，新兴经济体的经济增长总体乏力，展望期间，水产品出口依然面临很多不确定因素。目前，国内养殖和加工企业主动转型，主要着力于扩大内销，未来随着出口品种逐渐转向内销，水产品供给国内市场的比例会进一步提高。

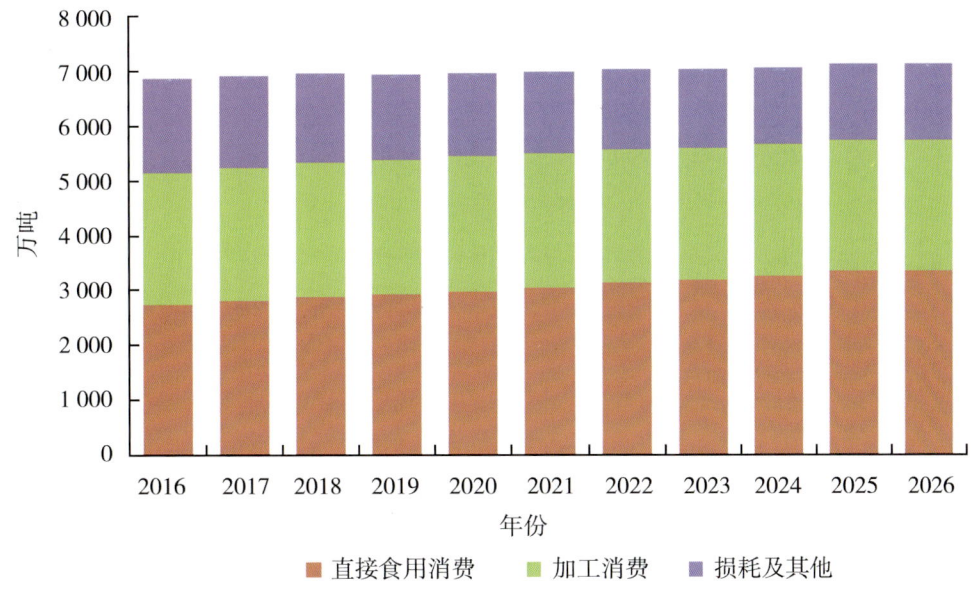

图 11-3　2016—2026 年中国水产品消费结构

数据来源：2017—2026 年数据来自中国农业科学院农业信息研究所 CAMES 预测

2.4.2　进口需求显著增加

预计 2017 年水产品进口总量在 441 万吨左右，2020 年增至 558 万吨，2026 年为 566 万吨。展望期间，水产品进口年均增长 3.4%，2026 年水产品净进口量达到 147 万吨（图 11-4）。中国巨大的消费市场和未来政府对捕捞产能的控制，都将促

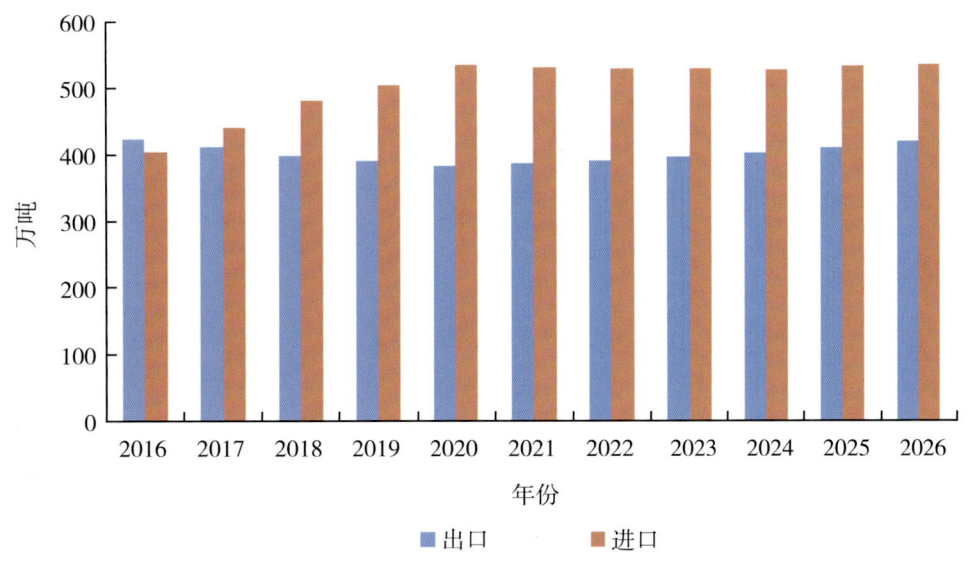

图 11-4　2016—2026 年水产品进出口量

数据来源：2017—2026 年数据来自中国农业科学院农业信息研究所 CAMES 预测

进水产品进口需求的迅速增长。一方面，增长源于消费者对直接食用水产品的需求。近些年来，进口高品质水产品逐渐受到国内消费者青睐，冷冻产品的形式也被消费者接受，未来消费者食用水产品的进口需求将显著增加。2017年，冻鲽鱼类、冻金枪鱼、冻鲱鱼、冻鳕鱼类、冻带鱼、冻/鲜帝王蟹、熟冻北极虾、活鲜岩龙虾、活鲜螯龙虾、冻/鲜象拔蚌等热门野生海鲜的进口关税将下调，这也会进一步刺激进口消费增长。另一方面，进口增长源于水产养殖必需的饲用产品需求。中国的鱼粉加工企业已由之前的300余家，缩减至2015年的50家左右，未来可能会继续萎缩至30家，压减的饲料产能将来需要进口产品的弥补。但总体来看，食用需求的增长速度会显著快于饲用部分。从进出口价格对比来看，过去10年，水产品出口价格年均上涨4.8%，进口价格年均上涨6.0%（图11-5）。未来10年，随着食用水产品进口规模不断扩大，水产品进口价格的增幅仍将超过出口。

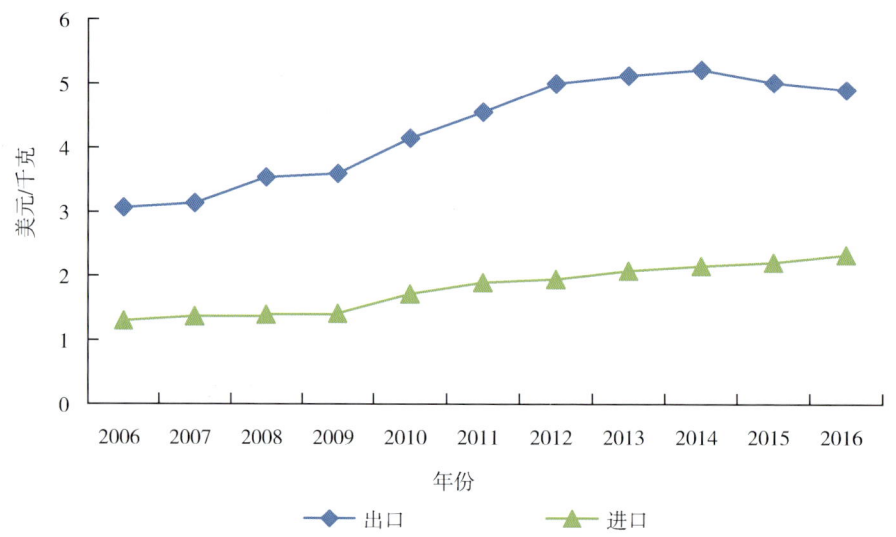

图11-5　2006—2016年水产品进出口平均价格

数据来源：中国海关

2.5　价格展望

展望期间，随着饲料、鱼药等生产资料价格上涨，劳动力成本上升，水产品价格有进一步提升空间。未来10年，水产品价格预计将保持4%左右的年均涨幅。

未来10年，海水产品价格年均涨幅预计超过5%，高于过去10年的年均增长水平。海水产品价格上涨与政策导致的产品稀缺有一定关系。2015年开始，捕捞业油价补贴方式发生调整，中央财政补贴资金与用油量逐步脱钩，2019年补贴水平将降至2014年的40%，这会明显提高捕捞作业成本，进而拉动海水产品价格上涨。同年,农业部开展了涉渔"三无"船舶和"绝户网"清理整治专项行动,截至目前,已查处清理违禁违规渔具 60 多万张(顶)、取缔涉渔"三无"船舶 2.1 万余艘。这对压减捕捞产能、维护海洋环境有重要意义,也对未来海水产品价格提振有刺激作用。

未来 10 年,淡水产品价格年均涨幅在 3% 左右,对水产品价格总水平会起到一定平抑作用。展望期间,淡水产品价格变化除受成本驱动和消费者需求变化影响外,价格波动将很大程度上依赖于品种结构和养殖模式调整,但总体波动幅度会小于海水产品。

3 不确定性分析

3.1 天气灾害对渔业产量稳定性带来变数

天气因素难以在预测中体现,但天气却在时刻影响着渔业生产活动。渔业生产的特性决定了渔业活动多在沿海及其他内陆水域周边进行,因此渔业产量及价格波动经常受到天气灾害冲击。联合国粮食及农业组织在 2003—2013 年开展的一次评估表明,发展中国家农业部门承受了大中型自然灾害造成的经济影响总量中的 22%,其中,对渔业和水产养殖业的经济影响占农业部门总损失的 6%,估计损失额为 17 亿美元。风暴(包括飓风和台风)造成的损失占灾害给渔业造成总损失的 16%,其次是洪灾,占比 10%。极端天气灾害不仅直接打击捕捞生产和集约化水产养殖,还会破坏贮藏、加工、运输设施,对水产市场运行和价格造成干扰。除了灾害性天气之外,全球气温上升也在影响捕捞产量的变化。最近研究表明,全球气温升高 1.5 摄氏度,捕鱼量降低 2.5%,升高 3.5 摄氏度则降低 8%。全球变暖会导致鱼类迁徙到更冷的水域,因此对不同地区的渔业影响并不相同。

3.2 养殖方式和病害对养殖产量与质量影响的不确定性

养殖方式不仅决定了产量的变化,也对水产品的质量有不同影响。集约化养殖模式虽然带来产量的显著增长,但却对质量安全形成威胁,甚至有可能引发病害。但如果将养殖控制在一定范围内的最优规模,并实行精准投喂,则有可能避免或减轻病害困扰。近几年来,很多省份都进行了标准化池塘改造补助工作,但与水产养殖整体设施需求相比,现在还有很大缺口。目前,大部分养殖生产池塘未能得到有效修整,进排水设施、渔业机械配套等尚不能适应健康养殖方式的需求,这些都加剧了病害发生风险,增加了水产品质量安全隐患。2016 年鲫鱼暴发性出血病给江苏及周边地区鲫鱼养殖业的可持续发展构成了巨大威胁,并加剧了鲫鱼价格上涨。展望期间,如果现有的高密度养殖模式不能顺利转型,对虾 EMS、淡水鱼出血病等严重养殖病害不能得到有效控制,水产养殖用药不能有效规范和管理，则可能对养殖产量的增长和质量的稳定性造成影响。

3.3 贸易壁垒的不确定性增强

贸易壁垒经常受到国际政治关系及很多其他因素影响。在全球经济缓慢复苏的预期下，传统贸易国和新兴经济体的需求回升乏力，一些国家采取贸易保护主义措施扶持本国产业，贸易摩擦频发。近两年美国、俄罗斯都出台规定，提高了对中国水产品的检验检测要求。2015年11月，美国政府正式颁布鮰鱼法案，限制亚洲鮰鱼（主要是中国和越南）的进口，规定从2016年3月1日起，输美鮰鱼将由FDA检测转交美国农业部（USDA）下属的检测肉类家禽类产品的办公室（FSIS）按照肉禽类的检测标准对鮰鱼进行"等同检测体系"评估。如果中国没有提交等同检测申请或申请被拒，中国鮰鱼会被立即禁止出口美国。根据法规，鮰鱼需要和别的水产检测区分出来，鮰鱼出口企业必须为美国农业部的检测建立独立加工区或新场地，这将增加新的检测成本。对中国企业而言，未来鮰鱼出口的不确定因素太多，法案的颁布和实施基本意味着中国对美鮰鱼出口的大门被关上。2016年10月，俄罗斯加强了对中国水产品入境管制措施，对进口食用鱼和海产品及其加工制品实施新的卫生检疫要求。此外，货币因素、地缘政治、英国脱欧引发的后续变化等均会对未来水产品贸易造成不确定性影响。

参考文献

[1] 中国鳗鱼网.2016年全国水产品市场供销两旺价格总体稳中趋升［EB/OL］.(2017-02-16)［2017-03-08］.http://www.chinaeel.cn/ShowInfo.aspx? Id=25918.

[2] 中华人民共和国农业部.农业部关于加快推进渔业转方式调结构的指导意见［EB/OL］.（2016-05-04）［2017-03-08］.http://www.moa.gov.cn/govpublic/YYJ/201605/t20160506_5120615.htm.

[3] 中华人民共和国农业部.农业部关于进一步加强国内渔船管控实施海洋渔业资源总量管理的通知［EB/OL］.（2017-01-16）［2017-03-08］.http://www.moa.gov.cn/govpublic/YYJ/201701/t20170120_5460583.htm.

[4] 中华人民共和国农业部.农业部关于调整海洋伏季休渔制度的通告［EB/OL］.(2017-01-20)［2017-03-08］.http://www.moa.gov.cn/govpublic/YYJ/201701/t20170120_5460478.htm.

[5] 陈洁，刘景景，张静宜.大宗淡水鱼产业发展报告（2011—2015）［M］.上海：上海远东出版社，2017.

[6] 孙炜琳，刘佩.近10年来中国水产品供求变化及趋势分析［J］.中国农业信息，2014（3）：61-64.

[7] 朱亚平.渔业经济稳中有进转型升级迎难而上——2016年上半年渔业经济形势分析［N］.中国渔业报，2016-08-08（01）.

[8] 袁晓初.渔业转方式调结构成效初显——2016年前三季度中国渔业经济形势分析［J］.中国水产，2016（12）：6-7.

[9] 崔和.中国水产品进口额也成世界第一，负责任与可持续已是大势所趋［EB/OL］.(2016-11-02)［2017-03-08］.http://www.fishfirst.cn/article-83462-1.html.

[10] FAO. The Impact of Natural Hazards and Disasters on Agriculture and Food Security and Nutrition: A Call for Action to Build Resilient Livelihoods［EB/OL］.［2017-03-08］.http://www.fao.org/3/a-i4434e.pdf.

[11] 联合国粮食及农业组织.2016年世界渔业和水产养殖状况：为全面实现粮食和营养安全做贡献［R］.罗马，2016.

[12] 惠新.全球升温将导致捕鱼量降低［N］.中国渔业报，2017-01-09（A1）.

[13] 肖友红，罗红宇.美国颁布"鮰鱼法案"中国鮰鱼产业面临生死考验［J］.中国水产，2016（1）：55.

第十二章

饲　料

饲料工业是连接种植业和养殖业的中间产业，是农产品及副产品转化增值的重要渠道，是畜牧业和水产养殖业健康发展的保障。2016年，中国工业饲料总产量和需求量小幅增长，主要饲料产品价格继续下跌。展望未来10年，中国工业饲料总产量和消费量将稳步增长，年均增长率均为1.6%，较过去10年的年均增幅明显下降。预计2017年工业饲料总产量和消费量分别为20 838万吨和20 526万吨；2020年分别达到22 165万吨和21 841万吨；2026年将进一步分别增至23 983万吨和23 634万吨。短期内中国饲料产品市场价格保持低位运行，2020年到展望期末，饲料产品市场价格将稳步上涨。饲料工业整体已进入发展成熟期，产业结构优化调整是未来发展的主要方向。

1 2016年市场形势回顾

1.1 工业饲料总产量增加

2016年中国工业饲料总产量小幅增加，约为20 443万吨，与上年相比增加2.2%，连续6年位居总量世界第一的地位。从产品结构上来看，配合饲料、浓缩饲料和添加剂预混合饲料的产量分别为17 937万吨、1 835万吨和671万吨，配合饲料和添加剂预混合饲料与上年相比增加3.1%和2.8%，浓缩饲料与上年相比下跌6.4%；配合饲料产量占工业饲料总产量比重达到87.7%（图12-1）。

图12-1 2011—2016年中国饲料工业总产量

数据来源：2011—2015年数据来自《中国农业统计资料》，2016年数据为估计值

1.2 工业饲料消费量小幅增长

2016年在养殖行业整体利润向好的带动下，国内饲料消费增加，总消费量约为20 151万吨，与上年相比增长2.0%。猪饲料、肉禽饲料、蛋禽饲料、反刍饲料

和水产饲料消费量分别达到 8 298 万吨、5 621 万吨、3 075 万吨、897 万吨和 1 898 万吨，与上年相比分别增长 0.6%、3.4%、2.9%、2.7% 和 1.1%。国内饲料消费增加，一方面是因为养殖规模化比例提高带动工业饲料消费量增长，2016 年生猪出栏量与上年相比下降，但大型养殖企业出栏量有 20%～40% 不同程度的增加，工业饲料普及率有所提高；另一方面是因为国内养殖业盈利较好，饲料成本低，养殖户从浓缩饲料转向营养价值更高的配合饲料，推动工业饲料消费量上升。

1.3 饲料原料进口有增有减

饲料原料主要包括能量原料、蛋白原料、饲料添加剂和粗纤维。其中，能量原料主要包括玉米、小麦、稻谷、高粱和大麦等，蛋白原料则包括豆粕、菜粕、鱼粉和肉骨粉。中国工业饲料以玉米-豆粕配方为主，鱼粉是高级蛋白的重要来源。

2016 年中国饲料能量原料进口量大幅下降。受国内玉米价格回落以及实施自动进口许可管理政策的影响，国内饲用原料玉米全年进口为 317 万吨，与上年相比减少 33.3%；大麦、高粱、木薯等饲用原料进口分别为 501 万吨、665 万吨和 770 万吨，与上年相比分别减少 53.0%、38.0% 和 17.8%。

蛋白原料进口量增加。2016 年豆粕进口 1.8 万吨，与上年相比下降 69.7%；国内饲用豆粕基本依靠进口大豆压榨，2016 年大豆进口 8 391 万吨，与上年相比增加 2.7%，其中从美国、巴西、阿根廷进口量之和占进口总量的 95.0%。另一重要蛋白原料鱼粉全年进口 104 万吨，与上年相比增加 7.1%，其中秘鲁鱼粉进口量占总进口量的 44%。油菜籽进口方面，由于和加拿大对进口油菜籽杂质比例发生争议，全年进口 357 万吨，与上年相比减少 20.2%。玉米酒糟（DDGS）受反倾销、反补贴调查裁定的影响，全年进口 307 万吨，与上年相比减少 55.0%。

1.4 饲料原料年均价低位波动

2016 年国内玉米均价降至 7 年内低点，月度价格震荡回落。全年批发市场平均价格为 2 027 元/吨，与上年相比下跌 14.4%。月度价格走势来看，1—5 月国内玉米供给充足，市场价格走低，均价降至 1 963 元/吨；6—7 月市场上流通粮源不足，优质饲用玉米供给紧张，7 月市场均价涨至 2 110 元/吨；8 月新季玉米上市后，市场价格迅速回落，东北部分产区玉米收购价跌至成本以下，12 月为 1 950 元/吨，较 1 月下跌 7.6%（图 12-2）。

2016 年国内豆粕均价为近 10 年最低，月度价格波动上升。2016 年豆粕批发市场均价为 3 294 元/吨，与上年相比下跌 3.1%。月度价格变化来看，1—3 月豆粕市场延续了长达 30 个月的弱势行情，终端企业备货量小，3 月市场均价降至 2 960 元/吨；4 月受南美天气因素造成大豆减产的影响，大豆期货价格上涨，国内企业

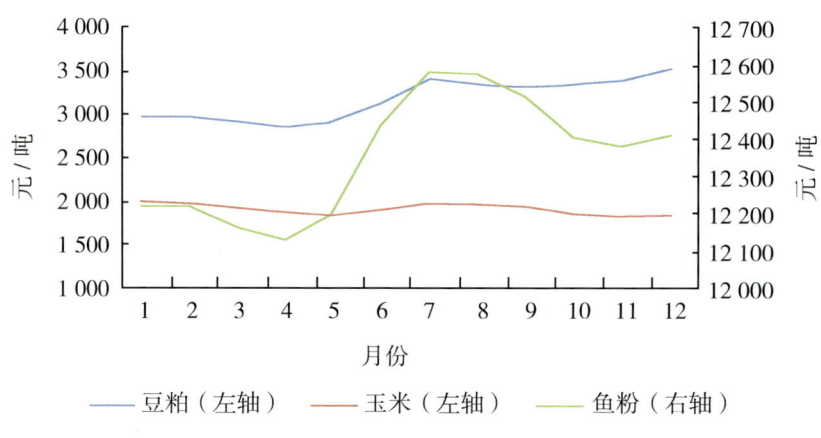

图 12-2　2016 年中国主要饲料原料价格走势

数据来源：中国农业部畜牧业司

大量采购豆粕弥补库存，支撑市场价格走高，国内豆粕出厂价格从 4 月初的 2 300 元/吨涨至 6 月的 3 600 元/吨，涨幅达到 56.5%，进而导致 6 月国内豆粕批发市场均价涨至 3 550 元/吨；7—9 月临储大豆拍卖带动市场供给有所增加，价格小幅回落；10—12 月国内进口大豆到港量延迟以及压榨企业停业整改，豆粕市场供给再度紧张，12 月豆粕价格涨至 3 655 元/吨，较 1 月上涨 18.6%（图 12-2）。

2016 年国内进口鱼粉均价下降，月度价格小幅上涨。2016 年批发市场均价为 12 380 元/吨，与上年相比下跌 1.4%。国内鱼粉供给主要依靠进口，1—4 月为国内鱼粉消费淡季，市场价格持续回落；5 月水产养殖逐步开启，受秘鲁渔业捕捞不利的影响，国内鱼粉价格不断上涨，7 月涨至 12 610 元/吨；8 月后新季鱼粉到港以及水产养殖逐步结束，需求再度转淡，国内鱼粉价格小幅回落，12 月为 12 440 元/吨，较 1 月上涨 1.6%（图 12-2）。

1.5　主要饲料产品价格跌幅趋缓

受玉米、豆粕等主要原料价格波动影响，2016 年国内主要配合饲料价格整体回落。育肥猪、肉鸡、蛋鸡配合饲料全年均价分别为每千克 3.06 元、3.11 元和 2.84 元，与上年相比分别下降 5.3%、6.0% 和 6.6%（图 12-3）。2016 年 12 月，3 种主要配合饲料价格分别为每千克 3.08 元、3.13 元和 2.86 元，较 2014 年 9 月历史高点分别下跌 9.8%、10.2% 和 11.1%。2016 年育肥猪、肉鸡和蛋鸡配合饲料价格的年内跌幅分别为 0.2%、1.1% 和 1.2%，而 2015 年年内跌幅分别为 6.6%、6.8% 和 7.3%，2016 年年内跌幅较 2015 年明显缩小。

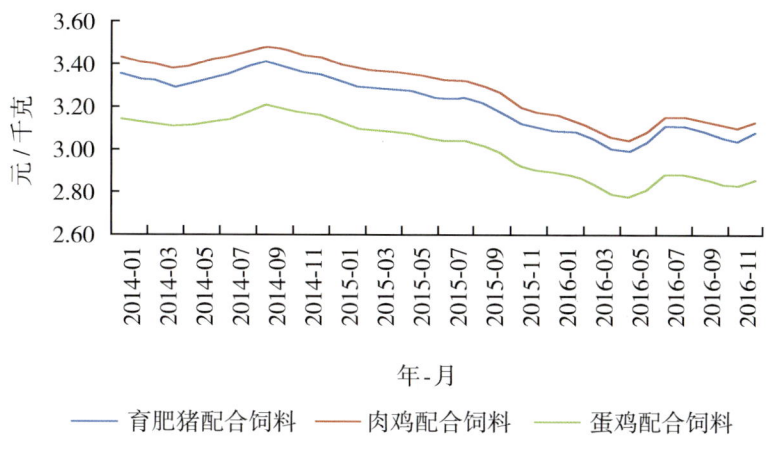

图 12-3　2014—2016 年中国主要饲料产品价格走势

数据来源：中国农业部畜牧业司

2　未来 10 年市场走势判断

2.1　总体判断

中国生态环境保护力度持续加强，养殖业环保成本上升，行业门槛提高，养殖规模化进程加速，更加依赖饲料工业的支撑。从产业周期来看，饲料工业整体进入成熟期，产业结构优化调整是未来发展的主要方向。

工业饲料总产量稳步增加。预计 2017 年饲料工业总产量将达到 20 838 万吨，与上年相比增加 1.9%。展望期间，总产量年均增长率为 1.6%，较过去 10 年 6.8% 的年均增幅明显下降，到 2020 年达到 22 165 万吨，2026 年有望进一步增至 23 983 万吨。饲料工业总产量的增长主要源于配合饲料产量的增加，2026 年配合饲料产量将达到 22 282 万吨，占饲料工业总产量的 92.9%，未来 10 年年均增长率达 2.2%。

工业饲料消费量将持续增加。2017 年中国工业饲料消费量预计为 20 526 万吨，较 2016 年增长 1.9%。展望期间，中国工业饲料消费量的年均增长率保持在 1.6% 左右，同样低于过去 10 年 6.6% 的年均增长率，到 2020 年达到 21 841 万吨，2026 年涨至 23 634 万吨，较 2016 年增长 17.3%。从主要品种来看，猪饲料仍是市场需求增长的主要动力，禽类饲料、反刍饲料将保持稳速增加，水产饲料需求保持平稳。

饲料产品价格将由弱走强。受国内玉米市场价格形成机制改革和种植面积调整影响，未来 1~2 年中国饲料产品市场价格将保持低位运行；2020 年到展望期末，玉米种植结构调整取得成效，玉米价格偏强运行，饲料产品市场价格将稳步上涨。

2.2 生产展望

工业饲料总产量稳步增加,产业体系逐步完善。根据《饲料工业"十三五"发展规划》的要求,中国将从饲料大国向饲料强国迈进,饲料工业体系逐步完善。饲料企业从原料管控、加工工艺、生产设备和饲料添加剂研发等方面进行技术升级,进而提高饲料产品质量和生产效率,降低生产成本,拓展市场空间。未来10年,工业饲料总产量将保持稳步增加,年均增幅为1.6%。预计2017年工业饲料总产量将达到20 838万吨,较2016年增长1.9%,到2020年达到22 165万吨。展望后期,受产品结构趋于稳定、饲料成本上涨的影响,产量增速放缓,2026年工业饲料总产量增至23 983万吨,较2016年增长17.3%(图12-4)。

图12-4　2016—2026年中国工业饲料产量
数据来源:中国农业科学院农业信息研究所CAMES预测

饲料产品结构进一步优化,配合饲料占比将继续提高。饲料产品品质和安全是工业化养殖的保证,配合饲料具有营养均衡、利用率高和节约人工等特点,适合养殖集约化发展。预计2017年,配合饲料产量将达到18 472万吨;到2020年和2026年分别进一步增至20 125万吨和22 282吨,未来10年年均增幅为2.2%,略高于饲料工业总产量年均1.6%的增长率;2026年中国配合饲料产量占饲料工业总产量的比重预计将达到92.9%。浓缩饲料产量将呈现逐年萎缩趋势。预计2017年浓缩饲料产量为1 675吨,与上年相比降8.7%;2020年为1 295万吨,2026年降至854万吨,较2016年下降53.5%,未来10年年均下降7.4%,2026年浓缩饲料占饲料工业总产量比重也将降至3.6%。添加剂预混饲料作为初级产品,通过再加工成配合饲料使用,2017年产量预计为691万吨,2020年达到745万吨,2026年增至847万吨,与2016年相比增长26.2%,年均增幅为2.4%(图12-4)。

饲料产业集中度提高,饲料产品和服务升级。2015年年产量达100万吨以上的饲料企业为32家,产量占全国工业饲料总产量51%。展望期内,大型企业规模扩张、产业集中的趋势更加明显,根据《饲料工业"十三五"发展规划》,2020年年产

100万吨以上的饲料企业达到40家以上，其产量占全国工业饲料总产量的60%以上。饲料产品从粗放型转向集约型，传统饲料产品同质性较高，饲料转化率低，未来饲料产品将在多样化和品质上有所提升，满足不同养殖经营主体个性化需求，饲料产品还将向更加精细化的动态营养配方发展，大大提高养殖效率。同时在绿色、安全生产理念的引导下，以减少使用抗生素、降低污染排放、提高饲料转化率为目标的酶制剂、微生物添加剂研发是饲料行业发展重点。"互联网＋"现代农业的引入将促进饲料行业信息化发展，不仅在产品营销模式上发生转变，更要在生产、经营、管理模式上有所提升，为养殖业提供更有价值的增值服务。

2.3 消费展望

工业饲料需求平稳增长，增速放缓。养殖行业整体跨过快速发展期，进入成熟期，产能扩张速度放缓，国内养殖规模化比重和工业饲料普及率还有提升空间，工业饲料需求将持续增加。同时，饲料转化率提高将降低饲料消耗量。展望期内，通过良种引进、提高饲养技术和饲料品质等多方面技术改进，可以提高饲料报酬，降低每千克活体重的饲料消耗量；智能化和信息化技术将有效提高养殖管理水平，减少不必要的饲料损耗。预计2020年育肥猪、白羽肉鸡和产蛋鸡的饲料转化率将分别达到2.7∶1、1.6∶1、2.0∶1，2026年饲料转化率将进一步提升，分别为2.6∶1、1.5∶1和1.8∶1。饲养转化率提高可减少饲料消耗，减缓饲料消费量增幅。2017年中国工业饲料消费量预计为20 526万吨，较2016年增长1.9%；2020年将达到21 841万吨，2026年将达到23 634万吨，较基期增长17.3%。未来10年，工业饲料消费量年均增长率约为1.6%，增速呈现前高后低的变化趋势（图12-5）。

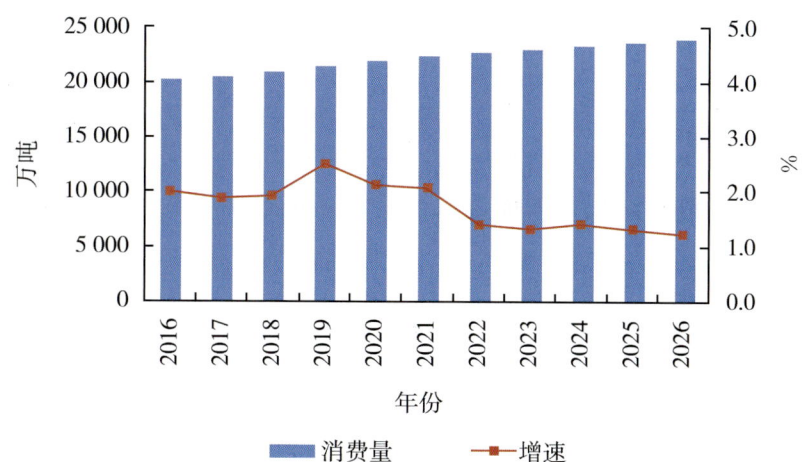

图12-5　2016—2026年中国工业饲料消费量

数据来源：中国农业科学院农业信息研究所CAMES预测

猪饲料消费需求稳步增长。2017年，国内禁养区的养殖场需全部完成关闭或搬迁，使用自配料为主的小养殖户大量退出养殖行业，规模养殖户和大型企业在适养区积极布局、扩张产能。根据《饲料工业"十三五"发展规划》，生猪年出栏50头以上的养殖比重已达到72%，未来生猪规模化养殖比重进一步提升，有利于提高工业饲料普及率和配合饲料使用率。基于生猪养殖趋势的预测，展望前期，转移区域新增产能将逐步释放，养殖规模化比例提高，带动猪饲料消费增长，消费量保持年均2.8%左右的增幅。2017年生猪养殖利润整体向好，猪饲料消费量预计将达到8 489万吨，与上年相比增长2.3%，2020年达到9 231万吨。展望后期，养殖规模和结构达到稳定，饲料消费增幅有所下降，2026年猪饲料消费量预计达到10 093万吨，较2016年增长21.6%，年均增幅为2.0%（图12-6）。

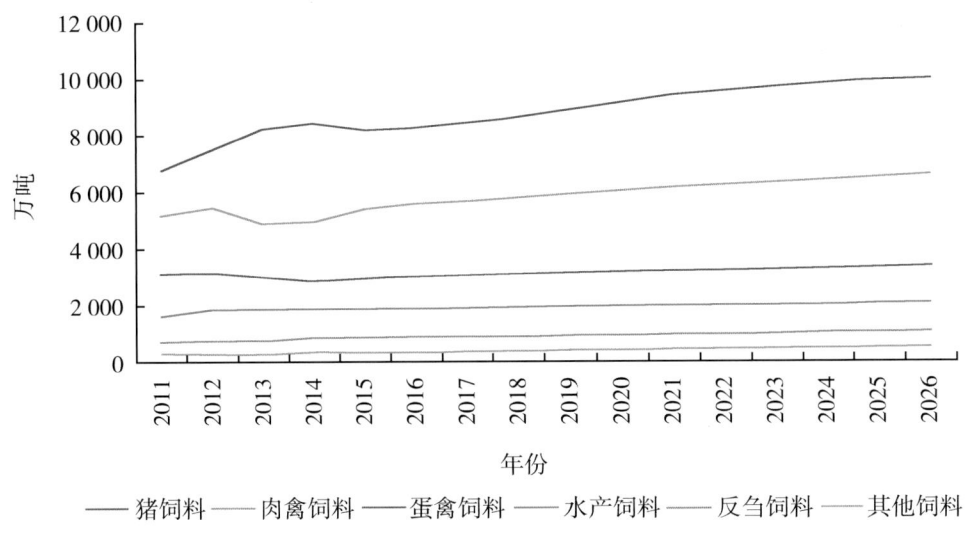

图12-6　2011—2026年中国主要工业饲料产品分品种消费量
数据来源：中国农业科学院农业信息研究所CAMES预测

禽类饲料消费进入稳定增长期。禽类工业饲料普及率较高，饲料消费结构趋于稳定，消费增长主要依靠存栏量拉动。未来10年，禽类饲料消费的增长将与禽肉、禽蛋品种的发展趋势相同，肉禽饲料、蛋禽饲料消费量年均增长幅度分别为1.7%和1.0%；预计2017年肉禽饲料、蛋禽饲料消费量将分别达到5 715万吨和3 106万吨，2020年将分别达到6 089万吨和3 200万吨，2026年将分别增至6 656万吨和3 397万吨（图12-6）。

反刍饲料需求稳步提高。国家已出台一系列扶持政策支持草食性畜牧养殖发展，对反刍饲料增长提供支撑。《全国种植业结构调整规划（2016—2020年）》中提出构建"粮经饲"三元种植结构，发展饲草种植，到2020年青贮玉米、苜蓿种植面积将分别达到2 500万亩（166.7万公顷）和3 500万亩（233.3万公顷）。饲草供应的增加将促进反刍动物养殖的发展，提高反刍饲料的需求。未来10年，反刍动物饲料消费年均增幅为 2.0%，预计 2017 年将达到 914 万吨，2020 年和 2026 年将分别增长至 967 万吨和 1 089 万吨（图 12-6）。

水产饲料需求保持平稳。受环境保护政策限制，水产养殖面积或有减少，养殖品种结构转向低消耗、高产出的品种，同时发展不投饵网箱养殖技术将降低水产饲料消耗。展望前期，水产饲料需求仍有小幅增加，预计 2017 年和 2020 年分别为 1 917 万吨和 1 921 万吨。展望后期，水产饲料需求趋于平稳，2026 年为 1 864 万吨（图 12-6）。

2.4 价格展望

饲料产品价格将由弱走强。展望期内，一方面土地、人工、运输等成本持续增加，另一方面企业通过技术升级、扩大生产规模，降低单位成本。就配合饲料产品而言，原料成本是饲料成本的主要构成部分。饲料行业竞争激烈，产品同质性高，利润空间上涨有限，饲料产品价格走势主要依据原料价格变动。随着农业供给侧结构性改革的不断深化，2017 年中央一号文件再次提出，深化粮食等重要农产品价格形成机制和收储制度改革，推进玉米"市场定价、价补分离"改革，健全玉米生产者补贴制度，加快消化玉米库存。2017 年国内玉米价格仍将弱市运行，但下跌空间有限。短期内，国际玉米、大豆市场仍呈现供大于求的格局，国内玉米、豆粕等主要饲料原料价格缺乏上涨支撑，未来 1~2 年中国饲料产品市场价格维持低位。随着国内玉米生产面积调减到位、库存逐步消化，预计 2020—2026 年玉米市场价格将逐步回升，饲料市场价格进入上升通道。

3 不确定性分析

3.1 政策及贸易因素

中国取消玉米临储政策，实行"市场定价、价补分离"。玉米临储去库存的方式和进度尚不明确，国家调控政策将影响玉米市场的供需，为饲料原料供应带来不确定性。贸易政策方面，国际上贸易保护主义有所抬头，未来发生贸易摩擦的可能性加大，中国饲用蛋白原料对外依存度高，主要进口来源国贸易政策变动难以预测。政策及贸易因素将是饲料市场最主要的不确定因素。

3.2 疾病及气象因素

疾病暴发往往具有突发性和普遍性，畜禽疾病不仅面临扑杀造成的养殖损失，同时食品安全忧虑使畜禽产品消费急剧萎缩，消费信心短期内难以恢复，导致全行业受损。此外，养殖业受气象因素影响较为明显，高温天气导致畜禽应激甚至死亡，洪灾造成水产养殖损失惨重，未来极端天气和次生灾害愈加频繁，当养殖风险传导至上游行业,形成饲料行业系统性风险,使饲料市场需求与预期不符。

3.3 市场风险因素

大宗商品市场上,由于玉米、大豆是乙醇和生物柴油等生物质能源的主要原料,国际原油价格与生物质能源的成本比价将影响全球玉米、大豆的供需关系。未来若原油价格上涨,势必会改变国际玉米和大豆市场的供给格局,对国内市场供给造成影响。金融市场方面,美国联邦储备系统加息,造成大宗商品市场波动。中国作为主要的大豆进口国,国内豆粕市场价格与美国期货市场联动紧密,未来几年美国联邦储备系统政策变动无法预知,商品市场反应有待观察,将影响饲料原料价格变动趋势。

3.4 技术进步因素

饲料行业在科技进步的带动下,各种新技术、新产品将不断涌现。生物饲料的发展会带动畜禽产品品质提升、饲料转化率提高,饲料生产加工工艺和加工设备也会随之改变。饲料营养研究中,精细化、动态化、分子化、净能体系化成为发展趋势,提高养殖生产效率。信息技术方面,大数据、云平台和物联网技术的引入,将改变饲料产业的生产、经营、管理模式。科技发展日新月异,未来一些重大的技术创新无法预见,或将给饲料行业带来变革,发展速度将迅速提升。

3.5 其他影响因素

新《环保法》《畜禽规模养殖污染防治条例》《水污染的防治行动计划》等一系列法律法规的发布,对环境保护提出了明确要求。在划分养殖区域后,未来养殖部分产能从南方地区向中部、东北部和西部地区迁移,国内饲料供给格局要随之改变。未来养殖转移新增产能的规模与进度存在不确定性,饲料企业的产品和经营方式融入当地养殖习惯也需要时间,将影响饲料产量稳定增长。

参考文献

[1] 中共中央国务院关于深入推进农业供给侧结构性改革加快培育农业农村发展新动能的若干意见[EB/OL].(2017-02-05)[2017-03-08].http://news.xinhuanet.com/politics/2017-02/05/c_1120413568.htm.

[2] 农业部.全国苜蓿产业发展规划（2016—2020)[EB/OL].(2017-01-18)[2017-03-08].http://laodongfa.yjbys.com/zixun/540906.html.

[3] 农业部.全国种植业结构调整规划（2016—2020)[EB/OL].(2016-04-28)[2017-03-08].http://www.moa.gov.cn/zwllm/tzgg/tz/201604/t20160428_5110638.htm.

[4] 刘栋.青贮玉米2016年市场形势及2017年展望[EB/OL].(2017-01-22)[2017-03-08].http://www.moa.gov.cn/zwllm/jcyj/201701/t20170122_5461531.htm

[5] 农业部畜牧司.饲料工业"十三五"发展规划[EB/OL].(2016-10-25)[2017-03-08].http://www.feedtrade.com.cn/policy/standard/2016-10-25/1984998.html.

[6] 农业部."镰刀弯"地区玉米结构调整规划的指导意见[EB/OL].(2015-11-02)[2017-03-08].http://www.moa.gov.cn/govpublic/ZZYGLS/201511/t20151102_4885037.htm

[7] 徐磊.中国饲料市场形势分析与未来10年展望[J].农业展望，2014（7）：9-14.

[8] 农业部市场预警专家委员会.中国农业展望报告（2016—2025)[M].北京：中国农业科学技术出版社，2016.

[9] 胡向东，王济民.中国生猪饲料耗粮量估算及结构分析[J].农业技术经济，2015（10）：4-13.

附 件

附件 1 术语说明

榨季

划分来自于国际糖业组织（ISO）。根据糖料作物年度，榨季始于当年的 10 月 1 日，截至次年的 9 月 30 日。

"镰刀弯"地区

主要包括东北冷凉地区、北方农牧交错区、西北风沙干旱区、太行山沿线区及西南石漠化区，上述区域在中国地形版图中呈现由东北向华北－西南－西北镰刀弯状分布，故称"镰刀弯"地区。

玉米生产者补贴制度

是国家针对玉米生产者的补贴制度，以保持种植收益基本稳定。主要内容是玉米价格由市场形成，同时中央财政对特定区域的玉米生产者给予与产量不挂钩的收入补贴。

大豆

学名：Glycine max (Linn.) Merr，通称黄豆。豆科大豆属一年生草本，高 30~90 厘米。茎粗壮，直立，密被褐色长硬毛。叶通常具 3 小叶；托叶具脉纹，被黄色柔毛；叶柄长 2~20 厘米；小叶宽卵形，纸质；总状花序短的少花，长的多花；总花梗通常有 5~8 朵无柄、紧挤的花；苞片披针形，被糙伏毛；小苞片披针形，被伏贴的刚毛；花萼披针形，花紫色、淡紫色或白色，基部具瓣柄，翼瓣篦状。荚果肥大，稍弯，下垂，黄绿色，密被褐黄色长毛；种子 2~5 颗，椭圆形、近球形，种皮光滑，有淡绿、黄、褐和黑色等多样。花期为 6—7 月，果期为 7—9 月。

厄尔尼诺－拉尼娜现象

厄尔尼诺现象（El Niño Phenomenon）又称厄尔尼诺海流，是太平洋赤道带大范围内海洋和大气相互作用后失去平衡而产生的一种气候现象。拉尼娜现象是指赤道太平洋东部和中部海面温度持续异常偏冷的现象（与厄尔尼诺现象正好相反），是热带海洋和大气共同作用的产物。拉尼娜现象往往追随厄尔尼诺现象到来。拉尼娜现象的另一重要影响是异常高水平的市场波动。

油料

中国国家统计局的统计中，油料部分不包括大豆。本报告中，油料包括大豆、油菜籽、花生及其他小品种油料。

棕榈油

棕榈油是由油棕树上的棕榈果压榨而成，果肉和果仁分别产出棕榈油和棕榈仁油，传统概念上所言的棕榈油只包含前者。棕榈油经过精炼分提，可以得到不同熔点的产品，分别在餐饮业、食品工业和油脂化工业上具有广泛的用途。

临时收储政策

实行临时收储政策，是中国调控玉米、大豆、棉花、油菜籽等农产品市场的重要手段。2008年以来，针对部分农产品出现的价格下跌及"卖难"现象，中国适时出台了玉米、大豆、棉花、油菜籽等临时收储政策，支持企业积极参与收储，健全中国收储农产品的拍卖机制，解决了部分农产品销售问题，增加了农民收入，促进了农产品生产和市场的稳定。目前，中国已公布取消临时收储政策。

保障措施

指世界贸易组织成员方在进口激增并对其国内相关产业造成严重损害或严重损害威胁时，采取的进口限制措施。实施保障措施，应不分进口来源，一律采取限制进口措施，可以采取提高关税、数量限制配额和关税配额等形式。但保障措施应仅在防止或救济严重损害的必要限度内实施，实施期限一般不应超过4年。

目标价格制度

是指国家或某一地区综合一定时期内种植成本实际增长和农民合理收益等因素制定的一种政策性参考价格。如果市场价格低于目标价格，按两者的价差核定补贴额，由政府直接补贴给农民；如果市场价格高于目标价格，则不启动。

进口棉价格指数（FC Index）

反映发布当日即期装船国际棉到中国主港的CNF价（即成本加运费，不包括关税、增值税、港口费用和保险费）。该报价采集多家国际棉商在中国主港的报价作为基础数据，以海关公布的各主产国进口量占总进口量比例作为基本权重，采用发布当月的前12个月的移动平均进行加权校准，每月第一个工作日对权重进行调整，并采用调整后权重计算，同时参考外商在远东港口的报价和Cotlook A指数作为校正参数，综合考虑最终形成进口棉价格指数。该指数反映中国进口外棉的综合到港报价水平，不代表某具体棉花品种报价。

滑准税

滑准税是一种关税税率随进口商品价格由高到低而由低至高设置计征关税的方法。中国2005年5月开始对关税配额外棉花进口配额征收滑准税，税率范围为5%~40%。

农业供给侧结构性改革

把增加绿色优质农产品供给放在突出位置,把提高农业供给体系质量和效率作为主攻方向,把促进农民增收作为核心目标,从生产端、供给侧入手,创新体制机制,调整优化农业的要素、产品、技术、产业、区域、主体等方面结构,优化农业产业体系、生产体系、经营体系,突出绿色发展,聚力质量兴农,使农业供需关系在更高水平上实现新的平衡。

水果

根据中国国家统计局数据,《展望报告》中水果产量数据包括园林类水果和西甜瓜等瓜类水果,水果种植面积数据包括园林水果面积和瓜果类面积。对外贸易数据中,所统计的水果及其制品主要为园林类水果及其制品,未包含西甜瓜类。

水果直接消费量

指城乡居民鲜食的水果消费量。《展望报告》中根据中国国家统计局统计的家庭人均消费量按照一定比例折算成人均水果直接消费量。

双控

经国务院批准,中国农业部从1987年开始对海洋捕捞渔船船数和功率实行总量控制制度,简称"双控"。

伏季休渔

由中国农业部组织实施的一种渔业资源保护制度。其规定每年一定时间、一定水域不得从事捕捞作业。因该制度所确定的休渔时间处于每年的三伏季节,所以又称伏季休渔。

对虾 EMS

南美白对虾"早期死亡综合征"(Early Mortality Syndrome)的简称,又名对虾肝胰腺坏死综合征。业界对该病害的病原学有不同观点,患病对虾主要在仔虾和幼虾阶段大量死亡,并且死亡对虾的肝胰腺呈现明显的病变特征,故此得名。

配合饲料

根据动物营养需要,按科学配方把能量、蛋白质和矿物质饲料以及各种饲料添加剂依一定比例均匀混合,并按规定的工艺流程生产的饲料,直接用于饲喂饲养对象,能全面满足饲喂对象除水分外的营养需要。

浓缩饲料

由添加剂、预混料、蛋白质饲料和钙、磷以及食盐等按配方制成,不包含能量原料,是全价配合饲料的组分之一。

添加剂预混料

主要含有矿物质、维生素、氨基酸、促生长剂、抗氧化剂、防霉剂、着色剂等,是配合饲料的半成品,可供生产全价配合饲料及浓缩饲料使用,不能直接饲喂动物。

复原乳

又称"还原乳"或"还原奶",是指以全脂奶粉、脱脂奶粉、奶油等为原料,添加适量的水制成与原乳中水、固体物比例相当的乳液。

生鲜乳

又称"原料奶",即从奶牛乳房挤出来未经过任何处理的生牛奶。

附件2 主要农产品供需平衡表

表1 2016—2026年中国大米供需平衡表 单位：万吨

类别	2016	2017	2018	2019	2020	2021	2022	2023	2024	2025	2026
生产量	14 485	14 480	14 518	14 706	14 872	15 087	15 153	15 257	15 300	15 340	15 392
进口量	352	393	341	384	379	346	288	282	287	212	233
消费量	14 816	14 864	14 953	15 040	15 152	15 237	15 345	15 393	15 443	15 509	15 583
口粮消费	10 870	10 888	10 926	10 963	11 012	11 039	11 091	11 103	11 121	11 146	11 174
饲料消费	1 247	1 261	1 286	1 293	1 314	1 328	1 353	1 359	1 367	1 380	1 396
工业消费	1 056	1 084	1 114	1 142	1 174	1 200	1 230	1 253	1 277	1 305	1 334
种子用量	158	158	157	157	157	158	157	158	158	158	158
损耗	1 593	1 585	1 582	1 595	1 606	1 623	1 625	1 631	1 631	1 631	1 632
出口量	37	80	150	200	230	200	200	150	150	150	150
结余变化	-16	-71	-244	-150	-131	-4	-104	-4	-6	-107	-108

表2 2016—2026年中国小麦供需平衡表 单位：万吨

类别	2016	2017	2018	2019	2020	2021	2022	2023	2024	2025	2026
生产量	12 886	12 880	12 863	12 917	13 041	13 088	13 124	13 161	13 213	13 266	13 269
进口量	366	169	265	256	205	202	257	284	327	348	349
消费量	12 706	12 633	12 813	12 946	13 082	13 157	13 277	13 362	13 472	13 563	13 566
口粮消费	8 650	8 703	87 63	8 803	8 842	8 873	8 914	8 939	8 971	9 005	9 006
饲料消费	1 520	1 347	1 410	1 450	1 493	1 518	1 573	1 618	1 673	1 707	1 709
工业消费	1 496	1 551	1 615	1 669	1 721	1 744	1 772	1 793	1 821	1 847	1 848
种子用量	460	458	454	454	456	457	457	458	458	458	458
损耗	580	574	571	571	569	565	559	554	550	545	545
出口量	12	15	15	15	15	20	20	20	20	20	20
结余变化	534	400	300	211	149	112	84	63	48	31	31

注：表中数据均为市场年度（当年6月到次年5月）。

表3 2016—2026年中国玉米供需平衡表 单位：万吨

类别	2016	2017	2018	2019	2020	2021	2022	2023	2024	2025	2026
生产量	21 955	21 241	20 890	20 725	20 681	20 691	21 267	21 542	21 597	21 740	22 083
进口量	317	200	160	200	205	250	200	280	300	320	300
消费量	18 025	19 925	21 782	22 167	22 274	22 756	23 208	23 441	23 485	23 632	23 675
饲料消费	10 500	11 500	12 282	12 605	12 903	13 274	13 657	13 858	13 910	14 050	14 098
口粮消费	714	720	722	725	727	730	736	743	744	750	753
工业消费	5 500	6 300	7 095	7 225	7 360	7 492	7 598	7 667	7 737	7 800	7 844
种子用量	142	137	135	135	134	130	131	131	129	129	127
损耗	1 169	1 268	1 310	1 232	1 150	1 131	1 086	1 043	964	903	853
出口量	0	20	25	20	20	10	10	10	10	10	10
结余变化	4 248	1 496	-518	-1 017	-1 408	-1 826	-1 751	-1 630	-1 598	-1 582	-1 302

表 4　2016—2026 年中国大豆供需平衡表　　　　　　　　　　　　　　　　单位：万吨

类别	2016	2017	2018	2019	2020	2021	2022	2023	2024	2025	2026
生产量	1 266	1 429	1 579	1 730	1 894	1 908	1 911	1 914	1 914	1 920	1 935
进口量	8 391	8 582	8 911	9 029	9 165	9 251	9 403	9 496	9 546	9 560	9 600
消费量	9 624	9 997	10 337	10 599	10 790	10 921	11 041	1 1126	11 264	11 446	11 586
压榨消费	8 329	8 787	8 979	9 192	9 313	9 410	9 467	9 528	9 631	9 767	9 847
食用消费	1 118	1 126	1 167	1 209	1 273	1 312	1 379	1 402	1 436	1 481	1 537
种用消费	61	66	70	75	79	79	79	79	79	79	82
损耗	115	118	120	122	125	105	117	118	119	119	120
出口量	13	15	18	20	23	25	26	27	27	28	28
结余变化	20	-1	135	140	246	213	247	257	169	6	-79

表 5　2016—2026 年食用植物油平衡表　　　　　　　　　　　　　　　　单位：万吨

类别	2016	2017	2018	2019	2020	2021	2022	2023	2024	2025	2026
生产量	2 432	2 513	2 575	2 603	2 634	2 664	2 713	2 736	2 759	2 780	2 802
进口量	556	601	587	572	558	544	530	516	501	487	473
国内消费量	3 143	3 176	3 206	3 234	3 260	3 283	3 304	3 323	3 342	3 358	3 373
城镇消费	2 140	2 194	2 244	2 291	2 336	2 374	2 411	2 446	2 479	2 510	2 537
农村消费	1 003	981	962	943	924	909	893	877	863	848	836
出口量	12	12	11	11	11	10	10	10	9	9	8
结余变化	-142	-74	-56	-70	-79	-85	-71	-82	-90	-100	-106

注：1. 食用植物油生产量主要包括国产油料（如大豆、油菜籽、花生、棉籽、葵花籽等）的压榨食用植物油和进口油料压榨食用植物油
　　2. 进口食用植物油中不包括棕榈硬脂

表 6　2016—2026 年中国棉花供需平衡表　　　　　　　　　　　　　　　　单位：万吨

类别	2016	2017	2018	2019	2020	2021	2022	2023	2024	2025	2026
生产量	472	490	493	498	498	496	495	495	493	496	495
进口量	90	100	115	155	240	250	245	250	244	241	235
消费量	754	755	754	752	745	744	740	740	735	735	730
出口量	2	1	1	1	1	1	1	1	1	1	1
结余变化	-194	-166	-147	-100	-8	1	-1	4	1	1	-1

表 7　中国食糖平衡表数据　　　　　　　　　　　　　　　　单位：万吨

类别	2016	2017	2018	2019	2020	2021	2022	2023	2024	2025	2026
生产量	870	925	1 046	1 085	1 062	1 038	1 005	1 065	1 112	1 185	1 153
进口量	373	350	382	425	478	540	623	661	702	755	804
总供给	2 211	1 951	1 872	1 854	1 843	1 837	1 844	1 901	2 010	2 209	2 362
总需求	2 211	1 951	1 872	1 854	1 843	1 837	1 844	1 901	2 010	2 209	2 362
消费量	1 520	1 500	1 521	1 544	1 577	1 613	1 661	1 697	1 733	1 795	1 847
工业消费	927	916	927	926	977	1 016	1 010	1 018	1 039	1 077	1 108
民用消费	593	584	594	618	600	597	651	679	694	718	739
出口量	15	7	7	7	7	8	8	8	8	9	10
结余变化	-292	-232	-100	-41	-44	-43	-41	21	73	136	100

表8　2016—2026年中国蔬菜供需平衡表　　　　　　　　　　　　　　　　　　　　单位：万吨

类别	2016	2017	2018	2019	2020	2021	2022	2023	2024	2025	2026
生产量	80 005	80 484	81 277	81 910	82 251	82 452	82 463	82 663	83 162	83 769	83 778
自损量	28 356	28 246	28 243	28 120	27 959	27 752	27 483	27 279	27 236	27 164	27 077
商品产量	51 649	52 239	53 033	53 791	54 292	54 700	54 980	55 384	55 927	56 605	56 701
进口量	25	26	27	29	32	35	39	43	47	51	55
总供给	57 833	59 259	60 741	62 022	62 922	63 531	63 742	63 950	64 422	65 097	65 358
总需求	57 833	59 259	60 741	62 022	62 922	63 531	63 742	63 950	64 422	65 097	65 358
消费量	49 829	50 548	51 488	52 353	53 033	53 694	54 083	54 342	54 797	55 290	55 171
鲜食消费	20 574	21 052	21 584	21 899	22 253	22 655	23 037	23 278	23 606	23 956	23 966
加工消费	11 809	11 895	12 013	12 504	12 761	12 838	12 872	12 962	13 106	13 403	13 614
其他消费	5 214	5 319	5 497	5 500	5 533	5 684	5 788	5 802	5 860	5 952	5 954
损耗	12 233	12 282	12 395	12 450	12 486	12 516	12 386	12 300	12 225	11 979	11 637
出口量	1 010	1 030	1 050	1 071	1 093	1 115	1 137	1 159	1 183	1 206	1 231
结余变化	835	687	521	395	198	−73	−201	−74	−7	160	355

注：1. 生产量是指田头收获的产量，一般为蔬菜生产中所统计的产量
　　2. 自损是指蔬菜从田头到最终购买阶段因收获、分拣、贮藏、运输、销售环节形成的弃收、失水、腐烂等蔬菜特有损失
　　3. 商品产量是指经过运输、贮藏、批发、零售等诸多环节中的一个或多个环节后，可由消费者购买的蔬菜量
　　4. 鲜食消费是指以鲜菜为主要形式的家庭消费和在外消费
　　5. 其他消费包括饲料等相关消费
　　6. 损耗是指蔬菜购买后在其消费、加工、烹饪过程中的一般性损失

表9　2016—2026年中国水果供需平衡表　　　　　　　　　　　　　　　　　　　　单位：万吨

类别	2016	2017	2018	2019	2020	2021	2022	2023	2024	2025	2026
产量	28 318	28 635	28 866	29 400	29 930	30 411	30 889	30 964	31 118	31 202	31 620
进口量	383	403	427	7	460	480	490	501	506	510	533
直接消费量	12 958	13 099	13 246	13 498	13 728	13 938	14 057	14 075	14 121	14 132	14 342
加工消费量	3 168	3 284	3 424	3 586	3 739	3 895	4 090	4 191	4 299	4 373	4 581
损耗量	11 633	11 731	11 819	12 019	12 214	12 396	12 575	12 593	12 595	12 595	12 597
出口量	487	498	527	540	558	563	568	577	580	582	603
结余变化	455	426	277	205	151	98	88	30	30	30	30

表 10　2016—2026 年中国猪肉供需平衡表　　　　　　　　　　　　　　　　单位：万吨

类别	2016	2017	2018	2019	2020	2021	2022	2023	2024	2025	2026
生产量	5299	5321	5422	5568	5706	5858	5954	6037	6110	6175	6234
进口	162	155	145	136	127	110	103	100	95	88	85
总供给	5461	5476	5567	5704	5833	5968	6057	6137	6205	6263	6319
总需求	5461	5476	5567	5703	5832	5969	6057	6138	6205	6263	6319
直接消费	4068	4112	4153	4230	4274	4287	4317	4344	4367	4388	4408
加工消费	954	926	964	1010	1086	1202	1254	1301	1337	1365	1392
损耗	424	423	434	445	452	459	466	473	481	490	497
出口	15	15	16	18	20	21	20	20	20	20	22

表 11　2016—2026 年中国禽肉供需平衡表　　　　　　　　　　　　　　　　单位：万吨

类别	2016	2017	2018	2019	2020	2021	2022	2023	2024	2025	2026
生产量	1 888	1 920	19 53	2 009	2 045	2 084	2 106	2 131	2 169	2 204	2 235
进口量	59	55	52	40	44	46	55	59	59	56	58
消费量	1 901	1 928	1 957	1 999	2 037	2 079	2 111	2 139	2 175	2 210	2 241
直接消费	1 726	1 749	1 774	1 814	1 846	1 881	1 913	1 925	1 955	1 983	2 014
加工消费	104	108	112	116	123	131	131	148	155	162	162
其他消费	71	70	71	69	68	67	67	66	65	65	65
出口量	46	47	48	50	52	51	50	51	53	50	52

注：加工消费指深加工利用；其他消费包括损耗等

表 12　2016—2026 年中国牛肉供需平衡表　　　　　　　　　　　　　　　　单位：万吨

类别	2016	2017	2018	2019	2020	2021	2022	2023	2024	2025	2026
生产量	717	735	755	775	790	805	814	824	835	847	860
进口量	58	62	67	70	75	79	84	91	96	102	107
消费量	775	797	822	844	864	882	897	914	930	948	967
直接消费	644	664	685	703	720	733	744	756	767	785	796
加工消费	101	102	105	108	111	114	118	121	124	126	130
其他消费	29	31	32	33	33	35	36	37	39	37	40
出口量	0.4	0.5	0.6	0.7	0.7	0.7	0.7	0.8	0.9	1.0	1.0

表 13　2016—2026 年中国羊肉供需平衡表　　　　　　　　　　　　　　　　单位：万吨

类别	2016	2017	2018	2019	2020	2021	2022	2023	2024	2025	2026
生产量	459	466	472	485	498	512	527	543	554	567	580
进口量	22	23	24	25	25	26	25	25	26	27	27
消费量	481	488	495	509	522	537	551	567	579	593	606
直接消费	434	440	446	457	469	480	492	505	513	528	539
加工消费	29	29	30	32	33	34	36	37	39	39	40
其他消费	18	18	19	20	21	23	23	25	27	26	26
出口量	0.4	0.6	0.7	0.7	0.8	0.8	0.9	0.9	0.9	0.9	1.0

表 14 2016—2026 年中国禽蛋供需平衡表　　　　　　　　　　　　　　　单位：万吨

类别	2016	2017	2018	2019	2020	2021	2022	2023	2024	2025	2026
生产量	3 095	3 120	3 142	3 164	3 185	3 205	3 225	3 244	3 264	3 283	3 302
进口量	0	0	0	0	0	0	0	0	0	0	0
消费量	3 080	3 111	3 134	3 155	3 175	3 195	3 214	3 233	3 252	3 271	3 291
鲜食消费	2 361	2 383	2 401	2 417	2 431	2 443	2 455	2 466	2 475	2 484	2 495
加工消费	467	473	479	484	489	494	500	507	515	524	532
种用及损耗	252	255	254	254	255	258	259	260	261	263	265
出口量	10	10	10	10	10	10	10	10	10	10	10
结余变化	5	-1	-1	0	0	0	2	2	2	2	1

表 15 2016—2026 年中国奶制品供需平衡表　　　　　　　　　　　　　　单位：万吨

类别	2016	2017	2018	2019	2020	2021	2022	2023	2024	2025	2026
生产量	3 752	3 757	3 944	4 023	4 104	4 186	4 269	4 332	4 397	4 462	4 465
进口量	1 269	1 420	1 460	1 515	1 575	1 606	1 685	1 728	1 823	1 928	1 931
消费量	5 021	5 167	5 393	5 528	5 667	5 780	5 941	6 048	6 206	6 376	6 381
食用消费	4 511	4 656	4 857	4 982	5 110	5 212	5 363	5 461	5 611	5 772	5777
饲用消费	180	180	189	193	197	201	205	208	211	214	214
损耗	120	120	126	128	130	132	135	136	138	140	140
其他消费	210	210	221	225	230	234	239	242	246	250	250
出口量	8	11	11	11	12	12	12	13	13	14	14

表 16 2016—2026 年中国水产品供需平衡表　　　　　　　　　　　　　　单位：万吨

类别	2016	2017	2018	2019	2020	2021	2022	2023	2024	2025	2026
生产量	6 900	6 819	6 764	6 744	6 685	6 725	6 782	6 806	6 862	6 941	7 008
进口量	404	441	482	504	558	559	555	556	558	563	566
消费量	6 880	6 849	6 847	6 857	6 858	6 882	6 941	6 964	7 017	7 093	7 155
食用消费	2 741	2 809	2 884	2 929	2 942	2 998	3 089	3 105	3 160	3 232	3 255
加工消费	2 414	2 433	2 448	2 454	2 499	2 502	2 547	2 557	2 572	2 623	2 647
损耗及其他	1 725	1 607	1 515	1 475	1 417	1 382	1 305	1 302	1 284	1 239	1 253
出口量	424	411	399	391	385	402	396	398	402	410	419

表 17 2016—2026 年中国工业饲料供需平衡表　　　　　　　　　　　　　单位：万吨

类别	2016	2017	2018	2019	2020	2021	2022	2023	2024	2025	2026
产量	20 443	20 838	21 229	21 734	22 165	22 597	22 880	23 152	23 449	23 725	23 983
配合饲料	17 937	18 472	18 989	19 604	20 125	20 637	20 989	21 325	21 679	21 992	22 282
浓缩饲料	1 835	1 675	1 529	1 402	1 295	1 198	1 112	1 031	957	903	854
添加剂预混饲料	671	691	711	728	745	762	779	796	813	830	847
消费量	20 151	20 526	20 910	21 416	21 841	22 265	22 545	22 813	23 105	23 377	23 634
损耗	189	198	196	190	200	212	213	224	228	230	229
净出口量	103	114	123	127	125	120	122	115	116	118	120